Energia Elétrica
Estatização e desenvolvimento, 1956-1967

Marcelo Squinca da Silva

Energia Elétrica
Estatização e desenvolvimento, 1956-1967

Copyright © 2011 Marcelo Squinca da Silva

Grafia atualizada segundo o Acordo Ortográfico da Língua Portuguesa de 1990, que entrou em vigor no Brasil em 2009.

Publishers: Joana Monteleone/ Haroldo Ceravolo Sereza/ Roberto Cosso
Edição: Joana Monteleone
Editor assistente: Vitor Rodrigo Donofrio Arruda
Projeto gráfico, capa e diagramação: João Paulo Putini
Revisão: Ana Paula Marchi Martini
Imagem da capa: *Poste 04*, por Joana Monteleone

Este livro foi publicado com o apoio da Fapesp.

CIP-BRASIL. CATALOGAÇÃO-NA-FONTE
SINDICATO NACIONAL DOS EDITORES DE LIVROS, RJ

S578e
Silva, Marcelo Squinca da
ENERGIA ELÉTRICA: ESTATIZAÇÃO E DESENVOLVIMENTO, 1956-1967
Marcelo Squinca da Silva.
São Paulo: Alameda, 2011.
280p.

Inclui bibliografia
ISBN 978-85-7939-098-2

1. Energia elétrica – Brasil - História.
2. Política energética – Brasil.
3. Serviços de eletricidade – Brasil.
4. Energia elétrica - Aspectos econômicos – Brasil. I. Título.

11-3940.   CDD: 333.79320981
                 CDU: 620.9(81)
                                   027753

ALAMEDA CASA EDITORIAL
Rua Conselheiro Ramalho, 694 – Bela Vista
CEP 01325-000 – São Paulo – SP
Tel. (11) 3012-2400
www.alamedaeditorial.com.br

Sumário

Apresentação 11

Introdução 19

1. **A trajetória do setor elétrico brasileiro: dos primórdios aos anos 1950** — 37

Monopolismo das concessionárias estrangeiras de energia elétrica em uma formação hipertardia — 40

O Código de Águas: intervencionismo estatal e nacionalismo — 55

O segundo governo Vargas: embates no Centro Diretivo e a proposta da Eletrobrás — 68

2. **O Código de Águas: o inimigo número um do privatismo** — 85

A longa trajetória do Código de Águas — 87

O Código de Águas em debate no governo Juscelino Kubitschek — 92

Os nacionalistas e a defesa do Código de Águas no governo Juscelino Kubitschek — 118

3. **A estatização: privatistas e nacionalistas no governo JK** — 123

Os debates da Semana de Energia Elétrica de 1956 — 133

O desamor pela Eletrobrás na cúpula diretiva Kubitschekiana — 140

O desamor pela Eletrobrás fora da esfera governamental 161
Os nacionalistas e a defesa da Eletrobrás 168

4. Dos embates no Congresso ao governo Castelo Branco 193

A Frente Parlamentar Nacionalista 197
e as questões do setor elétrico
O governo Jânio Quadros e o surgimento da Eletrobrás 202
O governo João Goulart e o início da 220
implantação da Eletrobrás
O governo Castelo Branco e a Eletrobrás 235

Considerações Finais 245

Referências Bibliográficas 257

Lista de Siglas 273

Agradecimentos 277

Esse livro é dedicado a Luísa, Ana Cristina, Edson e à minha mãe, Theresinha (in memoriam), *o melhor ser humano que conheci em minha vida.*

> "*A reconstituição da história da Eletrobrás não é tão simples quanto parece a alguns observadores apressados*"
>
> Barbosa Lima Sobrinho

Apresentação

O PRESENTE LIVRO que leva o título de *Energia Elétrica: Desenvolvimento e Estatização, 1956-67*, não faz jus à densidade de conteúdos que o autor desenvolve. Apresenta-se ao leitor, com esta obra, a longa e tortuosa trajetória que culmina com a organização da política para o setor de energia elétrica no Brasil e sua consequente implantação.

O já híper tardio desenvolvimento da industrialização se deparou, a partir da década de 1930, portanto ainda no período de Vargas, com a inoperância do sistema de fornecimento de energia elétrica para atender as demandas das empresas em franca expansão. Embora ainda incipiente em face aos padrões vigentes nos países centrais do capitalismo, o parque tecnológico brasileiro vê-se às voltas com a carência deste insumo, o que ameaça inclusive a continuidade da produção e ainda mais, as possibilidades da continuidade expansionista. Por outro lado, conforme salienta o presente texto, a população urbana que crescia rapidamente, passa a demandar eletricidade de forma cada vez mais intensa, acrescendo à carência já indicada, o custo do consumo, cuja trajetória ultrapassa a da inflação, que, naqueles anos, conforme o dito popular "estava a galope".

A pressão da burguesia industriária e comerciária, assim como da população dos centros urbanos, leva o governo a interferir, por um lado, no monopólio exercido pelas extrangeiras, a inglesa, a norte-americana e a canadense e, por outro, nas incipientes formas de fornecimento desta energia que surgiam regionalmente, a partir de iniciativas de empresários locais.

No período ditatorial varguista, impossibilitado o debate público, o governo promulga um Código de Águas, cujo teor afetará os interesses empresariais, pois este tende a intervir na dinâmica da geração e distribuição da eletricidade, até então monopolizado pela iniciativa privada multinacional. Não se trata, necessariamente, de transformar o setor em um serviço público, conforme defendem alguns autores, mas sim de estabelecer alguns limites a algumas cláusulas, como, por exemplo, a que estabelecia que o valor das tarifas de energia elétrica fosse fixado seguindo o valor da libra ouro, ou seja, que subissem da forma exorbitante como ocorria, com todas as consequencias sociais e econômicas daí advindas. A reação das empresas estrangeiras logo se faz notar, através de pressões de toda ordem junto ao governo. Ao término da ditadura, já no fim de seu governo, o Marechal Dutra, através de seu representante da Casa Civil, que havia exercido junções de chefe do Serviço Jurídico da Light and Power no Brasil, majora as tarifas de energia elétrica.

No período seguinte a premência da resolução do problema mobilizava praticamente toda a sociedade: fossem estes consumidores empresários ou domiciliares, unidos ante o iminente desabastecimento e paralisação da produção ou serviços, fossem estes representantes no poder legislativo, judiciário e executivo.

O embate que se travou formava opinião pública e, analisando farta e diversificada documentação, o autor o situa, demonstrando, não apenas a opinião de técnicos, lobbistas, ou indivíduos, ou mesmo representantes do poder político, mas sim a correlação de forças que expressa. Pois, de fato, através do debate se manifestaram os segmentos aglutinados em torno dos partidos, incluindo-se o comunista, os militares, os políticos eleitos para as câmaras, os lobbistas, os juristas, periodistas, enfim, uma profusão de interesses em choque, embora nem sempre radicalmente contraditórios.

De comum, a necessidade da expansão do setor e do provimento da energia tanto para o consumo domiciliar, quanto para empresas, industriais e de serviços. Não se fala do setor rural, a não ser quando fazendeiros que haviam erguido, por conta própria, pequenas usinas para atendimento regional se veem ameaçados pelo modelo em discussão para o desenvolvimento deste setor energético. Aí adentram ao debate e somam forças com uns ou outros, dependendo das propostas em pauta ferirem ou não seus interesses.

O problema que polarizava as discussões e que o autor denomina – privatistas e estadistas, acompanhando a denominação cunhada no calor dos debates – tupiniquins e entreguistas, não estava apenas nas questões relativas à regulamentação das tarifas e dos serviços, mas fundamentalmente no financiamento dos investimentos necessários à expansão do setor. Ou seja, como as empresas privadas, fossem nacionais ou estrangeiras, não dispunham de recursos financeiros, no caso das nacionais, ou não queriam arcar com tais despesas, no caso das estrangeiras, o investimento teria, necessariamente que ser estatal. Assim, mediante empréstimos internacionais, o governo arcaria com os custos dos investimentos.

E na sequência? Se o poder público tomava para si o encargo dos investimentos, o setor seria transformado em um serviço público, portanto, a energia não seria tratada como uma mercadoria, mas sim como um serviço? Ou não: valeria a primeira premissa, mas o governo repassaria os recursos para a iniciativa privada, mediante empréstimo ou cessão, simplesmente, e assim o fornecimento seria uma mercadoria, cujo valor seria majorado conforme o mercado, ou com regras a serem fixadas, ou que voltava à questão do critério para fixação do preço das tarifas. Mas qual iniciativa privada seria beneficiada, a estrangeira ou a nacional? Teriam os empresários nacionais fôlego ou tecnologia para arcar com tais encargos, mesmo considerando a expectativa de lucros decorrente da crescente demanda? Neste caso, poder-se-ia fazer parcerias entre o empresário nacional e ou estrangeiro conforme defendiam alguns. De forma alguma, ponderavam outros, isto significaria continuar subordinado e dependente, a não ser que regras muito bem definidas fossem estabelecidas. Esta última polêmica se expressava entre os denominados nacionalistas e entreguistas, o que se alternava entre privatistas e estadistas, tupiniquins e entreguistas.

Mas o grande mérito do livro não se reduz em ter conseguido situar os principais personagens que expressam tais tendências, neste emaranhado de posições, opiniões, divisões de "águas", ao longo de praticamente todo século XX; posições que nem sempre são coerentes com posturas assumidas em períodos anteriores.

Conforme demonstra o autor, tal embate demonstrava a fragilidade do segmento industrial da burguesia nacional que se vê na contingencia de fazer alianças, ou com os setores da burguesia agrária ainda muito poderosa no comando do poder político, ou com setores estrangeiros e, em ambos os casos, necessita fazer concessões, recuando em suas demandas, e se articulando para solucionar o problema de forma, mais uma vez, subordinada e dependente.

Uma fragilidade que trava a decisão final de elaborar e implantar uma política para o setor elétrico, em que pesem a "tímida elevação da capacidade instalada pelo setor publico que alcança em 1962, a proporção de 31% da produção de energia elétrica do país, em contraste com os 6,8% de 1952. Concomitantemente, o setor privado diminui sua participação de 82,4% em 1952 para 55,2% em 1962". Talvez por estes indicadores, alguns autores considerem que a alternativa encontrada tenha sido a de considerar o setor um serviço público e não uma mercadoria, conforme já referido.

Finalmente, em 1962 é criada a Eletrobrás, mas o embate entre *nacionalistas* e *privatistas* não tenha se esgota, dado que havia ainda muito a regulamentar até sua total implantação.

A soluçao que adentra ao período seguinte, durante a ditadura castelista é o da manutensão da empresa enquanto estatal, embora dirigida pelos ferrenhos defensores da privatização. Que modelo, afinal se implanta depois de tanta polemica e tanta obstacularização? Que fizeram os privatistas no comando de uma estatal? Deixo ao leitor a dúvida como estímulo à leitura do presente livro.

Vera Lucia Vieira
Prof. Dra. da PUC-SP

Introdução

ESTA PESQUISA VERSA SOBRE AS QUESTÕES e os interesses que, diante do dilema de estatizar ou não o setor de energia elétrica, os segmentos da burguesia nacional expressavam em sua peleja com as frações internacionais aqui atuantes. Como resultado desse período, compreendido por toda a década de 1950 e meados de 1960, temos a criação das Centrais Elétricas Brasileiras S/A (Eletrobrás), em 1961. As disputas configuram-se como um embate entre privatistas e nacionalistas e se desenvolvem a partir do segundo governo Getúlio Vargas (1951-54), quando este apresenta uma proposta que altera a situação das concessionárias monopolistas estrangeiras, a Light and Power e American and Foreign Power – Amforp.

Demonstraremos que, nesse período, a necessidade posta (pela *atrofia* do desenvolvimento do capitalismo no Brasil) de geração de energia elétrica entra em contradição com os interesses particulares dos diferentes segmentos da burguesia autocrática. Nesse contexto, o embate de interesses conduz o governo getulista a uma solução de continuidade com a situação anterior, de preterimento dos interesses do Estado em benefício do setor privado. Ou, para sermos mais específicos: a necessidade de expansão do setor de energia elétrica é atendida com o Estado assumindo o ônus desta expansão e o capital privado ficando com a distribuição para o consumidor.

Não nos fixamos, no presente estudo, em balizas que definem o primeiro período como democrático (1956-64) e o segundo como ditatorial (1964-67), pois o problema sobre o qual nos debruçamos não está centrado no sistema político. Interessa-nos a análise de como as decisões sobre um aspecto essencial para o desenvolvimento do capitalismo no país expressam uma dada configuração do Estado brasileiro que se mantém em continuidade ao longo dos dois períodos. Não se trata, portanto, de uma tese que busca abarcar as diversas questões acerca do setor elétrico brasileiro, como, por exemplo, uma história econômica do setor nos anos 1950-60. O que buscamos aqui, por meio da análise dos discursos dos indivíduos envolvidos nos embates daquele momento, é descortinar a determinação social do pensamento desses indivíduos e a função social que tal pensamento cumpriu nas batalhas travadas na sociedade brasileira à época.

Na medida em que, já em plena metade do século XX, a industrialização se realizava, bem como seu coetâneo desenvolvimento urbano, a questão da estratégia para o desenvolvimento do setor de energia elétrica no Brasil e da participação de capitais e tecnologia estrangeiros se tornou o elemento central da polêmica entre segmentos da burguesia brasileira, desde os anos que se seguem ao suicídio do presidente Getúlio Vargas até o final do primeiro governo da Ditadura Militar.

Envolveram-se nessa polêmica empresários nacionais, representantes do capital internacional, funcionários públicos dos Três Poderes do Estado, técnicos, especialistas e inúmeros outros indivíduos. Todos esses segmentos expressam a correlação de forças no interior da burguesia nacional, para além de suas posições individuais e de sua inserção de trabalho. Tanto é que se configuram como dois grandes grupos reconhecidos como *privatistas* e *nacionalistas* ou pela alcunha de *tupiniquins* e *privatistas*, respectivamente.

Os *privatistas* apregoavam que somente a participação do capital estrangeiro poderia impulsionar o processo industrial e, com isso, superar o estágio de subdesenvolvimento em que o país se encontrava. Nesse sentido, defendiam que seria preciso fazer as concessões necessárias para que o capital estrangeiro se interessasse em promover seus investimentos no país. Nessas concessões figuravam, obviamente, a possibilidade de amplas margens de lucros pelo capital externo, entre outras vantagens. Os *privatistas* entendiam que o setor elétrico deveria continuar sob o controle das concessionárias privadas estrangeiras de energia elétrica (*Light and Power* e Amforp); que somente a participação do capital estrangeiro poderia impulsionar o processo industrial, motivo pelo qual eram denominados por seus adversários de *entreguistas*.

Os *nacionalistas* defendiam uma forte participação do Estado nos setores de infraestrutura e no setor produtivo, sempre que o capital privado não possuísse recursos para tais investimentos. Assim, os chamados *nacionalistas* consideravam que o Estado deveria garantir a infraestrutura do parque energético. Identificavam os grupos estrangeiros e seus aliados no Brasil como os grandes inimigos da industrialização.

Outro aspecto sobre o qual manifestavam divergências diz respeito ao grau de intervenção que o governo federal deveria ter relativamente aos estados. Temas como *centralização* e *descentralização* entram, como não poderia deixar de ser, no debate, sobre o modelo de intervenção do Estado na ampliação da capacidade do setor de energia elétrica.

Conforme veremos, essa evidência se põe desde a composição dos membros das comissões encarregadas de levar adiante a decisão governamental de estatizar o setor de energia elétrica, no segundo governo Vargas. Essa decisão, que, para a historiografia tradicional, é considerada a evidência de um nacionalismo que se antepõem às propostas de privatização de setores do Estado, aqui é tomada como mais uma subordinação do Estado aos interesses privados do capital internacional e dos segmentos da burguesia nacional atrelados a esses interesses. O debate sobre o problema da expansão do setor de energia elétrica expressa a forma autocrática desse Estado, pois seus integrantes, seja na qualidade de técnicos do governo ou de parlamentares eleitos pelo voto direto no período em questão, atuam enquanto representantes desses segmentos da burguesia.[1]

Mas, como se estabelece a defesa das teses nacionalistas em relação ao tipo de Estado que se constituiu no Brasil? Os nacionalistas propunham um movimento de consistente intervenção do Estado no setor elétrico como forma de solucionar os problemas de abastecimento energético. Para os representantes dessa linha de pensamento as concessionárias privadas de energia elétrica eram as grandes responsáveis pela crise do setor, ao diminuir ou mesmo paralisar seus investimentos na instalação da capacidade de geração de energia

A concretização da ideia de que o Estado deveria assumir as tarefas de expansão do setor elétrico esbarrava num grande problema, vinculado à própria fragilidade do capitalismo no país: a

---

1 Não adentramos aqui numa análise dos diversos segmentos da burguesia brasileira, tarefa que demandaria uma nova pesquisa. Remetemos o leitor para obras que já se debruçaram sobre o tema em pauta: CARDOSO, Fernando Henrique. *Empresário industrial e desenvolvimento econômico no Brasil*. São Paulo: Difusão Europeia do Livro, 1964; MARTINS, L. *Industrialização, burguesia nacional e desenvolvimento*. Rio de. Janeiro: Saga, 1968 Simonsen, R. *Evolução industrial do Brasil e outros estudos*. São Paulo: Companhia Editora Nacional, 1973; MARTINS, C. E. *Capitalismo de estado e modelo político no Brasil*. São Paulo: Graal, 1977; DREIFFUS, R. A. 1964. *A conquista do Estado (Ação política, poder e golpe de classe)*. Petrópolis: Vozes, 1981; JUNIOR, Caio Prado. *A Revolução Brasileira*. São Paulo: Brasiliense, 1966; FERNANDES, Florestan. *A revolução burguesa no Brasil*. São Paulo: Editora Globo, 2006 e SODRÉ, Nelson W. *História da burguesia brasileira*. Rio de Janeiro: Civilização Brasileira, 1967; GORENDER, J. *A Burguesia Brasileira*. São Paulo: Brasiliense, 1982 e RAGO, Maria Aparecida de Paula. *Jose Ermírio de Moraes: A trajetória de um empresário nacional*. Rio de Janeiro: Paz e Terra, 2008.

carência de recursos. O dilema que se vivia então colocava duas possibilidades: ou captar recursos externos (fossem eles públicos ou privados), o que aumentaria a dívida pública; ou criar novos impostos (onerando os diferentes segmentos da sociedade), possibilidade a que todos se opunham.

São esses problemas que os críticos da estatização apontavam e que fundamentavam suas propostas contrárias. Nesse sentido, apresentam, sobretudo, três argumentos. Em *primeiro lugar*, que, ao aceitar a participação da iniciativa privada no setor elétrico, o Estado brasileiro estaria deixando de sobrecarregar os contribuintes com a cobrança de novos impostos que se destinariam à constituição de empresas públicas de energia elétrica.

Em *segundo lugar*, argumentam que a empresa pública se constituiria em verdadeiros "cabides de emprego", ou seja, espaço para a troca de favores em que as autoridades nacionais pudessem empregar seus aliados políticos. Sendo assim, as empresas estatais se configurariam como espaço de negociação política tendo como consequência a ineficiência técnica. As empresas privadas lhes figuravam como a solução eficaz para esses problemas.

Em *terceiro lugar*, os *privatistas* argumentavam ainda que o Estado, por meio de sua política intervencionista, instrumentalizada por uma legislação reguladora de caráter draconiano (Código de Águas), havia inibido os investimentos das concessionárias privadas. A solução para a crise do setor de energia elétrica, portanto, estava na não-intervenção do Estado e na revisão da legislação reguladora – possibilitando maior lucratividade para as empresas estrangeiras, às quais o setor de energia elétrica estava submetido.

Assim, ideólogos *privatistas* como Eugenio Gudin e Roberto Campos defendiam a entrada de recursos externos, via iniciativa privada, por meio das concessões de instalação aqui das empresas estrangeiras. Isso significaria que o papel do Estado seria regular e fiscalizar as empresas privadas do setor elétrico.

Observa-se, portanto duas noções de Estado: numa ele intervém diretamente na atividade econômica para o desenvolvimento e noutra o Estado é apenas um regulador e fiscalizador dessa atividade.

De toda forma, o discurso dos nacionalistas, em nenhum momento cogitou a ideia de obtenção de recursos senão no capital internacional, embora reconhecessem as demandas advindas da industrialização e propusessem a intervenção do Estado para a resolução da crise do setor. Decorre daí a manutenção das condições de exploração que as concessionárias estrangeiras já detinham, com o aumento da dívida externa e a ampliação da subordinação e dependência do país.

A questão que se coloca é: Quais segmentos da burguesia são representados pelos defensores da iniciativa privada e quais são os defensores da iniciativa estatal? Os setores nacionalistas da sociedade expressavam, sobretudo, o pensamento de profissionais liberais, funcionários públicos, intelectuais de diversos matizes ideológicos. O pensamento privatista, por sua vez, encontrava eco, sobretudo, entre empresários (industriais, banqueiros, comerciantes, proprietários de meios de comunicação, dentre outros) e funcionários – técnicos e administrativos – relacionados às empresas estrangeiras de energia elétrica.

Será que os defensores da intervenção estatal se colocavam de forma independente dos interesses da burguesia? Colocavam-se (considerando-se a forma dependente pela qual se configura o capitalismo no Brasil) como um segmento mais progressista? De fato, o pensamento nacionalista apoiava o movimento de renovação e expansão do parque industrial brasileiro, promovendo, assim, o desenvolvimento do capitalismo no Brasil. Portanto, não se distanciava dos interesses da burguesia. Daí as medidas para potencializar a economia brasileira em outras direções que não as da agricultura. Tal pensamento fundamentava mais do que um nacionalismo; era o fundamento do que se chamou *nacional-desenvolvimentismo*, cujo projeto nacional havia se iniciado na década de 30.[2] Embora o pensamento nacionalista pudesse parecer mais progressista, observamos que a ação do Estado favoreceu os setores da burguesia nacional e estrangeira na medida em que realizou as tarefas mais onerosas – gereção e transmissão de energia elétrica –, por meio da empresa estatal. A burguesia nacional que se objetivou pela via colonial, proprietária, no Brasil, de um capital incompleto, mais que isso, um capital incompletável sempre subordinado ao capital internacional, novamente apelou ao Estado para realizar as suas tarefas econômicas. As multinacionais continuaram, agora de forma expandida, a explorar a distribuição da energia. Rompeu-se o monopólio da produção e ampliou-se o da distribuição, configurando-se, assim, a continuidade renovadora que caracteriza o conservadorismo de uma formação hiperardia.

Quais são as posições dos diferentes segmentos da burguesia? A documentação expressa, sobretudo, as manifestações dos industriais. Estes acreditavam que para o "aproveitamento racional" das nossas potencialidades hidrelétricas seria necessária a "cooperação" entre o

---

2   Autores como Pedro Paulo Z. Bastos entendem que o " problema das definições do nacionalismo econômico varguista a partir dos meios pelos quais os interesses nacionais de desenvolvimento econômico seriam alcançados, é que Vargas não manteve, ao longo do tempo, a adesão a formas particulares de intervenção estatal e de associação com o capital estrangeiro. O que apresenta maior continuidade é a adesão ao ideário do nacional-desenvolvimentismo, ou seja, a vinculação do interesse nacional com o desenvolvimento, ativado pela vontade política concentrada no Estado, de novas atividades econômicas, particularmente industriais, associadas à diversificação do mercado interno, superando: 1) a especialização primário-exportadora, e 2) a valorização ufanista das riquezas naturais, associada à ideologia da vocação natural (passiva) do Brasil para exploração primária de suas riquezas". Contraposto à ideologia ufanista tradicional, o nacionalismo econômico varguista defendia intervenção para o desenvolvimento, ou seja, não era apenas nacionalismo, mas nacional-desenvolvimentismo". Cf. http://www.anpec.org.br/revista/vol7/vol7n4p239_275.pdf. Acessado dia 27/02/2009, 16:30.

Estado e a iniciativa privada, ou seja, as concessionárias estrangeiras *Light and Power* e Amforp.

Além disso, o empresariado apresentava a tese de que a legislação acerca do setor de energia elétrica (Código de Águas) deveria contemplar a estabilidade financeira das empresas, serviço adequado, tarifas razoáveis e fiscalização eficiente dos serviços prestados ao público. Em suma, para os industriais, ao Estado caberia um papel importante de apoio ao setor elétrico. Deveria ser guardado o espaço para a ação do setor privado estrangeiro, ou seja, haveria novos aproveitamentos de recursos hidráulicos, com a construção de usinas em que os investimentos realizados contariam com a participação de recursos do Estado brasileiro e, enfim, ocorreria a devida manutenção dos índices tarifários em padrões lucrativos para satisfazer às concessionárias estrangeiras.

Tais embates foram amplamente divulgados na época e revelam a correlação de forças sociais que praticamente prepara o caminho para a política que será implantada no período ditatorial pós-1964.

A análise deste embate conduz à percepção de aspectos essências da natureza do Estado em nosso país, para além da expressão das divergências entre os segmentos organizados em defesa de seus interesses empresariais, ou mesmo da defesa de uma ou outra ideologia relativamente às funções que o Estado deveria cumprir. A evidência da centralização do poder no Executivo, nos períodos estudados, e as posturas assumidas pelos segmentos da burguesia que se expressam nesse debate, assim como a continuidade dos fundamentos do desenvolvimento do capitalismo dependente, deixam entrever ao pesquisador, a possibilidade de avançarmos neste sentido.

No setor elétrico observamos, por exemplo, durante o governo Juscelino Kubitschek, a centralização no Poder Executivo (a qual examinaremos com mais vagar ao longo desta tese) como forma de marginalização do Legislativo nas discussões acerca dos caminhos a serem tomados para solucionar os problemas relativos às demandas por energia elétrica. Sinais de tais ações são percebidos, por exemplo, no desinteresse em tratar no Congresso Nacional da questão da criação da Eletrobrás. Em outras palavras, o Executivo centralizou a busca de soluções para os problemas do setor elétrico.

Consideramos, após a análise das fontes de que dispomos, a procedência das as teses que expressam o conservadorismo e o caráter *atrófico* e autocrático da burguesia. Capital *atrófico* é a designação específica dada por José Chasin ao capital que aqui se configurou, caracterizado por sua debilidade objetiva, própria de um capital induzido externamente, incapaz de perspectivar sua autonomia, incompleto e "incompletável", assentado na superexploração da força de trabalho, impossibilitando a incorporação das classes subalternas e a criação de um mercado consumidor de massas.

A este tipo de capital corresponde uma burguesia débil e tímida, autocrática e subordinada ao imperialismo, enquanto internamente oprime econômica e politicamente a classe trabalhadora. Em termos chasinianos:

> O capitalismo brasileiro, ao invés de promover uma transformação social revolucionária – o que implicaria pelo menos momentaneamente, a criação de um 'grande mundo' democrático – contribuiu em muitos casos para acentuar o isolamento e a solidão, a restrição dos homens ao pequeno mundo de uma mesquinha vida privada.[3]

Ao capital atrófico corresponde um Estado autocrático que, como demonstrou Florestan Fernandes, busca impedir as divergências no seio das classes burguesas e, sobretudo as pressões que vem classes

---

3 CHASIN, J. A *miséria brasileira 1964-1994: do golpe militar à crise social.* Santo André: Edições Ad Hominem, 2000, p. 54.

trabalhadoras. Assim o Estado age como "estrutura principal e verdadeiro dínamo do poder burguês".[4] Nos termos de Florestan:

> O estado nacional brasileiro foi plasmado pelas necessidades e interesses das classes burguesas e, em particular, pelo peculiar enredamento do padrão de dominação dessas classes com o controle de uma economia capitalista e de uma sociedade de classes dependentes e subdesenvolvidas. Na medida em que puderam tolher e unificar suas próprias reivindicações, congregando-se em torno de interesses internos e externos comuns ou articuláveis, elas puderam silenciar e excluir as outras classes da luta pelo poder estatal, conseguindo condições ideais para amolgar o Estado a seus próprios fins coletivos particularistas.[5]

Procuraremos demonstrar como essas necessidades e interesses particulares das classes burguesas interferiram na configuração de um modelo para o setor elétrico brasileiro ao longo dos anos 1950 e 60. Grosso modo, o resgate da história desse embate no referido período pode ser dividido em três momentos: o *primeiro*, que vai da morte de Getúlio Vargas até o fim do governo Juscelino Kubitschek; o *segundo*, que corresponde ao curto governo de Jânio Quadros até o golpe de 1964 e, finalmente, o *terceiro*, período que corresponde ao primeiro governo da Ditadura Militar, pós-1964, no Brasil, liderado pelo General Castelo Branco.

Buscamos, com isto, a elucidação da concretude social, ou seja, dos nexos constitutivos que fundam a produção e reprodução da vida e que se expressam nesses embates. Os documentos pesquisados foram extraídos de revistas como a *Revista Anhembi, Revista Conjuntura Econômica, Revista do Conselho Nacional de Economia, Digesto*

---

4   FERNANDES, Florestan. *A revolução burguesa no Brasil*. São Paulo: Globo, 2006, p. 358.
5   *Idem, op. cit.*, p. 358-9.

Econômico, Carta Mensal, Estudos Econômicos, Desenvolvimento e Conjuntura, Revista Brasiliense, Revista do Clube Militar, Revista Econômica Brasileira, Boletim Apec, Revista Estudos Sociais, Revista Brasileira de Energia Elétrica, Revista Observador Econômico e Financeiro, Revista Engenharia e a denominada *Revista do Clube de Engenharia*. Outras fontes documentais foram encontradas nos arquivos da Fundação Energia e Saneamento (antiga Fundação do Patrimônio Histórico da Eletropaulo); nos acervos da Biblioteca da Escola Politécnica da Universidade de São Paulo; no acervo da Biblioteca da Pontifícia Universidade Católica de São Paulo, e no do Centro de Pesquisa e Documentação de História Contemporânea do Brasil (CPDOC), da Fundação Getulio Vargas.

Além disso, analisamos depoimentos e memórias de alguns dos mais destacados personagens envolvidos no debate acerca do setor elétrico da época, depoimentos estes que se mostraram muito valiosos, uma vez que nos permitiram cotejar com informações obtidas da documentação. Tal material foi produzido já na época, revelando a preocupação dos autores em tornar públicas as suas reflexões teóricas sobre a questão; ou foi produzido no fim da década de 80 e no início da década de 90 quando, já em idade avançada, os protagonistas prestaram depoimentos ao Centro de Memória da Eletricidade, em parceria com a Fundação Getúlio Vargas.

Nos arquivos do CPDOC examinamos documentos pessoais de diversas personalidades ligadas ao setor elétrico, tais como: Alexandre Marcondes Filho, Artur Levy, Castilho Cabral, Ernâni do Amaral Peixoto, Etelvino Lins, Gabriel Passos, João Goulart, Juarez Távora, Juracy Magalhães, Luiz Simões Lopes, Oswaldo Aranha, Otávio Marcondes Ferraz, Roberto Campos. No acervo da Biblioteca Nacional examinamos a *Revista do Clube Militar* e a *Revista Economica Brasileira*, bem como o *Jornal Semanário*. No acervo do Arquivo Nacional examinamos os documentos do Conselho Nacional de Economia, do Conselho de Desenvolvimento e do Ministério das Minas e Energia.

De tais fontes de informações, procuramos resgatar os nódulos temáticos ou conceituais que, reintegrados enquanto nexos constitutivos, ajudam-nos a entender a correlação de forças sociais expressas na discussão sobre os projetos de energia elétrica, que resultaram no modelo vigente até os dias atuais. Desta formas, objetivamos a análise imanente que nos permita a reconfiguração dos nexos que comprovem a determinação social dos pensamentos e da ideologia,[6] e que nos revelam a função social que tais pensamentos cumpriram, isto é: a que interesses de classe atendiam. Desta forma, na medida em que a documentação, inicialmente fragmentada, foi sendo reordenada conforme seus vetores constitutivos, o acontecimento histórico pode ter visibilidade, embora circunscrito aos aspectos passíveis de análise. Como elucidou Milney Chasin:

> A categoria deve ser (...) algo além que a mera apreensão caótica, desordenada do todo. Apreender categorialmente, representar idealmente um complexo real, é exprimir a rede de relações e nexos que o articulam na efetividade. Não é atribuir articulação, mas reconhecê-la na forma do ser, em sua riqueza e diversidade, e permanecer sempre referido a ela.[7]

---

6 Entendemos por ideologia, como demonstrou István Mészáros, "uma forma específica de consciência social, materialmente ancorada e sustentada. Como tal é insuperável nas *sociedades de classe*. Sua persistência obstinada se deve ao fato de ela se constituir objetivamente (e reconstituir-se constantemente) como *consciência prática inevitável das sociedades de classe*, relacionada com a articulação de conjuntos de valores e estratégias rivais que visam ao controle do metabolismo social sob todos os seus principais aspectos". MÉSZÁROS, 1996, p. 13-27.

7 CHASIN, Milney. *O complexo categorial da objetividade nos escritos marxianos de 1843 a 1848*. Dissertação de mestrado, Belo Horizonte, Fafich-UFMG, 1999. Mimeo, p. 7.

Em nosso caso, impomo-nos a tarefa de *apreender categorialmente* o embate sobre o modelo de eletrificação a ser adotado no país como expressão das determinações sociais que engendram este embate e de cuja formação *privatistas* e *nacionalistas* participam enquanto sujeitos. Dado que não haveria condições para resgatar todos os aspectos que as questões aqui aventadas contem, concentramos-nos no embate acima referido, sobretudo nas manifestações, críticas ou não, ao projeto de criação da Eletrobrás e ao Plano Nacional de Eletrificação (PNE). Tais críticas atravessam o período do governo de Vargas até a primeira fase da ditadura de pós-64.

Buscaremos, portanto, trazer à tona a determinação ontológica dos entes históricos, uma vez que, tomando-se o objeto como portador:

> De uma configuração de natureza ontológica, o propósito essencial desta teoria é identificar o caráter da política *[sobre a Eletrobrás]*, esclarecer sua origem e configurar sua peculiaridade na constelação dos predicados do ser social.[8]

No que tange ao setor de energia elétrica, a partir do exame das fontes pesquisadas verificamos a disposição dos principais representantes do Centro Diretivo do governo Juscelino Kubitschek (1956-61)[9] em bloquear, no Congresso, o Plano Nacional de Eletrificação e o projeto da Eletrobrás. Assim contribuiriam para que a Eletrobrás fosse obstaculizada "até o desespero" por sete anos.

Durante os anos JK foram notórias, no parlamento, na imprensa e nos debates públicos o embate entre *privatistas* e *nacionalistas* acerca

---

8 CHASIN, J. "Marx – estatuto ontológico e resolução metodológica". In: Francisco J. S. Teixeira. *Pensando com Marx: uma leitura crítico-comentada de O Capital.* São Paulo: Ensaio, 1995 p. 367-8.

9 Dentre os representantes do Centro Diretivo do governo JK consta Roberto Campos, então alto dirigente do BNDE, e notório defensor de teses privatistas.

da referida obstrução, assim como as críticas ao Código de Águas e a disputa pelos recursos do Fundo Federal de Eletrificação (FFE), o que nos permite levantar a hipótese de que os representantes do *pensamento privatista* pretendiam possibilitar o acúmulo de recursos do FFE para que estes fossem usados posteriormente pelas concessionárias estrangeiras de energia elétrica, a *Light and Power* e Amforp. Entretanto, é necessário assinalar que, na prática, o setor elétrico brasileiro assistiu durante os anos JK, a efetivação da continuidade da propostas varguistas, ou seja intervenção do Estado, principalmente no setores de geração e transmissão de energia, o que pode ser atestado pela construção, à época, de grandes obras do setor, como Furnas e Três Marias. Desta forma, os *privatistas*, dentro do governo JK, cientes de que o capital estrangeiro não mais realizaria os investimentos de vulto dos quais o setor elétrico brasileiro necessitava, criticavam, de forma dissimulada, a intervenção do Estado. Por outras palavras, faziam um discurso para "consumo externo".

No governo Jânio Quadros e João Goulart ocorrem, respectivamente, a assinatura da lei que cria a Eletrobrás e o início das operações da *holding* do setor de energia elétrica. A lei que originou a Eletrobrás é de 25 de abril de 1961, tendo sido a sua implantação realizada em 11 de junho de 1962. Porém, um longo caminho foi percorrido até se chegar a tal implantação, pois desde que fora colocado o imperativo da expansão do parque enérgico no país, sob pena de tardar sua já *hipertardia* industrialização, deixando, por outro lado, de atender às demandas de consumo da crescente população urbana, o problema do modelo a ser adotado aquiriu centralidade em debates públicos.

No entanto, a criação da Empresa não arrefeceu os debates ente os *privatistas* e os *nacionalistas*, especialmente porque estes apresentavam aspectos um pouco distintos da sua "versão original" do segundo governo Vargas (1951-54), e representanda pela Assessoria da Presidência da República.

No governo de Castelo Branco, são os antigos defensores da privatização que assumem, após a sua criação, o poder de administrar a Eletrobrás. Assim, ao invés de obstaculizá-la, como haviam feito ao longo de treze anos (desde que as primeiras ideias de estatização do setor elétrico haviam sido sugeridas pela Assessoria Econômica do presidente Vargas), passam a integrar sua administração como empresa estatal. Inaugurada em 1962 a Eletrobrás passou a ser dirigida, após o golpe de 1964, por personagens como Octavio Marcondes Ferraz[10] – primeiro presidente da empresa na Ditadura Militar – cujas posturas tinham sido, até então, de total oposição ao projeto de criação da Empresa.

Vários são os nexos que integram a concretude expressa neste tema. Isso nos remete à discussão historiográfica relativa aos segmentos sociais que tem acesso ao núcleo do poder central do Estado e suas configurações regionais, cujos interesses se revelam no embate entre nacionalistas e privatistas, particularmente o que compõe a burguesia que aí se expressa. Na essência desse debate se põe ainda a questão das reformas de Estado promovidas pelos sucessivos governos, o que leva autores a considerarem que se configuram períodos distintos, dada a maior ou menor centralização do poder nas mãos do Executivo, particularmente no concernente às decisões

---

10 "O engenheiro eletricista Octavio Marcondes Ferraz compôs, em 1948, a primeira diretoria da Chesf, assumindo o cargo de diretor técnico, e em cujo exercício torna-se responsável pela construção da hidrelétrica de Paulo Afonso, considerada a maior obra da engenharia nacional até então executada (...). Destaca-se por suas posições em defesa do fortalecimento das indústrias privadas e de crítica intransigente à atuação do Estado como empresário e administrador. Isso não impede, todavia, que seja convidado a assumir a presidência das Centrais Elétricas Brasileiras S/A – Eletrobrás, exercendo-a durante todo o governo Castelo Branco, de 1964 a 1967". In: *Octavio Marcondes Ferraz: um pioneiro da engenharia nacional*. Renato Feliciano Dias (coord.). Rio de Janeiro: Centro da Memória da Eletricidade no Brasil, 1993. www.cpdoc/fgv.br, Acessado em 21/06/2007.

orçamentárias, à integração entre os poderes, à estrutura burocrática e às políticas públicas.[11] No entanto, consideramos que melhor se explicita esta historiografia e nossas posições em relação a ela, por um diálogo ao longo dos capítulos.

Estes são, portanto, os assuntos apresentados na presente tese, que buscando, como comentado, os nexos categoriais que emergem nos debates, será apresentada em quatro capítulos. No *Primeiro*, faremos um histórico do setor de energia elétrica, da sua implantação até o início dos anos 1950. No *Segundo Capítulo*, a análise dos conteúdos, da ideologia e da função social que cumpriram os *privatistas* com suas críticas ao Código de Águas, durante o governo JK. No *Terceiro Capítulo*, trataremos da análise dos embates travados entre *nacionalistas* e *privatistas* no governo Kubitschek, pelas já manifestações de *desamor* ao PNE e à criação da Eletrobrás. No *Quarto Capítulo*, examinamos a atuação da Frente Parlamentar Nacionalista (FPN) no Congresso Nacional entre 1956-61, no que se refere à proposta de criação da Eletrobrás, bem como as suas denúncias contra as concessionárias estrangeiras de energia elétrica. Examinamos também o período que corresponde ao curto governo de Jânio Quadros até o golpe de 1964 e, finalmente, o período que corresponde ao primeiro governo da Ditadura Militar pós-1964.

---

11 Neste sentido ver, por exemplo, PIERANTI, Octavio Penna; CARDOSO, Fabio dos Santos e SILVA, Luiz Henrique Rodrigues da. "Reflexões acerca da política de segurança nacional: alternativas em face das mudanças no Estado". In: *Revista de Administração Pública* (RAP). Rio de Janeiro 41(1):29-48, Jan./Fev. 2007.

1
A trajetória do setor elétrico brasileiro: dos primórdios aos anos 1950

QUANDO NOS EMBRENHAMOS NOS DOCUMENTOS que tratam da questão do setor de energia elétrica no Brasil, deparamo-nos com um dos aspectos da forma particular de conservadorismo que marca a nossa formação social. Desde o final da República Velha e – por que não? – até os dias de hoje, os escritos que registram os embates dos grupos nacionais e estrangeiros acerca das definições sobre as políticas públicas para a área de energia elétrica deixam entrever tal conservadorismo, correlato da fase imperialista do capitalismo internacional.

Neste capítulo, embora não seja o foco de interesse caracterizar a forma – por certo particular – que o imperialismo tomou em nosso país, é inevitável fazer referência ao que chamamos desenvolvimento capitalista *hipertardio*, categoria de suma importância para a contextualização das disputas travadas em relação ao setor de eletricidade.

A pesquisa dos documentos que registram as opiniões dos vários segmentos sociais presentes nos debate acerca do setor de eletricidade baseará o exame da trajetória deste setor em nosso país, do início do século XX, até o segundo governo Vargas.

Essa trajetória é caracterizada pela complexa relação entre sociedade civil e o Estado, num ambiente marcado, internamente, pelo desenvolvimento urbano e pelas emergentes demandas sociais oriundas desse desenvolvimento e, externamente, pelo crescente acirramento do imperialismo, com as consequentes Primeira e Segunda Guerras Mundiais. O conhecimento dessa trajetória subsidiará o leitor na compreensão do embate entre *nacionalista* e *privatistas* no período abordado pela presente tese

Monopolismo das concessionárias estrangeiras de energia elétrica em uma formação hipertardia

O Desenvolvimento Hipertardio: Conservadorismo, Dependência e Submissão Burguesas

A história da energia elétrica no Brasil se confunde com a história da urbanização e da industrialização. O crescimento urbano verificado nos últimos anos do século XIX e fomentado pela economia do café foi o responsável pela demanda social de serviços urbanos, dentre eles, aqueles ligados ao setor de energia elétrica.

Entretanto, em nosso país, tais demandas assumem características próprias, dado que as políticas públicas – sejam enquanto decisões, sejam enquanto práticas – não dão conta de prevenir ou atender às necessidades sociais, principalmente as urbanas. Em expansão crescente, essas necessidades não são dimensionadas pelos governos que se sucedem, mas são perfiladas por empresários que nelas veem uma interessante oportunidade de lucros. Atentos à incapacidade do Estado de prover tal demanda, pressupõem sua terceirização ou privatização.

A ausência de soluções alternativas e autônomas em relação aos recursos estatais para a oferta de serviços públicos é típica do ambiente empresarial criado no Brasil, no qual a burguesia se desenvolve subordinada e dependente do Estado. Revela-se, assim, a face do conservadorismo que caracteriza o *desenvolvimento capitalista hipertardio* no país: aqui, a burguesia é frágil e, por isso, para promover o desenvolvimento, alia-se às forças conservadoras – as oligarquias agrárias – que necessitaria superar para sua própria ascensão. Além disso, na busca pelo desenvolvimento, a burguesia não pode prescindir, em termos tecnológicos, financeiros, mercadológicos etc., do capital internacional, aliando-se a ele de forma subordinada. Ao mesmo tempo, a burguesia, dependente do Estado e submissa ao capital externo, reprime as massas em geral e os trabalhadores em particular.

Ou seja, o caráter *hipertardio* do desenvolvimento capitalista no Brasil manifesta-se não apenas pelo atraso do desenvolvimento das relações capitalistas, mas também pela postura dos ideólogos e pelas decisões políticas que expressam as intencionalidades da classe dominante. Intencionalidades essas que, analisadas em face da potencialidade inerente à concretude social de que são parte integrante, estão sempre aquém das possibilidades vigentes de desenvolvimento. Como sintetiza Chasin:

> O desenvolvimento das forças produtivas é mais lento, e a implantação e a progressão da indústria, isto é, do *"verdadeiro capitalismo"*, do modo de produção especificamente capitalista, é retardatária, tardia, sofrendo obstaculizações e refreamentos decorrentes da resistência de forças contrárias e adversas. /.../ a industrialização principia a se realizar efetivamente /.../ já num momento avançado da época das guerras imperialistas, e sem nunca, com isto, romper sua condição de país subordinado aos pólos hegemônicos da economia internacional.[1]

Os trabalhadores, por sua vez, também se configuram no interior dessa ordem social debilitada e não conseguem identificar a

---

1 CHASIN, José. *A miséria brasileira*, p. 44

alternativa revolucionária. Em outras palavras, não encontram a sua *radicalidade*, propondo sempre vias no campo de possibilidades limitadas pelo capitalismo, não escapando ao seu domínio. Entretanto, tais trabalhadores reagem ao aprofundamento da exploração da mais-valia, num confronto que explica a necessária presença e consequente subordinação da burguesia aos militares, em períodos de renovação do parque tecnológico. Cumprida a tarefa da repressão, a burguesia recua no controle exercido sobre os trabalhadores, dado que a potencialidade de manifestação dessa última classe, está enfraquecida. O ciclo de renovação do capitalismo se concretiza, assim, em sua forma conservadora.

Por outro lado, não se pode perder de vista que o imperialismo, como demonstrou Lênin, é um estágio do capitalismo, com certas necessidades e procedimentos correlatos. Um estágio no qual se impôs o poder dos monopólios e dos grandes bancos. Não se pode perder de vista, portanto, que o imperialismo é o capitalismo levado a se lançar à dominação colonialista e à guerra pela necessidade de criar e expandir mercados. Lênin patenteou ainda a importância que certos procedimentos tomaram nessa etapa do capitalismo: a intensificação da exportação de capital; a repartição do mundo entre trustes internacionais e a divisão, entre as grandes potências capitalistas,[2] de territórios coloniais fornecedores de matéria-prima e força de trabalho baratas.

Em outras palavras, o crescimento vertiginoso verificado na economia mundial, na segunda metade do século XIX, incluindo-se aí a área de energia elétrica, possibilitou às empresas que detinham tal tecnologia ampliar seus investimentos em mercados de consumo potencial fora de suas áreas de emergência. Portanto, tal crescimento, desde então, levou as empresas representantes do capitalismo monopolista a

---

[2] Sobre este tema, LÊNIN, Vladimir Ilie. *O Imperialismo, fase superior do capitalismo*. Brasília: Nova Palavra, 2007.

exportar parcela da sua produção, e até mesmo do seu próprio capital, evitando crises no sistema capitalista. Isso explica por que, a partir da segunda metade do século XIX, foram realizados grandes investimentos com o capital estrangeiro na América Latina, sobretudo no Brasil. Em países como o nosso, tais aplicações encontravam maior possibilidade de lucro, pois o capital estrangeiro aqui se deparava com força de trabalho e matérias-primas mais baratas, mercado consumidor e uma burguesia frágil, incapaz de fazer frente, em termos de desenvolvimento das forças produtivas, à concorrência externa.

A ação imperialista no mundo realizou-se inicialmente com grande intensidade no setores financeiro e comercial. Neste último, o imperialismo, particularmente o inglês, encontrava possibilidades de investimentos com custos compensadores e, com efeito, maior lucro; enquanto no Brasil, na mesma época, ainda era a cafeicultura a base de sustentação da economia, um produto de segunda necessidade, submetido à alta competitividade no mercado internacional e sem as condições concretas para sustentar tal concorrência. Esse produto, a despeito de ser inegavelmente o sustentáculo da economia brasileira naquele momento, colaborava também, por meio de excedentes de capital, para a expansão industrial e urbana.

Nesse contexto, e dadas as características internas vigentes no Brasil, a ação imperialista, que já vinha do final do século XIX, manteve-se num *continuum*, assumindo setores para os quais já havia demanda, a exemplo da exploração de concessões de serviços de utilidade pública como esgoto, gás, comunicações, transportes, portos e, finalmente, energia elétrica. Na lógica da ordenação do Estado, no Brasil, tais inversões eram consideradas pelo governo como sendo da sua competência. Mas, contraditoriamente, era também reconhecido que ele não reunia recursos suficientes para a implementação desses serviços, em decorrência não apenas das condições do próprio Estado, mas particularmente porque, para sustentar a competitividade do café no cenário internacional, era necessário subsidiá-lo.

Ora, tais serviços eram vitais para a urbanização e a industrialização que aqui ocorriam. A concessão[3] à iniciativa privada foi a saída que o Estado encontrou para resolver a questão. Dessa forma, o Estado garantiria a prestação de serviços, enquanto as empresas privadas lucrariam com a prestação dos serviços. Entretanto, era necessário que as empresas concessionárias assumissem também os custos. Como a grande burguesia nacional ainda estava voltada para os investimentos na agricultura cafeicultora – não obstante algumas iniciativas que já se observavam nos grandes centros urbanos como São Paulo, cujo crescimento na época era explosivo –, tais concessões ficaram nas mãos do capital estrangeiro, nos moldes da ação imperialista monopolista. Monopólio a que os governos não davam muita atenção, dado que não havia competição nacional que o pudesse questionar, pelo contrário, era bem-vindo, já que supria uma necessidade interna e "moderniza-va" o país. E "ai de quem contra ele se insurgisse".

Concessionárias Estrangeiras de Energia Elétrica no Brasil: Práticas e Estratégias de Monopólio

Como vimos anteriormente, a história da energia elétrica no Brasil se confunde com a urbanização e a industrialização, tendo a frente destes processos, o estado de São Paulo e, de forma menos acentuada, os demais estados da Regiões Sudeste e Sul.

---

3 "Permissão, autorização, deferimento. Faculdade do Poder Público de conferir a pessoa física ou jurídica particular à exploração privativa, em seu nome e sua própria conta, de indústria ou serviço de interesse ou de utilidade pública ou da coletividade, durante um certo período de tempo, auferindo proventos e vantagens, mas responsabilizando-se por encargos e obrigações." GUIMARÃES, Deocleciano Torrieri. *Dicionário técnico jurídico*, 3ª ed. São Paulo: Rideel, 2001 p. 189.

Em 7 de abril de 1899 foi fundada no Canadá a *São Paulo Railway Light and Power Empresa Cliente Ltd – São Paulo Railway*. A *São Paulo Railway* tinha um capital inicial de US$ 6 milhões e suas atividades no Brasil se destinariam à geração e distribuição de energia para a cidade de São Paulo.

Além das atividades de fornecimento de energia elétrica comercial e residencial, a *Light and Power* se destinaria à implantação de linhas férreas, telegráficas e telefônicas. Assim, a empresa garantiu o monopólio sobre os serviços de bondes e o fornecimento de energia elétrica na cidade de São Paulo, por meio de um decreto do presidente da República, Campos Sales, naquele mesmo ano.

Em artigo publicado pela revista *História e Energia* da Fundação de Patrimônio Histórico da Eletropaulo, Flávio Saes, ao avaliar a evolução da presença do grupo *Light* no Brasil, conclui que este se tornou o mais poderoso conglomerado a atuar no setor de energia elétrica no período da República Velha. No entanto, sua receita principal, até o final da década de 1910, não era originária do fornecimento de energia elétrica para as atividades residenciais, de indústria e comércio, mas sim originária da exploração do serviço de bondes elétricos. Neste serviço, o lucro era de três a cinco vezes maior do que na somatória do restante. Tal situação só viria a se alterar a partir dos anos 10, devido ao elevado consumo de energia elétrica pela indústria.[4]

Em São Paulo, por essa época, ocorria o crescimento de centros urbanos em todo o estado. Neles o desenvolvimento industrial propiciou o nascimento, desde 1910, de várias empresas municipais de energia elétrica. Tal como demonstra o historiador Gildo Magalhães,[5]

---

4 SAES, Flavio. *Café, Industria e eletricidade em São Paulo. Caderno História & Energia: a chegada da Light.* São Paulo: Eletropaulo, n° 1, 1986, p. 28.

5 MAGALHÃES, Gildo. *Força e Luz: eletricidade e modernização na República Velha*, p. 54.

em seu estudo sobre a eletricidade na República Velha, dentre as mais importantes estavam:

a) A *Companhia. Paulista de Força e Luz* (CPFL), fundada por Manfredo A. da Costa e José B. de Siqueira. Os serviços dessa companhia se destinavam às cidades de Botucatu, São Manoel, Agudos e Bauru;

b) a *Empresa de Eletricidade de Rio Preto*, pertencente ao grupo Salles Oliveira-Júlio Mesquita, que atendia a Jaboticabal e São Simão;

c) a *Companhia. de Força e Luz de Ribeirão Preto*, do grupo *Silva Prado*, fornecendo para Jaú, Barretos, Jardinópolis, Igarapava e Bebedouro.

d) o grupo *Ataliba Vale-Fonseca Rodrigues-Ramos de Azevedo*, suprindo Araraquara, Ribeirão Bonito, Rincão e Vale do Paraíba.

No estado do Rio de Janeiro, ainda segundo Gildo Magalhães, surgiu a *Companhia. Brasileira de Energia Elétrica* (CBEE), no ano de 1909, de propriedade dos Gaffrée, Guinle e Jorge Street. Seus serviços se destinavam a várias cidades do território do Rio de Janeiro.

Anteriormente, em 1904 era fundada, no Canadá, a *Rio de Janeiro Tramway, Light and Power Empresa Cliente – Rio de Janeiro Tramway*. No ano seguinte, a empresa foi instalada no Rio de Janeiro, com o apoio do prefeito Pereira Passos e do presidente da República, Campos Sales. Suas atividades se iniciaram com a inauguração da iluminação pública da Avenida Central, atual Avenida Rio Branco.

Uma terceira empresa do grupo *Light* foi fundada em 1911: trata-se da *São Paulo Co.*, que, surgiu visando ao aproveitamento do Salto de Ituporanga, localizado no Rio Sorocaba. Essa empresa possibilitaria, com a construção de outra usina, aliviar a de Parnaíba, sobrecarregada devido ao crescimento no consumo de energia elétrica da cidade de São Paulo.

Observamos, portanto, que, ainda na República Velha, as empresas estrangeiras produtoras de energia elétrica iniciaram uma ofensiva para controlar a produção de energia, com o apoio dos governos estaduais e federal, principalmente nos centros economicamente mais importantes, como São Paulo e Rio de Janeiro. Tal fato levou, por exemplo, a *Light and Power* a deter, em 1930, 40% da capacidade total do fornecimento da energia elétrica do país.

A *American and Foreign Power Empresa Cliente* (Amforp), com sede nos Estados Unidos, iniciou suas atividades no Brasil em 1927. Fundou aqui uma subsidiária conhecida inicialmente como *Empresas Elétricas Brasileiras* (EEB), que passou a se chamar depois *Companhia Auxiliar de Empresas Elétricas Brasileiras* (CAEEB). Rapidamente, a *Amforp* adquiriu o controle de várias concessionárias que atuavam no interior de São Paulo e em Recife, Salvador, Natal, Maceió, Vitória, Niterói-Petrópolis, Belo Horizonte, Curitiba, Porto Alegre e Pelotas.

Ao longo da República Velha, a oposição entre os grupos de brasileiros e os de estrangeiros marcou a história do setor. Exemplo significativo desse embate foi o conflito entre os Gaffrée & Guinle e a *Light*, ocorrido em 1905, no Rio de Janeiro.[6] Envolvia o projeto de iluminação pública da cidade, na qual, devido à oposição das autoridades brasileiras e do Departamento de Estado dos EUA, o grupo brasileiro foi preterido. Num artigo intitulado "Monopólio da energia elétrica: William Reid e a Light and Power", publicado pelo *Jornal do Commercio* em 1907, o monopólio conquistado pela *Light* no Distrito

---

6 Ver: HONORATO, Cezar Teixeira. "Conflito entre Capitalistas: A Implantação da Energia Elétrica no Rio deJaneiro (Brasil) na Virada do Século XIX para o XX". In: *VI Congreso de la Asociación de Historia Económica*, 1997, Girona. Actas. Girona: AHES, 1997, vol. 7, p. 46-52.

Federal foi apontado como ilegal, e o prefeito Pereira Passos, acusado como principal responsável por tal ilegalidade.

A disputa entre o grupo *Gaffrée & Guinle* e as concessionárias estrangeiras no Rio de Janeiro se estendeu até o ano de 1909, quase sempre vencida pelas últimas. Então, o grupo brasileiro tentou vender energia originária de excedentes gerados por sua usina em Itatinga para a cidade de São Paulo. Foi, contudo, impedido pelo veto da Câmara Municipal da cidade, apesar da posição favorável do então prefeito Antônio Prado.[7] O choque entre os Guinle e a *Light* se estenderia pelas décadas seguintes no eixo Rio/São Paulo.

Gradativamente, ao monopolizar o setor de energia elétrica no país, as concessionárias estrangeiras impunham suas tarifas de forma abusiva. Ligadas à Amforp, no interior do estado de São Paulo:

> Devido à desvalorização do mil-réis, a *Companhia Paulista de Força e Luz* eleva as taxas de maneira astronômica. A revolta contra a decisão é inaudita na história do Brasil: a população atingida, de maneira total, nega-se a aceitar os preços e deixa de pagar o devido. Diante disto, a Companhia desliga o fornecimento de energia elétrica aos particulares. Como o movimento é coletivo, a totalidade das casas de São Manuel, Jaú, Araçatuba, Piracicaba, Rio Preto, Birigüi, Mineiros, Cafelândia etc. têm sua energia elétrica cortada. Até que o interventor paulista, no início de 1932, faz revisão no contrato da Companhia Paulista de Força e Luz. A derrota momentânea não impede que a *Light* tente impor inutilmente a taxa-ouro em 1933.[8]

---

7 Sobre o tema, ver dois artigos publicados pela Fundação Patrimônio Histórico da Eletropaulo: Edgard Carone, Priscila F. Perazzo. *Em São Paulo, lutas contra o monopólio*, p. 38-45; Edgard Carone, Rosa Maria M. T. J. Dér. *Light x Guinle*, p. 14-9.

8 CARONE, Edgar. *A República Velha: evolução política*, p. 79.

Isso leva o governo federal, em 27 de novembro de 1933, a declarar nula qualquer estipulação de pagamento em ouro, ou em determinada espécie de moeda, ou por qualquer meio tendente a recusar ou restringir, nos seus efeitos, o curso forçado do mil-réis e ouro.[9]

Além de majorar suas tarifas com liberdade, tais empresas alteravam os contratos que lhes garantiam a elevação de suas tarifas por meio da *cláusula-ouro*. Por ela, o aumento se dava levando em consideração 50% de moeda nacional e 50% oscilando de acordo com a cotação do dólar.

Resumidamente: em 1928, a Amforp era detentora de praticamente todas as usinas do interior de São Paulo. A *Light and Power*, por sua vez, possuía todas as usinas existentes entre Jundiaí e o Rio de Janeiro, incluindo a capital paulista. É claro que a ação dessas empresas estrangeiras no setor de energia elétrica do Brasil representava a consistente atuação imperialista, em sua forma mais tradicional naquele momento, ou seja, atuava nas concessões públicas, ao lado de setores como gás, bondes e ferrovia. Caracterizava-se, assim, o monopolismo, procedimento correlato à fase superior do capitalismo, conforme demonstrou Lênin, mas em uma especificidade de desenvolvimento *hipertardio*.

A ação das grandes concessionárias estrangeiras de energia elétrica (*Light and Power* e Amforp) no sentido de manter privilégios se dava por meio da infiltração de seus funcionários em instâncias decisivas de poder, como ocorreu na Constituinte de 1933 e aconteceria novamente na de 1946.[10]

As críticas a essa campanha da *Light* pela manutenção de seus privilégios no setor elétrico levam-na, a partir do dia 5 de agosto de 1943, a tornar-se alvo de uma Comissão Parlamentar de Inquérito

---

9   *Ibidem*.

10 Cf. RUY, "As costas largas da *Light*". In: A. Veiga Fialho (org.). *Compra da Light: o que todo brasileiro deve saber*. São Paulo: Civilização Brasileira, 1979, p. 36.

(CPI), sob 13 acusações, dentre elas: infrações de norma legal, como a recusa de pagamento de taxa de utilização da água pública e infrações de normas contratuais, como o não cumprimento de reversão da parte do acervo da companhia de gás. Esta deveria ser incorporada ao patrimônio do governo, em virtude do término do prazo do contrato de concessão. Havia, ainda, irregularidades administrativas, como influenciar ou pressionar funcionários encarregados do andamento dos processos administrativos referentes à execução de obrigações da empresa.

Como pudemos observar, desde a instalação das concessionárias estrangeiras de energia elétrica no Brasil – primeiro com a *Light and Power*, em 1899, e depois com a Amforp, em 1927 – até o início da década de 1950, vários episódios ilustraram o comportamento das concessionárias visando garantir o monopólio da prestação dos serviços de utilidade pública no setor de energia elétrica.

No início da década de 1950, travou-se um intenso debate em torno da proposta varguista de estatização do setor de energia elétrica, entre personalidades de ideologia nacionalista e de concepção privatista. Destarte, os temas que inspiraram as conclusões acima aventadas voltaram à tona nos depoimentos dos representantes do pensamento nacionalista.

Em 1950 o catedrático da Faculdade de Direito da Pontifícia Universidade Católica de São Paulo e membro do Departamento Jurídico da Prefeitura, Meirelles Teixeira, escreveu um memorial ao governo federal a respeito do aumento das tarifas de energia elétrica no município. Em seu texto, o professor de Direito manifestava profunda irritação diante da edição, por parte do Ministério da Agricultura, de duas portarias datadas de 6 de maio de 1950.[11]

---

11 TEIXEIRA, J. H. Meireles. *Os serviços públicos de eletricidade e a autonomia local*. São Paulo: Departamento jurídico da Prefeitura do Município de São Paulo, 1950, p. 30.

Segundo o Código de Águas, sobre o qual discorreremos mais adiante, o investimento realizado pelas concessionárias estrangeiras de energia elétrica era crucial para o cálculo das tarifas. Entretanto, tal montante não era conhecido pelo governo federal, pois, desde o estabelecimento do Código, aquele não havia apurado devidamente investimentos originais realizados pelas concessionárias.

Os lucros da *Light and Power* no Brasil eram vultosos, embora o poder público não os conhecesse com a devida profundidade,[12] o que tornava o aumento das tarifas uma grande injustiça para com a população do município de São Paulo. Segundo o professor Meirelles Teixeira, uma revista norte-americana especializada em temas relacionados às empresas de serviços públicos, intitulada *Public Utilities Fortnightly*, havia publicado uma reportagem em junho de 1949 que expressava uma prova irrefutável da vultosa lucratividade da concessionária canadense no Brasil. Tal reportagem demonstrava que a média geral para a remuneração dos capitais investidos por concessionárias de energia elétrica era de 6,9%, sendo 6,7% a média das companhias canadenses – grupo a que pertencia a *Light and Power* –, enquanto no Brasil a *Brazilian Traction Light and Power* declarava remuneração de 10,5% naquele mesmo mês, o que a deixava como segunda colocada entre as mais bem-sucedidas em lucros; no mês de novembro daquele mesmo ano, figurava como a primeira em lucros no setor de energia elétrica.[13]

A majoração das tarifas de energia elétrica por meio das Portarias 187 e 300 ocorreram no final do governo Dutra (1946-51), cuja

---

12 Ver: MARANHÃO, Ricardo. *McCrimmon: o jeitinho brasileiro na direção da Light.* Memória. São Paulo: Eletropaulo, 2 (5): 35-8, out./nov./dez. 1989. Segundo o historiador, um lobby bem-sucedido do maior executivo da Light no Brasil na época, Ken McCrimmon, conseguiu impedir a averiguação da contabilidade da Light durante anos, até que, em 1943, tal exigência legal foi revogada por decreto.

13 TEIXEIRA, *op. cit.*, p. 36.

Casa Civil estava nas mãos de Pereira Lima, antigo chefe do Serviço Jurídico da *Light and Power* no Brasil.[14] Para Meirelles Teixeira, as investigações necessárias que os técnicos do município de São Paulo deveriam fazer nos documentos das concessionárias estrangeiras não aconteciam ou não tinham a devida precisão.[15]

A *Light* era acusada de auferir maiores lucros com a queda da voltagem, caracterizada como uma fraude diante dos consumidores.[16] Outros exemplos de abuso da *Light* são os aumentos de tarifas aplicadas a comerciantes, como os de panificadoras, que alcançavam números entre 200% a 400%.[17]

Resumidamente, a prefeitura de São Paulo resistia às novas tarifas aprovadas pelas Portarias 187 e 300, do Ministério da Agricultura, por entender que a *Light* auferia altíssimos lucros com a prestação de seus serviços na cidade e nada justificava que tais tarifas fossem majoradas. Além disso, os verdadeiros números dos lucros da *Light* seriam nebulosos, pois não havia a devida fiscalização. Além disso, a empresa podia ser denunciada por fraude na prestação de serviços de qualidade duvidosa ao diminuir a voltagem da energia que fornecia ao público.

Já nesta época a *Light* era acusada de ação monopolizadora. O deputado do Partido Trabalhista Brasileiro (PTB) paulista, Eusébio Rocha, no texto da justificação do projeto de sua autoria que sugeria a encampação de empresas da concessionária canadense. Ao aludir o caso dos obstáculos criados por esta à construção da Usina de Salto, o deputado ressalta que a *Light*, com o intuito de afastar um

---

14 Cf. José Carlos Ruy. "As costas largas da Light". In: FIALHO, A. Veiga, *op. cit.*, p. 36.
15 Cf. TEIXEIRA, *op. cit.*, p. 40.
16 *Ibidem*, p. 38.
17 *Ibidem*, p. 44.

concorrente, obstruiu a construção de tal usina, embora não tivesse capacidade para fornecer a energia necessária.[18]

Tais práticas monopolistas não se restringiam, no entanto, ao afastamento do concorrente pela interferência junto aos poderes públicos. Sua ação incluía, segundo noticiário da época, também atos de sabotagem. Depoimentos do engenheiro Catullo Branco[19] (um dos maiores estudiosos do tema e ativo combatente da ação das concessionárias estrangeiras de energia elétrica no Brasil) são de grande importância para ilustrar tais acusações contra a concessionária canadense. Vejamos mais detalhadamente em que circunstâncias e de que forma ocorria esta prática.

No início da década de 40 do século XX, conforme já indicamos, a crise de energia elétrica afetava todo o estado de São Paulo. Neste momento, a Estrada de Ferro Sorocabana pretendia construir uma usina própria no Rio Capivari, a partir de um projeto do engenheiro Catullo Branco (Projeto Capivari-Monos). Tal usina visava a garantir o abastecimento da empresa ferroviária. No entanto, a construção da Usina de Capivari-Monos se constituiria numa ameaça ao monopólio da *Light and Power* no fornecimento de energia elétrica à Estrada de Ferro Sorocabana.

Lembra o engenheiro que, assim que o projeto piloto da Usina de Capivari-Monos começou a funcionar, ocorreu uma enchente,

---

18 Cf. Justificação do Projeto n° 4.455, de 1954. In: Anais da Câmara dos Deputados, Sessões Ordinária e Extraordinárias Noturnas, 2 a 8 de junho de 1954, p. 191.

19 Formado pela Escola Politécnica de São Paulo, o engenheiro Catullo Branco pertenceu aos quadros da Secretaria de Obras Públicas do Estado de São Paulo durante trinta anos (1928-58). Era especialista em energia hidrelétrica e como tal participou de projetos importantes, como o da Usina de Caraguatatuba, desenvolvido em 1938, e o da Usina de Barra Bonita, de 1942. Foi eleito pelo Partido Comunista Brasileiro, em 1946, como deputado constituinte. Durante toda a sua vida atuou de forma intensa contra os interesses do capital estrangeiro, que no setor de energia elétrica eram representados pela *Light and Power* e pela Amforp.

prejudicando o seu funcionamento. Segundo ele, para a população da região, a enchente teria sido provocada pela Light and Power, com a abertura das comportas da sua represa. Denuncia ainda em seu relatório que não foi possível provar que a empresa estrangeira tentou destruir a Usina de Capivari-Monos, pois a fiscalização enviada para o local da ocorrência produziu um relatório que acabou por isentar a Light de qualquer responsabilidade no caso.[20]

Num interessante artigo do historiador Ricardo Maranhão, acerca da trajetória de um dos executivos mais importantes da Light no Brasil, o major Ken McCrimmon, publicado na Revista Memória da Eletropaulo, encontramos elementos que reforçam as ideias acima aventadas. Nele há o relato sobre o episódio do passeio do funcionário público (Ken MacCrimmon) na lancha da Light. Lembra Maranhão que McCrimmon costumava frequentar "'bares mal afamados' para falar com gente do staff político da ditadura [Vargas]".[21]

Conclusivamente: a trajetória do setor de energia elétrica expressa uma das facetas da particularidade do desenvolvimento *hipertardio* brasileiro, no contexto do capitalismo internacional de caráter imperialista e monopolista. O conservadorismo político; a ação agressiva para a manutenção dos monopólios; a ineficaz ação do Estado para coibir tais iniciativas; a impossibilidade da denúncia; a impunidade dos agentes; o isolamento em que se viam os funcionários-chave envolvidos na questão: tudo isso denota a falta de controle do Estado sobre as ações dos poderes constituídos e a fragilidade das instituições governamentais, que acabam por ficar à mercê do imperialismo internacional.

---

20 *Apud* ERANCO, Zillah Murgel. "Catullo Branco: um pioneiro". In: *Memória Energia*, São Paulo, nº 27 p. 27-8.

21 MARANHÃO, *op. cit.*, p. 38.

O Código de Águas: intervencionismo estatal e nacionalismo

Acabamos de expor como a introdução e atuação das concessionárias estrangeiras de energia elétrica no Brasil ao longo do século XIX e no início do seguinte foram marcardas pela monopolismo. Essas empresas começaram a ser denunciadas principalmente a partir do momento em que se tornou patente o colapso do sistema, com o início da Segunda Guerra.

Em meio ao debate intenso que tomou conta de diversos segmentos da sociedade brasileira, no intuito de entender os motivos que haviam levado o país a mergulhar na crise do setor elétrico, no início da década de 1950, a questão de sua legislação reguladora encontrou espaço importante. Em outras palavras, debatia-se com posições concordantes e discordantes o seguinte: em primeiro lugar, o *Código de Águas* (sobre o qual discorreremos mais adiante) era o responsável pela situação verificada no país? E, em segundo lugar, caso a responsabilidade do Código na crise do setor realmente fosse um fato, qual era a sua extensão?

Buscaremos demonstrar que a discussão acerca do Código de Águas e seus princípios fora objeto de debate desde as décadas de 30 e 40 do século passado. Quando se iniciou a década de 50, o embate em torno desse tema era travado dentro e fora da esfera governamental. Patentearemos ainda as posições expressas em tal embate e a função social que as decisões políticas daí extraídas cumpriram, qual seja, a de perpetuar o desenvolvimento subordinado.

Em 1903, foi aprovado no Congresso Nacional o texto pioneiro na regulamentação do uso de energia elétrica no Brasil. A Constituição de 1891 tratava de temas como concessão de serviços públicos de forma muito vaga, e não havia referência ao aproveitamento de recursos hídricos. Segundo o engenheiro Catullo Branco, desde o princípio do Período Republicano, a questão da energia elétrica foi tratada por uma regulação dispersa e carente de regulamentação.[22]

Ao longo de toda a República Velha a legislação existente sobre os serviços de utilidade pública, como energia elétrica, era extremamente liberal. As decisões davam-se na esfera estadual, de forma dispersa, em detrimento do poder público federal. Isso tornava os mecanismos de controle do Estado sobre tais serviços muitos frágeis.

Como já foi aventado, além de majorar suas tarifas com liberdade, as empresas estrangeiras tinham como prática a substituição de contratos firmados, por outros que lhes garantiam a elevação de suas tarifas, por meio da *cláusula-ouro* (era o caso das *Empresas Elétricas Brasileiras*, do grupo da Amforp). Por essa cláusula, o aumento era efetuado levando-se em consideração 50% de moeda nacional e 50% que oscilavam de acordo com a cotação do dólar. Isso, no mínimo, denotava a omissão do poder público para com um tema tão importante para a população.

É importante considerar que as atividades imperialistas durante a década de 1930 se enfraqueceram, com a diminuição da entrada de capitais estrangeiros no Brasil. Ao mesmo tempo, a ideologia do nacionalismo econômico local ganhava terreno, manifestando-se principalmente por meio da defesa de bloqueios alfandegários e do controle nacional sobre os recursos naturais. No início de seu governo, Vargas, num discurso realizado na cidade de Belo Horizonte, indicou sua preocupação com o aproveitamento de nossas riquezas minerais, dentre elas as quedas d'água:

> Julgo oportuno insistir, ainda, em um ponto: a necessidade de ser nacionalizada a exploração das riquezas naturais do

---

22 BRANCO, *op. cit.*, p. 66.

> País /.../. Não sou exclusivista nem cometeria o erro de aconselhar o repúdio do capital estrangeiro a empregar-se no desenvolvimento da indústria brasileira, *sob a forma de empréstimos*, no arrendamento de serviços, concessões provisórias ou em outras múltiplas aplicações equivalentes. Mas, quando se trata /.../ do aproveitamento das quedas d'água, que nos ilumina e alimenta as indústrias de paz e de guerra /.../ quando se trata, repito, da exploração de serviços de tal natureza, de maneira tão íntima ligados ao amplo e complexo problema da defesa nacional, não podemos aliená-los, concedendo a estranhos, e cumpre-nos, previamente, manter sobre eles o direito de propriedade e domínio.[23]

Uma tendência ao intervencionismo estatal, sob inspiração do nacionalismo econômico, estava claramente expressa no pensamento de Vargas, no que se referia ao aproveitamento das riquezas naturais do país, sobretudo o de quedas d'água. As prerrogativas constitucionais promulgadas pela Carta de 1934 e a decretação do Código de Águas, naquele mesmo ano, confirmaram tal disposição.

Dentro deste espírito, a Constituição de 1934 atribuía ao Estado relevante papel interventor em atividades de importância para o país. Em seu capítulo intitulado *Da ordem econômica e social*, a Constituição estabelecia:

> Por motivo de interesse público e autorizada em lei especial, a União poderá monopolizar determinada indústria ou atividade econômica, asseguradas as indenizações devidas, conforme

---

23 Cf. VARGAS, Getulio. *A Nova política do Brasil*. Rio de Janeiro: José Olympio, 5v. 1938, p. 101.

o art. 112, nº 17, e ressalvados os serviços municipalizados ou de competência dos poderes locais.[24]

Nesse sentido, o setor de energia elétrica, indubitavelmente, recebia atenção especial. Os artigos 118 e 119 destinavam-se à questão de infraestrutura. Vejamos:

O aproveitamento industrial de minas e das jazidas minerais, bem como das águas e da energia hidráulica, ainda que de propriedade privada, depende de autorização ou concessão federal, na forma da lei.[25]

Os artigos constitucionais mencionados indicam que as autoridades federais pretendiam tratar, com atenção especial, o problema da energia elétrica. O liberalismo e, com efeito, a omissão legal diante das questões de regulamentação do setor elétrico estavam cedendo espaço ao intervencionismo estatal. Tornava-se rigorosa, então, a regulamentação das atividades do setor elétrico.

Como já foi aludido, desde o princípio do período republicano, a questão da energia elétrica havia sido tratada por uma legislação dispersa e carente de regulamentação. A proposta de um código para utilização e aproveitamento das águas havia sido apresentada no início do Período Republicano. Contudo, não fora aprovada e convertida em lei pelos deputados, aparentemente contrários a tal regulamentação, pois ficariam excluídos da atribuição de fiscais, que consideravam importante.

Como também já foi aventado, durante a República Velha, a ação das grandes concessionárias estrangeiras de energia elétrica era caracterizada por desmandos que prejudicavam a população e os interesses

---

24 Constituição da República dos Estados Unidos do Brasil – Promulgada a 16 de julho de 1934, Art. 116. In: CAMPANHOLE, Adriano; CAMPANHOLE, Hilton Lobo. *Constituições do Brasil*. São Paulo: Atlas, 1971, p. 662-3.

25 *Ibidem*.

do país. Entretanto, elementos de ideologia nacionalista e visão intervencionista, que ocuparam o centro do poder a partir da Revolução de 30, passaram, então, a fundamentar medidas que significavam uma reação às políticas liberais anteriores, como demonstram os artigos constitucionais citados acima.

O ministro da Agricultura, Juarez Távora, criou o Serviço de Águas que ficou encarregado de zelar pelos assuntos relativos à exploração de energia hidrelétrica, irrigação, concessões e legislação de águas. A famigerada cláusula-ouro foi extinta, em novembro de 1933, pelo Decreto n° 23.501, cujos arigos determinavam o seguinte:

> Art. 1° – É nula qualquer estipulação de pagamento em ouro, ou em determinada espécie de moeda, ou por qualquer meio tendente a recusar ou restringir, nos seus efeitos, o curso forçado do mil-réis – papel. Art. 2° – A partir da publicação deste Decreto, é vedada, sob pena de nulidade, nos contratos exequíveis no Brasil, a estipulação de pagamento em moeda que não seja a corrente, pelo seu valor legal.[26]

De fato, nas condições criadas pela grave crise de 1929-32, não podiam os governos prosseguir com as garantias tarifa-ouro de antes da crise, em virtude da visível depressão do comércio exterior.

Diante disso, *grosso modo*, o Código de Águas assinado pelo presidente Vargas estabelecia:

> a) a separação da propriedade das quedas d'água das terras onde estas se encontravam e a incorporação ao patrimônio da União Hidráulica, de forma inalienável e imprescritível, de tais quedas d'água e de outras fontes de energia;

---

26 Fragmento do Decreto 23.501, *apud* LEITE, Antonio D. *A energia do Brasil*. São Paulo: Nova Fronteira, 1997 p. 402.

b) atribuição à União da outorga e concessão de aproveitamento (por no mínimo 30, no máximo, 50 anos) da energia hidráulica para uso privativo em serviço público, bem como a reversão das instalações ao final do prazo de concessão;

c) instituição do princípio do *custo histórico* ou *serviço pelo custo* para o estabelecimento de tarifas e avaliação do capital das empresas;

d) e nacionalização dos serviços, que passaram a ser conferidos exclusivamente a brasileiros ou a empresas organizadas no Brasil.

É importante destacar que a decretação do Código de Águas significava, também, uma demonstração de reação dos partidários das ideologias nacionalistas e intervencionistas ao quadro até então predominante.

A regulamentação do Código passou por penosa trajetória, da mesma forma que sua aplicação. Segundo o historiador Ricardo Maranhão, "Todo o poder de fogo da *Brazilian Traction* foi para influenciar e comprar deputados, financiar campanhas de imprensa contra o Código e, com algum êxito, atrasar sua aplicação prática".[27] A regulamentação ficou sob a orientação de um órgão federal, que seria criado apenas em 1939, o Conselho Nacional de Águas e Energia Elétrica (CNAEE). Ao levar o projeto do Código de Águas para sanção de presidente Vargas, o ministro Távora deixava claro que as questões relativas à energia elétrica ficariam diretamente subordinadas à Presidência da República, por interemédio do CNAEE:

> Esse controle da União, extensivo à indústria da energia elétrica, sobre o que lhe compete privativamente legislar, deverá ser exercido dentro do espírito, se não da letra constitucional, por

---

27 MARANHÃO, 1989, *op. cit.*, p. 38.

intermédio de seus órgãos especializados, tanto do ponto de vista técnico, como administrativo.[28]

O Código de Águas passou, inclusive, por uma arguição de inconstitucionalidade, sob o argumento de que fora publicado em data posterior à promulgação da Constituição de 16/7/1934 e, consequentemente, deveria ser submetido à Câmara dos Deputados para a sua aprovação.

Não casualmente, tal arguição partiu do deputado federal paulista Antônio Augusto Barros Penteado, diretor da CPFL, ligada ao grupo *Bond and Share*. Aliás, na mesma Assembleia Constituinte, encontravam-se mais cinco deputados com alguma ligação com a *Light and Power* e a *Bond and Share*, fato que se repetiria na Assembleia Constituinte de 1946. Ou seja, funcionários ligados às concessionárias estrangeiras de energia elétrica presentes no Congresso ou em outras áreas do serviço público.[29] Tais ligações não constituíam nenhuma novidade: durante a República Velha, período de grande expansão da *Light*, figuras como Clóvis Bevilacqua, Epitácio Pessoa e Rui Barbosa foram grandes colaboradores da empresa, que ficou conhecida pela população como – *polvo canadense*.[30]

O Estado Novo, com o golpe de 1937, acentuou a tendência centralista já observada no período anterior. A Constituição outorgada em 10 de novembro de 1937, no seu capítulo acerca da ordem econômica, claramente abria espaço para a intervenção estatal em setores nos quais a iniciativa privada apresentasse debilidade. Segundo a Carta Constitucional:

---

28 Cf. Código de Águas – Ministério da Agricultura, 10/7/1934, *apud* CARONE, 1973, p. 93.
29 Cf. FIALHO, *op. cit.*, p. 36.
30 Cf. LIMA, *op. cit.*, p. 128.

Na iniciativa individual, no poder de criação, de organização e de invenção do indivíduo, exercido nos limites do bem público, funda-se a riqueza e prosperidade nacional. A intervenção do Estado no domínio econômico só se legitima para suprir as deficiências da iniciativa individual e coordenar os fatores da produção, de maneira a evitar ou resolver os seus conflitos e introduzir no jogo das competições individuais o pensamento dos interesses da Nação, representados pelo Estado. /.../ A intervenção no domínio econômico poderá ser mediata e imediata, revestindo a forma do controle, do estímulo ou da gestão direta.[31]

No setor de energia elétrica, a acentuação da intervenção do Estado, característica do Estado Novo,[32] expressou-se na fundação do CNAEE, em outubro de 1939, pelo Decreto-Lei n° 1.699, e na iniciativa da criação da primeira empresa de eletricidade do governo federal, a Companhia Hidroelétrica do São Francisco (Chesf), instituída pelo Decreto-Lei n° 8.031, de 3 de outubro de 1945.

O CNAEE surgiu para substituir a Divisão de Águas do Ministério da Agricultura e, definitivamente, subordinar à Presidência da República a política de energia elétrica do país. Foi extinto somente em 1960,

---

31 Cf. Constituição dos Estados Unidos do Brasil decretada a 10 de novembro de 1937. In: Adriano Campanhole; Hilton Lobo Campanhole, *op. cit.*, p. 567.

32 Neste contexto, surgiram indústrias de base fundamentais para o avanço da industrialização do país: Cia. Siderúrgica Nacional (CSN), Cia. Vale do Rio Doce (CVRD) e Fábrica Nacional de Motores (FNM). Nele também surgiu uma série de organizações governamentais com atribuições de planejamento econômico. Diante da falência do Estado oligárquico anterior à Revolução de 30, assumiram importância fundamental em face do crescimento da industrialização que se verificava no país. No período "entre 1932 e 1939, a produção industrial cresceu a uma média de 10% ao ano, contra menos de 10% da produção agrícola". Surgiram organismos como: Conselho Técnico de Economia e Finanças (CTEF), em 1937; Departamento Administrativo do Serviço Público (DASP), em 1938; Coordenação de Mobilização Econômica (CME), em 1942; Conselho Nacional de Política Industrial e Comercial (CNPIC) e Comissão do Planejamento Econômico (CPE), em 1944. Ver: BIELSCHOWSKY, 1996, p. 253-9.

quando foi criado o Ministério das Minas e Energia. A concepção do CNAEE tem origem no Conselho Federal de Comércio Exterior, onde trabalhava Jesus Soares Pereira, um dos mentores do projeto da criação da Eletrobrás durante o segundo governo Vargas (1951-54).

> Dotado de múltiplas atribuições, o CNAEE foi encarregado de manter estatísticas, organizar os planos de interligação de usinas e sistemas elétricos, *regulamentar o Código de Águas*, examinar todas as questões tributárias referentes a industria de energia elétrica e resolver, em grau de recurso, os dissídios entre a administração pública e os concessionários.[33]

Segundo o decreto presidencial, cabia ao CNAEE, dentre outras prerrogativas:

> Examinar as questões relativas à utilização racional da energia hidráulica e dos recursos hidráulicos do país e propor às autoridades competentes as respectivas soluções.[34]

A partir das considerações do decreto presidencial acima, torna-se claro que o CNAEE não estava incumbido apenas de fiscalizar as empresas concessionárias no setor elétrico, mas de promover o seu planejamento. O novo órgão surgiu exatamente no momento em que o crescimento industrial se anunciava e a disponibilidade de energia elétrica tendia a declinar devido a não ampliação da capacidade instalada.

---

33 Cf. CABRAL, Ligia M. M. et al. *Panorama do setor de energia elétrica no Brasil*. Rio de Janeiro: Centro da Memória da Eletricidade no Brasil/Eletrobrás,1988, p. 88.

34 Cf. Decreto-Lei n° 1.285, instituindo o Conselho Nacional de Águas e Energia (CNAE) de 18 de maio de 1939. *Apud* CARONE, 1982, p. 179. Em outubro de 1939, o Decreto-Lei n° 1.699 substituiu o citado anteriormente, instituindo, assim, o Conselho Nacional de Águas e Energia Elétrica (CNAEE).

Ao CNAEE competia também tomar medidas visando à interligação dos sistemas elétricos num prazo de oito anos.[35] Com essa medida, esperava-se ampliar o aproveitamento da capacidade geradora na Região Sudeste, naquele momento em que a crise de energia elétrica era mais provável. Em 1942, tal prazo foi prorrogado por tempo indeterminado, ante as justificativas das concessionárias, relativas às dificuldades de padronizar a frequência. Fato consumado, o racionamento de energia elétrica ocorreu em 1942. Segundo Ricardo Maranhão, a prorrogação do prazo de padronização das frequências foi obra de mais um *lobby* bem-sucedido do então mais importante executivo da *Light* no Brasil, o major McCrimmon.[36] Para estudiosos do assunto, como Catullo Branco:

> Nos fará compreender, com maior clareza e segurança, a ação dos capitais estrangeiros em nosso país. Trata-se de indústria-chave, monopolizada por grandes trustes estrangeiros, que aqui se localizaram e se desenvolveram com duplo objetivo: a) obter os maiores lucros para os seus capitais; b) controlar o nosso desenvolvimento a fim de não criar um concorrente incômodo.[37]

Com a intenção ou não de controlar o nosso desenvolvimento econômico, de fato, verificou-se na década de 30 uma redução da capacidade instalada de energia elétrica.[38]

Antes de passarmos à discussão acerca da regulamentação do setor, faz-se necessário um último esclarecimento. Trata-se do custo

---

35 São Paulo operava com a frequência de energia elétrica de 60 ciclos, e o Rio de Janeiro, a 50 ciclos.

36 MARANHÃO, *op. cit.*, p. 38.

37 BRANCO, *op. cit.*, p. 43.

38 Cf. LEITE, *op. cit.*, p. 72. A capacidade instalada de energia elétrica reduziu-se drasticamente da década de 1920 (7,8%) para de 1930 (4,9%).

corrente bastante pequeno da geração de energia predominante no Brasil, a hidrelétrica. Somente durante a fase de instalação da hidrelétrica, quando é geralmente necessária a construção de grandes obras, como uma represa, por exemplo, a geração de energia elétrica pode envolver custos vultosos. Ora, quando, em 1899, fora firmado o primeiro contrato de fornecimento de energia elétrica no eixo Rio/São Paulo, as concessionárias estrangeiras arcaram com esse custo inicial de instalação. Mas as relações entre essas concessionárias e os diferentes poderes públicos locais, como as prefeituras e governos estaduais, ampliaram-se sem que houvesse a correspondente regulamentação, o que resultava nos mais diferentes abusos e desvios por ambas as partes. O Código de Águas, instituído em 1934, como já foi possível salientar, veio regulamentar essa situação. Dentre as regras que instituiu, consta a possibilidade de os investidores iniciais terem o retorno daqueles gastos de instalação das usinas, que deveriam ser resgatados no máximo em 10% do capital original ao ano, a serem recebidos quando da distribuição da energia. Isso significava dizer que seriam pagos pelo consumidor. E era exatamente este valor que as concessionárias questionavam e usavam como justificativa para não investir conforme as necessidades da demanda. Em outras palavras, na visão das concessionárias, tal remuneração não era condizente ao que havia sido investido inicialmente, o que as levava a reivindicar uma remuneração maior com a consequente elevação das tarifas. Alegavam, portanto, que só auferindo maiores lucros, poderiam aumentar os investimentos.

Por sua vez, os consumidores, localizados nas diversas camadas da sociedade brasileira, pressionavam os sucessivos governos com o intuito de não pagarem maiores tarifas sobre os serviços de energia elétrica prestados pelas empresas estrangeiras. Daí a posição intervencionista do poder público ao longo das décadas de 30 e 40, quando o Código de Águas foi decretado (com posterior complementação em 1941).

Segundo as concessionárias, o advento do Código de Águas trouxe dificuldades para o aumento da capacidade produtora no setor elétrico entre 1934 e 1939. Isso devido à exigência referida no Código, de revisão nos contratos anteriormente estabelecidos pelas concessionárias, sem a qual não estariam autorizadas a ampliar ou alterar suas instalações, dilatar prazos ou assinar novos contratos para o fornecimento de energia elétrica ou, ainda, gozar dos favores previstos no Código.

É fundamental, no entanto, assinalar que, de fato, durante praticamente todo o período que se estendeu de 1934, com sua decretação, até o início da Segunda Guerra Mundial, em 1939, o Código de Águas efetivamente nunca foi colocado em prática. Vários fatores concorreram para que isso acontecesse, desde a interpelação judicial, que questionava sua validade nos tribunais, até o atraso na regulamentação de diversos pontos de seu texto (que só viria a ocorrer em 1941), passando pelos já citados *lobbies* do major McCrimmon – como o que conseguiu fazer com que o governo voltasse a permitir novos aproveitamentos hidráulicos às empresas já estabelecidas no Brasil.[39]

A crise do setor de energia elétrica já se fazia sentir desde o fim da década de 1930 e tomou contornos maiores no início do segundo governo Vargas (1951), levando ao desabastecimento e, com efeito, ao racionamento de energia elétrica. Nesse contexto, o embate acerca do setor de energia elétrica, mais especificamente sobre a sua legislação reguladora, também se intensificou entre personalidades defensoras de matrizes ideológicas diversas, *grosso modo*, em dois grupos, os *nacionalistas* e os *privatistas*, que resgataram a discussão travada nas décadas de 1930 e 1940. Portanto, nesse momento, observa-se que os *privatistas* articulavam-se com o capital internacional, isolando os *nacionalistas*, contrários às concessões ao capital internacional. Tal debate estava focado, sobretudo, nos seguintes temas: a importância do

---

39 MARANHÃO, *op.cit.*, p. 38.

Código de Águas, o princípio do *custo histórico*,[40] a origem histórica do Código e os questionamentos feitos a ele, a questão da tarifa-ouro e, finalmente, a atuação dos órgãos administrativos do setor.

Resumidamente: na visão dos representantes do pensamento *privatista*, a crise do setor de energia elétrica que se iniciou com a Segunda Guerra Mundial e que veio a se agravar no segundo governo Vargas estava relacionada a uma "hostilidade" para com as empresas estrangeiras demonstrada na legislação reguladora, ou seja, no Código de Águas e seus princípios. Além disso, consideravam eles que, para entender as causas da crise, dever-se-ia somar, aos efeitos negativos do Código, a incapacidade e inexperiência técnica e administrativa dos órgãos responsáveis pela organização e fiscalização do setor elétrico.

De qualquer forma, o que devemos ressaltar nesse debate é que a emergente burguesia nacional, premida pelas necessidades e possibilidades reais de expansão – dada a crise internacional decorrente da guerra, assim como o aumento do consumo interno – apoia os argumentos do capital internacional de manutenção do monopólio do setor de energia elétrica. Esse monopólio seria realizado nos moldes existentes no período anterior, mas com o Estado assumindo, agora, o ônus da expansão, ou transferindo-o para o consumidor. A emergente burguesia nacional cumpre, assim, o seu papel histórico de corroborar a subordinação e, mesmo em épocas de expansão, preconizá-la nos moldes conservadores, pelos quais minimiza a ação fiscalizadora e reguladora do Estado, embora seja dele dependente material, jurídica e ideologicamente.

---

40 *Custo Histórico*: "princípio adotado em contabilidade, segundo o qual todos os elementos de uma demonstração financeira devem ser baseados no custo de aquisição (ou original), supondo que a unidade monetária utilizada nessa demonstração não sofra desvalorização no período considerado, ou, quando isso ocorrer, compensando com a respectiva atualização monetária daqueles custos". SANDRONI, Paulo. *Novíssimo dicionário de economia*. São Paulo: Best Seller, 1994., p. 152).

Acompanharemos mais detalhadamente, no próximo item, como os interesses sociais conflitavam entre si, durante o segundo governo Vargas.

O segundo governo Vargas: embates no Centro Diretivo e a proposta da Eletrobrás

No período do segundo governo Vargas (1951-54), o enfrentamento das questões relativas à energia elétrica caracterizou-se pelo grande debate entre os parlamentares, empresários nacionais e representantes das concessionárias estrangeiras de energia elétrica: expressão dos interesses de segmentos das classes sociais envolvidas na questão. Tal discussão não se restringiu aos espaços oficiais, tendo sido veiculada também pela grande imprensa.

Nesse item, buscamos situar o confronto das posições de segmentos da sociedade que atuavam junto ao governo, no contexto da expansão e renovação do parque industrial brasileiro após a Segunda Guerra Mundial (1939-45), bem como a função social que as decisões governamentais sobre energia elétrica aí cumpriram. Pretendemos demonstrar, conforme indicam os documentos levantados, como a posição das concessionárias privadas de energia elétrica resultou no agravamento da crise energética e como as divergências entre *nacionalistas* e *privatistas* quanto à participação do Estado e da iniciativa privada no setor revelam mais alguns aspectos do conservadorismo que caracteriza a formação social brasileira. Em outras palavras, buscamos evidenciar como o desenho que o sistema de eletrificação no Brasil assumiu nesta segunda gestão será a expressão da correlação das forças sociais que se manifestavam no Congresso e que utilizavam várias formas de atuação para fazer valer suas posições ideológicas, ou seja, os seus interesses ou necessidades.

O segundo governo Vargas foi política e economicamente ambíguo,[41] representativo da tentativa de conciliação de várias forças políticas do país, dubiedade esta que se expressou particularmente no encaminhamento dos projetos econômicos.[42]

---

41 Esta dubiedade do governo Vargas foi, durante muitos anos, entendida pela maior parte de nossa historiografia como sendo expressão do "populismo" – conceito que repelimos – que em nada se diferenciaria de outras manifestações semelhantes em vários períodos da história do Brasil e da América Latina (ver, por exemplo: SKIDMORE, Thomas. *Brasil: de Getúlio Vargas a Castelo Branco*. Rio de Janeiro: Paz e Terra, 1975; LESSA, Carlos, FIORI, José L. *Relendo a política econômica: as falácias do nacionalismo popular do segundo governo Vargas*. Instituto de Economia Industrial/UFRJ, Rio de Janeiro, 1983; VIANNA, Sérgio B. *A política econômica do segundo Governo Vargas (1951-1954)*. Rio de Janeiro: BNDES, 1987; e Maria Celina D'ARAÚJO, *O segundo governo Vargas: 1951-1954)*. Mais recentemente, tal interpretação começou a ser questionada e a disseminação do conceito de populismo sofreu críticas decisivas. Sobre o tema, ver COTRIM, Lívia. *O ideário de Getúlio Vargas no Estado Novo*. Dissertação de mestrado. Unicamp/SP, 1999, que resgata a trajetória da constituição e uso do termo e o analisa no período Vargas, bem como FERREIRA, J., de que são precursores DRAIBE, Sônia. *Rumos e metamorfoses: Estado e industrialização no Brasil – 1930-1960*. Rio de Janeiro: Paz e Terra, 1985 e FONSECA, Pedro. *Vargas: o capitalismo em construção*. São Paulo: Brasiliense, 1989.

42 Conforme Almeida Júnior, esta dubiedade que se expressa particularmente na composição de seu corpo administrativo, pois "reservou ao seu partido, o PTB, um único ministério: o do Trabalho. Isto demonstra a importância que o presidente atribuía a este setor e o quanto apostava no processo de industrialização e no crescimento da classe operária urbana, enquanto força política decisiva. /.../ Ao PSD, Getúlio destinou a maioria das pastas: Fazenda, Educação e Saúde, Justiça e Relações Exteriores, demonstrando que sabia reconhecer a força bastante respeitável do antigo 'partido dos interventores' e que grande parte de seus votos ainda provinha dos 'redutos' eleitorais dominados pelos pessedistas. /.../ A Adhemar de Barros /.../ o presidente entregou o Ministério de Viação e Obras Públicas, elemento-chave para a política de nepotismo e concessão de favores que se traduziam em votos. Quanto aos ministérios militares, Vargas escolheu nomes não apenas de sua confiança pessoal, mas que fossem respeitados dentro das Forças Armadas e, principalmente, nacionalistas /.../, o que agradava aos clandestinos comunistas. /.../ Até mesmo a UDN acabou agraciada com o Ministério da Agricultura, por meio do usineiro pernambucano João Cleofas". Cf. ALMEIDA JÚNIOR, A. M. *O Brasil Republicano. Do declínio do Estado Novo ao suicídio de Getúlio Vargas e dominação burguesa nos anos JK*. 6ª ed. Rio de Janeiro: Bertrand Brasil, vol. III. 1996, p. 247-8.

Sendo assim, a composição do centro diretivo de política econômica do governo, apesar da posição nacionalista do presidente, foi marcada pela característica já notória no seu primeiro governo (1930-45): conciliar as diversas forças políticas do país presentes no governo. Tal centro foi dividido em dois órgãos: a Assessoria Econômica do Gabinete Civil da Presidência da República e o Ministério da Fazenda, no qual operou a partir de 1951 a Comissão Mista Brasil Estados Unidos (CMBEU).

A Assessoria Econômica do Gabinete Civil era ligada à Presidência da República e chefiada inicialmente por Rômulo de Almeida, que representava a ala nacionalista da política governamental. Do outro lado, instalou-se em 19 de julho de 1951 a CMBEU, sob a orientação do ministro da Fazenda Horácio Lafer. Desta forma, aparentemente a hegemonia no governo estaria com os *privatistas*, já que ocupavam o Ministério mais poderoso, o da Fazenda. No entanto, o vínculo da Assessoria Econômica com a Presidência estabeleceu uma contradição: o que se observa é que a CMBEU se contrapôs à Assessoria Econômica, demonstrando um caráter privatista e antiestatizante, sem restrições ao capital estrangeiro, especialmente o norte-americano.

Como já foi aventado, o embate em torno da forma como seriam atendidas as necessidades de expansão do setor de energia elétrica foi tamanho que dividiu o centro diretivo de política econômica do governo. As opiniões convergiram para a formação de duas grandes facções, como já vimos: os *privatistas* e os *nacionalistas* (estes últimos alcunhados de *tupiniquins*). Os *privatistas* entendiam que o setor elétrico deveria continuar sob o controle das concessionárias privadas estrangeiras, pelo que eram denominados por seus adversários de *entreguistas*. Os *nacionalistas*, por sua vez, consideravam que o Estado deveria afiançar a infraestrutura do parque energético.

O grau de centralização e intervenção do governo federal na esfera estadual era outro ponto de divergência. (Como vimos, tais divergências já vinham se manifestando anteriormente à Segunda Guerra Mundial) Uns entendiam que a melhor forma de atuação do Estado seria pela via da estadualização (grupo da CMBEU/BNDE), tendo como oponentes os que consideravam que a ação mais adequada se daria por meio da federalização (grupo da Assessoria Econômica).

Por outras palavras, o grupo ligado à CMBEU/BNDE pretendia uma intervenção estatal mais descentralizadora, enquanto o grupo ligado à Assessoria Econômica, por sua vez, pretendia que a intervenção ocorresse de forma mais centralizadora. Suas posições coincidiram, respectivamente, com as dos defensores do *privatismo* e do *nacionalismo*. No centro deste embate estava a discussão sobre a divisão dos recursos oriundos do Imposto Único sobre Energia Elétrica (IUEE).

O curso industrial registrado no Brasil ficou conhecido como *processo de industrialização por substituição das importações*, pois, diante da brutal queda nas importações brasileiras, decorrente da crise que se abateu sobre o capitalismo mundial no período da Segunda Guerra, a indústria brasileira passou a fabricar produtos similares aos que antes eram importados. Isso levou a uma aceleração notável da industrialização no período entre 1930 e 1950. Durante a década de 30, a produção industrial havia se elevado a uma taxa média de 10% ao ano, enquanto, no mesmo período, a produção agrícola havia caído a uma taxa média de menos 10% ao ano. Durante os anos de 1943 e 1944, em meio à Segunda Guerra Mundial, o crescimento da produção industrial atingiu os seguintes números, respectivamente: 13,5% e 10,7%. Apesar da queda do crescimento industrial registrada em 1945, no ano subsequente tal crescimento atingiu o número expressivo de 18,7%. No ano de 1947, o Brasil assistiu a um fato até então inédito: o valor da produção industrial superou o valor da agrícola.[43]

---

43 Ver o capítulo "O pensamento econômico e o amadurecimento do desenvolvimentismo". In: Ricardo Bielschowsky. *Pensamento econômico brasileiro 1930-1964: o ciclo do*

Entre 1948 e 1952, novamente a liderança no desenvolvimento da economia brasileira coube à indústria. Tal crescimento se expressou entre 1948 a 1950 a uma taxa média de 11%, e nos anos de 1951 e 1952 à taxa de 6% ao ano. A urbanização do país atingiu índices expressivos, sobretudo no Sudeste. No final dos anos 30, cidades como São Paulo e Rio de Janeiro haviam ultrapassado o número de 1,3 milhão e 1,6 milhão de habitantes, respectivamente, para atingirem no início da década de 50 o total de 2,6 milhões e 2,4 milhões de habitantes. Em 1940, a urbanização cresceu 31,2%, sendo que o Sudeste colaborava com 39,4% desse percentual. No ano de 1950 chegava a 36,2%, com o Sudeste contribuindo com 47,5% desse total. Além disso, ocorreu um aumento populacional em áreas com uma população superior a 5 mil habitantes e alguns destes centros atingiram crescimento na ordem de 12,9 milhões para 19,2 milhões de habitantes no período entre 1940 e 1950.[44]

Resumidamente: até a Segunda Grande Guerra, a expansão da produção industrial realizou-se pela utilização de máquinas, equipamentos e instalações já existentes, e não pela ampliação do parque industrial. Neste sentido, até a década de 40, o atendimento às necessidades de energia elétrica realizado pelas concessionárias estrangeiras (*Light and Power* e Amforp) foi suficiente.

A partir da Segunda Guerra Mundial, a expansão da capacidade instalada de geração de energia elétrica foi fortemente prejudicada por diversos motivos. Em primeiro lugar, a impossibilidade de compra no exterior de equipamentos elétricos necessários à instalação de novas usinas. Por esse motivo, ficaram praticamente interrompidas as obras de aproveitamento hidráulico e as interligações entre as áreas de concessão, provocando, consequentemente, menor disponibilidade

---

desenvolvimentismo. Rio de Janeiro: Contraponto, 1996.

44 *Ibidem*.

de energia elétrica ao país. Além disso, a Guerra prejudicou o fornecimento de combustíveis, como o diesel, utilizados no sistema de transportes e nas indústrias, sobrecarregando, assim, ainda mais a indústria de energia elétrica.

Embora a Segunda Guerra Mundial e suas consequências tenham sido fatores importantes para desencadear o desabastecimento de energia elétrica no país, as concessionárias estrangeiras reduziram ou mesmo interromperam seus investimentos na ampliação da capacidade instalada de energia elétrica entre 1940 e 1950. Como justificativa desta postura, estas empresas apontavam a rigidez do mecanismo tarifário existente no país. Dirigiam suas críticas, sobretudo, ao princípio do *custo histórico* estabelecido, como já vimos, no Código de Águas, que fixava em 10% a remuneração do capital destas empresas.

As concessionárias de energia elétrica deixaram de fazer investimentos por não concordarem com os princípios contidos no Código de Águas. Como detinham serviços monopolizados, para elas era mais interessante majorar tarifas e remuneração sobre o capital investido do que ampliar suas instalações. A disputa entre a sociedade civil e as concessionárias estrangeiras de energia elétrica se intensificou no início da década de 50, quando explodiu com toda gravidade a crise do setor. Destarte, os movimentos sociais contrários ao poder das concessionárias estrangeiras passaram a exigir sua encampação de forma mais intensa.

Após a Segunda Guerra Mundial, o país vivia uma contradição severa. De um lado estava diante do quadro de redução da capacidade instalada de energia elétrica, por parte das concessionárias estrangeiras. De outro apresentavam-se três condições que exigiam a expansão do setor: Em primeiro lugar, houve um crescimento das indústrias de bens de consumo duráveis e de bens de capital (a Companhia Siderúrgica Nacional é um exemplo nesse campo), cujo consumo de energia elétrica era bastante superior ao dos outros ramos, como o de bens de consumo não-duráveis.

Em terceiro lugar, o processo de urbanização, com a expansão imobiliária que gerou o surgimento de novos bairros nas cidades, muitos deles contando com grande número de edifícios que necessitavam de energia elétrica para atender aos elevadores. Ademais, esses novos bairros geravam acréscimo considerável de consumo de energia elétrica para o funcionamento de serviços públicos fundamentais, a exemplo de iluminação, aquecimento, elevação de águas e operação de sistemas de esgotos, bem como do tráfego suburbano ferroviário e de bondes.

E, finalmente, a grandiosa expansão da utilização de bens de consumo duráveis, sobretudo eletrodomésticos diversos, que necessitavam todos de energia elétrica para funcionar.

No período entre 1951 e 1954, Vargas expressou por diversas vezes a preocupação do governo com as necessidades de energia elétrica, assim como havia feito durante a campanha eleitoral, como já foi aludido. Ao enviar ao Congresso Nacional a sua primeira mensagem presidencial, vinculou o progresso advindo do desenvolvimento industrial à existência de eletricidade abundante e, principalmente, barata.[45] Na mensagem ao Congresso Nacional de 15 de março de 1953, Vargas voltou a manifestar sua preocupação com as necessidades de energia elétrica do país, incluindo-a também como determinante para a expansão e intensificação das atividades econômicas de regiões menos desenvolvidas. Mas situa também, para superar o problema dos altos custos de tal investimento, a colaboração entre a iniciativa privada e a pública, assim como a necessidade da competência técnica e administrativa.

Algumas iniciativas no sentido de atender a essa demanda, embora de caráter estadual, já haviam surgido no período final do

---

45 Cf. Mensagem ao Congresso Nacional apresentada por ocasião da abertura da sessão legislativa de 1951. In: Getúlio Vargas, *op. cit.*, p. 222.

Estado Novo. Paralelamente a essas iniciativas estaduais, a criação da Companhia Hidroelétrica do São Francisco (Chesf) já representara a entrada do governo federal na produção de energia elétrica. Com a criação da Chesf, visava-se ao aproveitamento do potencial da Cachoeira de Paulo Afonso, o que ficou a cargo do ministro da Agricultura, Apolônio Salles, que, em abril de 1944, apresentara ao presidente o projeto acabado de criação da empresa.

O estudo realizado pelo Centro da Memória da Eletricidade assinala a criação da Chesf como um marco na questão em pauta por haver substituído a tendência à construção de pequenas usinas pela concentração em grandes unidades que passaram a suprir as demandas por meio de sistemas distribuidores regionais.[46]

O modelo proposto pelo projeto da Chesf influenciou profundamente a expansão do setor de energia elétrica ao longo da década de 50, mediante a concentração nacional da produção de sistemas elétricos e a posterior desconcentração do atendimento aos consumidores para distribuidores regionais, ou seja, os governos estaduais. Ora, tal modelo, que significava deixar a liderança do desenvolvimento do sistema de energia elétrica sob a regência do poder público, representava ameaça às concessionárias estrangeiras no setor, que só mediante a cobrança de altíssimas tarifas, auferindo altos lucros, aceitariam expandir a produção.

Além dos grandes projetos indicados acima, no Rio Grande do Sul, em 1952, o governo gaúcho transformou em autarquia a Comissão Estadual de Energia Elétrica (CEEE). Tal comissão foi responsável pela execução do plano de eletrificação de obras, com a construção de usinas hidrelétricas e termelétricas. A Usina de São Jerônimo é um exemplo: sua capacidade era de 20.000 kW, ela entrou em funcionamento em 1953.

---

46 CABRAL, *op. cit.*, p. 96.

No Rio de Janeiro, onde a crise do setor elétrico também assumiu expressão dramática, o governo estadual criou a Empresa Fluminense de Energia (EFEE), com o objetivo de efetivar ações que resolvessem o agudo problema no norte do estado.[47]

No entanto, foi em Minas Gerais que, com a criação das Centrais Elétricas de Minas Gerais (Cemig), a política de distribuição dos investimentos mais se evidenciou. A Cemig foi criada em maio de 1952, após a chegada de Juscelino Kubitschek ao poder no estado de minas Gerais. Tratava-se de um holding[48] que controlava quatro centrais elétricas sob o regime de sociedade de economia mista, nas quais a participação majoritária na empresa cabia ao governo mineiro. Como já comentamos, os recursos financeiros nacionais e empréstimos captados pelo BNDE no exterior, destinados aos projetos de expansão do setor de energia elétrica no Brasil, analisados pela CMBEU, sobre a qual discorreremos adiante, deveriam beneficiar igualitariamente os estados cujas demandas fossem consideradas prioritárias. A documentação encontrada evidencia, no entanto, que os aportes favoreceram prioritariamente obras no setor elétrico do estado de origem de determinados representantes da seção brasileira da referida Comissão, como foi o caso de Minas, beneficiado pelo *lobby* de Lucas Lopes.[49]

O governo mineiro buscava, no início dos anos 40, uma alternativa para a realização da continuidade do crescimento econômico naquele estado. A expansão industrial de Belo Horizonte, perseguida desde a década de 30, parecia ser a solução natural aos olhos dos técnicos do

---

47 Sobre o tema, ver: DIAS (coord.). *Notas sobre racionamento de energia elétrica no Brasil (1940-80)*. Rio de Janeiro: Centro da Memória da Eletricidade no Brasil/Eletrobrás, 1995, p. 67-71.

48 *Holding* é a designação de uma empresa que controla outras por meio da posse majoritária de ações de suas chamadas subsidiárias. Cf. SANDRONI, *op. cit.*, p. 285.

49 Cemig 16,5% do total previsto, porcentagem maior do que os 7,8% destinados à Uselpa/SP, os 6,6% direcionados à Chesf e o 1,5% reservado à CEEE/RS.

governo mineiro e de seu interventor, Benedito Valadares. Esbarrava, entretanto, na escassez de energia elétrica. A capital mineira, abastecida pela subsidiária da Amforp, vivia na escuridão. Para atender às necessidades decorrentes do projeto da Cidade Industrial, o governo mineiro iniciou em 1940 a construção da Usina de Gafanhoto, cuja capacidade de produção era de 15.000 kW. Segundo Lucas Lopes, o "governo se comprometeu também a fornecer energia elétrica para as indústrias".[50] Em 1947, dez indústrias haviam se instalado na Cidade Industrial, tais como a Cimento Itaú e Klabin (de azulejos).

Em novembro de 1949, o então governador Milton Campos estabeleceu as bases para a criação de empresas de economia mista que pudessem dar continuidade e expandir a necessária intervenção do estado no setor de energia elétrica, o que ficou consubstanciado pela Lei 510. Em julho do ano seguinte, o estado de Minas Gerais já contava com um Plano de Eletrificação, produzido sob encomenda pela Companhia. Brasileira de Engenharia (CEB), coordenada pelo engenheiro Lucas Lopes. O Plano demonstrava a necessidade de intervenção do estado no setor elétrico em Minas Gerais, prevendo, porém, espaço para a continuidade da ação das empresas privadas no setor. Em outras palavras, nas áreas mais desenvolvidas, em que já atuassem as concessionárias privadas, o papel do governo mineiro deveria restringir-se à construção e operação de grandes usinas e de suas respectivas linhas de transmissão. A produção de energia dessas grandes usinas, então, seria comercializada com as distribuidoras particulares ou municipais.

Resumidamente: pelo Plano de Eletrificação elaborado pelo engenheiro Lucas Lopes, as tarefas que exigiriam um grande montante de investimentos e cujos lucros demandariam um longo período de maturação para se realizarem ficariam a cargo do estado. Por outro

---

50 *Ibidem*, p. 69.

lado, os lucros auferidos de forma rápida e em níveis elevados, por meio da distribuição de energia nos centros mais desenvolvidos daquela unidade da federação, ficariam sob controle da concessionária privada de energia elétrica, ou seja, a Amforp, não obstante o prejuízo que estava provocando ao desenvolvimento do setor. Torna-se evidente, assim, uma característica do *capital atrófico* no Brasil, isto é, o Estado assume funções da iniciativa privada descapitalizada ou mesmo desinteressada em realizar investimentos que não propiciassem lucros imediatos.

Durante a década de 1950, a Cemig foi responsável pela construção de várias usinas no estado de Minas Gerais, com destaque para a de Itutinga, construída no Rio Grande, cuja inauguração ocorreu em 1955, e a de Salto Grande, construída no Rio Santo Antônio, inaugurada em 1956.

O surgimento da Cemig coincidiu com o segundo governo Vargas, que, desde o seu início, anunciou a necessidade de realizar grandes esforços para "romper os pontos de estrangulamento que entorpecem a marcha da economia nacional", sobretudo nos setores de infraestrutura, como energia elétrica.

Com isso, o governo, ao mesmo tempo em que indicava o enfrentamento do problema de abastecimento de energia elétrica, indicava, também, embora em tom conciliador e talvez demonstrando conhecimento das tendências do momento do capital internacional, que nada faria para obrigar ou impelir as concessionárias estrangeiras aqui instaladas a disponibilizarem recursos para maiores investimentos na energia elétrica visando à ampliação da capacidade do setor.[51]

Os fatos demonstram que Vargas tinha motivos concretos para fazer tais afirmações, pois o crescimento médio anual da capacidade instalada no setor de energia elétrica no quinquênio 1940-45 ficou em

---

51 Cf. Mensagem... de 1951. In: Getúlio Vargas, *op. cit.*, p. 220-2, vol. I.

1,1%, contra 4,9% do quinquênio imediatamente anterior.[52] De fato, o crescimento médio anual de capacidade de geração de energia vinha registrando quedas desde a década de 30.

Assim, como já foi mencionado, a primeira real alternativa buscada pelo governo Vargas para obter recursos visando a superar o "estrangulamento" do setor de energia elétrica foi o pedido de empréstimos a grandes bancos públicos internacionais. Em outras palavras, o governo buscava os empréstimos junto aos bancos públicos estrangeiros para financiar as obras de expansão do setor elétrico – que já não atendia às demandas na proporção suficiente e que se encontrava em mãos das concessionárias estrangeiras.

Nesse contexto, a CMBEU fora organizada com o objetivo de realizar estudos acerca dos principais obstáculos ao nosso desenvolvimento e produzir um relatório no qual se reunissem os projetos a serem objeto dos futuros financiamentos. Esses projetos deveriam estar dirigidos aos setores de base da economia e serem capazes de garantir o crescimento econômico equilibrado do país. Os financiamentos seriam realizados por duas fontes: em primeiro lugar, como já foi aludido, os recursos do BNDE, organizado no início do governo Vargas com o objetivo de financiar o Plano Nacional de Reaparelhamento Econômico; em segundo lugar, como também já foi mencionado, o dinheiro dos bancos internacionais, o *Eximbank* e o *Bird*.

O setor de energia elétrica obteve espaço muito significativo no relatório final da CMBEU, o que se evidencia pela destinação de 33,1% dos recursos daquela Comissão a tal setor. Ao se encerrar, em 31 de julho de 1953, a CMBEU havia aprovado 41 projetos que exigiriam um total de financiamentos de US$ 329 milhões (US$ 186 milhões foram de fato financiados). Deste total, US$ 128,7 milhões, aproximadamente,

---

52 CABRAL, *op. cit.*, p. 98.

foram dedicados a financiamento de obras que contemplavam a expansão do setor elétrico brasileiro.[53]

Os trabalhos da CMBEU foram encerrados em 31 de julho de 1953. Seu relatório final só seria apresentado após a morte do presidente Vargas (já no governo Café Filho), ao ministro da Fazenda, Eugênio Gudin, no mês de novembro de 1954.

A constatação de que 50,6% dos recursos da CMBEU destinados ao financiamento de projetos do setor de energia elétrica contemplavam as concessionárias estrangeiras é estarrecedora, pois naquele mesmo período estava em marcha o processo de imperiosa intervenção do Estado no setor elétrico, mergulhado numa grave crise resultante exatamente do desinteresse das concessionárias em realizar investimentos. Esperava-se, tendo em vista os propósitos de autonomia nacional do governo, que os recursos da CMBEU fossem, preferencialmente, canalizados para as inversões realizadas pelo Estado, em detrimento daquelas das concessionárias estrangeiras.

Fica clara, dessa forma, que o governo brasileiro passou a injetar recursos na ampliação do sistema de eletrificação pressionado não apenas pelo aumento da demanda interna, mas também para suprir uma demanda cujas origens remontam na omissão das empresas estrangeiras. Todas as medidas nesse sentido, entretanto, não foram acompanhadas da extinção das concessões existentes, evidenciando, mais uma vez, a subordinação do capitalismo brasileiro ao capital internacional.

A ação do Estado no setor de energia elétrica teve, no segundo governo Vargas, sua expressão maior na elaboração de quatro projetos, que foram submetidos à apreciação do Congresso Nacional na seguinte ordem:

---

53 CAMPOS, *op. cit.*, p. 162-3.

a) Em maio de 1953 – o projeto que criava o Imposto Único sobre Energia Elétrica (IUEE), que anteriormente fora previsto pela Constituição de 1946.54

b) Também em maio de 1953 – o projeto que criava o Fundo Federal de Eletrificação (FFE), cujo objetivo seria gerenciar os recursos do Imposto Único. Tanto este, quanto o anterior foram aprovados apenas alguns dias após o suicídio do presidente Vargas.

c) Em agosto de 1953 – o projeto que regulava a distribuição e a aplicação das frações do IUEE que caberiam aos estados, Distrito Federal e municípios. Como já foi aludido, tal plano foi o centro de acirradas disputas de caráter regional e, com efeito, seria aprovado apenas no governo Juscelino Kubitschek.

d) Em abril de 1954 – apresentou-se ao Congresso o projeto de maior complexidade, ou seja, aquele que estabelecia o Plano Nacional de Eletrificação (PNE), cujos objetivos centrais eram definir quais seriam os sistemas interligados, bem como as formas de mobilização e aplicação dos recursos financeiros.

e) Em abril de 1954 – finalmente foi levado ao Legislativo o projeto que autorizava a criação, por parte da União, da Eletrobrás. Esse projeto, durante o governo Vargas, praticamente não fora analisado no Congresso e somente seria aprovado em 1961, sob a administração Jânio Quadros. Não por acaso, portanto, o presidente Vargas, na sua Carta-Testamento, escrita quando do suicídio de 24 de agosto de 1954, apontava que a "Eletrobrás foi obstaculizada até o desespero".

---

54 O IUEE era uma das fontes de recursos do FFE. Era cobrado sobre as contas de fornecimento pagas pelos consumidores. Constituía-se num dos principais elementos de capitalização das empresas públicas do setor. De acordo com o FFE, as empresas públicas estaduais deveriam investir no setor elétrico de seu Estado a parcela recebida por tal fundo.

De forma resumida, podemos concluir, portanto, que o segundo governo Vargas pretendia ser a administração da renovação e expansão do parque industrial, promovendo assim o desenvolvimento do capitalismo no Brasil. Daí as medidas para potencializar a economia em outras direções que não as da agricultura. Tal intenção encontrava-se dentro de um projeto nacional que havia se iniciado na década de 30. Destarte, o segundo governo Vargas encontrou nos *pontos de estrangulamento* – dentre os quais se destacava, a escassez de energia – uma grande barreira em relação a seus projetos de modernização industrial.

Os diversos exemplos de ações diretas do Estado – no âmbito federal ou no estadual – demonstram seu papel fundamental no financiamento de empreitadas de geração e transmissão de energia elétrica, embora, conforme já afirmamos, sem alterar as concessões já garantidas às empresas estrangeiras. Até então, o capital privado exercia amplo domínio, com os monopólios de capital estrangeiro.[55] A ação do Estado, verificada no período 1951-54 resultou, mesmo que timidamente, na elevação da capacidade instalada pelo setor público, lançando as bases para que tal setor alcançasse, em 1962, a proporção de 31,3% da capacidade instalada de produção de energia elétrica do país, em contraste aos 6,8% que detinha em 1952. Ao contrário, o setor privado viu diminuir sua participação de 82,4% em 1952 para 55,2% em 1962,[56] embora as concessionárias estrangeiras continuassem, nos anos que se seguiram, obtendo lucros com a distribuição de energia.

Como podemos observar, a faceta do conservadorismo, aludida anteriormente, manifestava-se não apenas no discurso daqueles que se opunham à expansão da industrialização. Tal conservadorismo pode ser constatado também na postura contrária à intervenção do Estado

---

55 LEITE, *op. cit.*, p. 100. A Light, por exemplo, detinha de 45% a 50% da capacidade instalada de geração de energia elétrica do Brasil naquele momento.

56 *Apud* CABRAL, *op. cit.*, p. 150.

no setor de energia elétrica. E as duas posições são mesmo, muitas vezes, coincidentes, como na visão do então ministro da Fazenda Osvaldo Aranha, para quem não estava ocorrendo uma crise no setor, e sim um injustificável apelo pela industrialização e, por consequência, por maior oferta de energia elétrica. Mas como a industrialização não seria, segundo ele, uma vocação do país, não havia, necessidade de o governo investir no setor.[57]

Todavia, o conservadorismo também se manifestava no discurso dos progressistas que, embora reconhecessem as demandas advindas da industrialização e propusessem a intervenção do Estado para a resolução da crise do setor, em nenhum momento cogitaram a origem dos recursos para tais investimentos senão no capital internacional. Decorre daí a manutenção das condições de exploração que as concessionárias estrangeiras já detinham, com o aumento da dívida externa e a ampliação da subordinação e dependência do país.

O que podemos concluir de tudo isso, é que a ação do Estado favoreceu os setores nacionais que, por meio de empresas mista (público/privado), consorciaram-se com as multinacionais (beneficiando-as ainda mais), dado que tiveram acesso aos subsídios governamentais que lhes possibilitaram continuarem, agora de forma expandida, a explorar a distribuição da energia. Rompeu-se o monopólio da produção e ampliou-se o da distribuição, configurando-se, assim, a continuidade renovadora que caracteriza o conservadorismo de uma formação *hipertardia*.

---

[57] Esta visão mostra como importantes setores da burguesia de capital atrófico resistem à industrialização e à modernidade. Ver CHASIN, *op. cit.*

2
O Código de Águas: o inimigo número um do privatismo

ANTES DE PROSSEGUIR NA ANÁLISE dos conteúdos, da ideologia e da função social que cumpriram os privatistas com suas críticas ao Código de Águas durante o período que abordamos, é necessário situar de forma resumida[1] a trajetória de constituição de tal legislação, seu teor e os embates que se desenvolveram em torno de seu estabelecimento.

A longa trajetória do Código de Águas

Em 1903 foi aprovado no Congresso Nacional o texto pioneiro na regulamentação do uso de energia elétrica no Brasil. A Constituição de 1891 tratava de temas como concessão de serviços públicos de forma muito vaga, e nem sequer havia havia referência a assuntos relacionados ao aproveitamento de recursos hídricos. Segundo o engenheiro Catullo Branco, um dos maiores estudiosos do tema e ativo combatente da ação das concessionárias estrangeiras de energia

---

1   Para uma apreciação mais detalhada do tema ver: "O Código de Águas e suas regulamentações: perpetuando a subordinação". In: Marcelo Squinca da Silva. *A estatização do setor de energia elétrica: um embate entre entreguistas e tupiniquins no segundo governo Getúlio Vargas (1951-54)*. Dissertação de mestrado, São Paulo: PUC-SP, 2003. Mimeo.

elétrica no Brasil, desde o princípio do período republicano a questão da energia elétrica foi tratada por uma regulação dispersa e carente de regulamentação.[2]

Ao longo de toda a República Velha a legislação existente sobre os serviços de utilidade pública, dentre os quais os serviços de energia elétrica, era extremamente liberal. As decisões eram tomadas na esfera estadual, de forma dispersa e em detrimento do poder público federal. Isso tornava os mecanismos de controle do Estado sobre tais serviços muito frágeis.

As empresas estrangeiras, além de majorarem suas tarifas com liberdade, substituíram os contratos assinados anteriormente com os municípios por outros que lhes garantiam a elevação de suas tarifas através da *cláusula-ouro* (era o caso das Empresas Elétricas Brasileiras, do grupo da Amforp). Segundo essa cláusula, o aumento era efetuado levando em consideração 50% de moeda nacional e 50% oscilando de acordo com a cotação do dólar. Tal fato, no mínimo, denotava a omissão do poder público para com um tema tão importante para a população.

A partir da Revolução de 1930, os elementos de ideologia *nacionalista* e de visão intervencionista estatal que então ocuparam o centro do poder, passaram a tomar medidas que significavam uma reação às políticas liberais anteriores.

Assim, o que era omissão legal acaba cedendo espaço à uma regulamentação estatal rigorosa, nesse período. Com o intuito de dar andamento ao controle do Estado, põe-se em marcha o aparato burocrático que no governo getulista será capitaneado por Juarez Távora, nomeado ministro da Agricultura. Este criou o Serviço de Águas, cujas atribuições eram zelar pelos assuntos relativos à exploração de energia hidrelétrica, irrigação, concessões e legislação de águas. A famigerada *cláusula-ouro* foi extinta, em novembro de 1933, pelo Decreto

---

2   BRANCO, *op. cit.*, p. 66.

n° 23.501. As disposições constitucionais promulgadas pela Carta de 1934 e o decreto do Código de Águas, naquele mesmo ano, confirmaram tal tendência estatizante.

O Código de Águas assinado pelo presidente Vargas estabelecia, resumidamente:

a) A nacionalização dos serviços, que passaram a ser conferidos exclusivamente a brasileiros ou a empresas organizadas no Brasil;

b) a separação da propriedade das quedas d'água das terras onde estas se encontravam e a incorporação ao patrimônio da União de tais quedas d'água e outras fontes de energia, de forma inalienável e imprescritível;

c) a atribuição à União da outorga e concessão de aproveitamento (por no mínimo trinta, no máximo cinquenta anos) da energia hidráulica para uso privativo em serviço público, bem como a reversão das instalações ao final do prazo de concessão;

d) a instituição do princípio do *custo histórico* ou *serviço pelo custo* para o estabelecimento de tarifas de consumo e para a avaliação do capital das empresas.

É importante destacar que a promulgação do decreto do Código de Águas expressou a reação dos elementos de ideologia nacionalista e intervencionista ao quadro até então predominante.

Da mesma forma que a regulamentação do Código de Águas, sua aplicação também foi complicada e morosa, particularmente pela ação das empresas multinacionais que detinham as concessões nos moldes anteriores ao período getulista. O historiador Ricardo Maranhão lembra-nos que "todo o poder de fogo da *Brazilian Traction* foi para influenciar e comprar deputados, financiar campanhas de imprensa contra o Código e, com algum êxito, atrasar sua aplicação prática".[3]

---

3   MARANHÃO, *op. cit.*, p. 38.

O Código de Águas passou, inclusive, por uma arguição de inconstitucionalidade, sob o argumento de que fora publicado em data posterior à promulgação da Constituição de 16 julho de 1934 e, consequentemente, deveria ser submetido à Câmara dos Deputados para a sua aprovação. A polêmica acerca da constitucionalidade do Código foi um dos pontos fundamentais da palestra de Luiz Antonio Gama e Silva na Semana de Debates sobre Energia Elétrica conforme veremos abaixo.

A arguição partiu do deputado federal paulista Antônio Augusto Barros Penteado, diretor da Companhia Paulista de Força e Luz (CPFL),[4] ligada ao grupo *Bond and Share*. Aliás, na mesma Assembleia Constituinte encontravam-se, pelo menos cinco deputados declaradamente com alguma ligação com a *Light and Power* e a *Bond and Share*, fato que se repetiria na Assembleia Constituinte de 1946. Ou seja, fica constatada a influência de funcionários das concessionárias estrangeiras de energia elétrica no Congresso ou em outras áreas do serviço público.[5] Tais ligações não constituíam nenhuma novidade: durante a República Velha, período de grande expansão da *Light*, figuras como Clóvis Bevilacqua, Epitácio Pessoa e Rui Barbosa foram grandes colaboradores desta empresa que ficou conhecida pela população como o *Polvo Canadense*.[6]

A arguição de inconstitucionalidade do deputado paulista Barros Penteado amparava-se no argumento de que o Código de Águas havia sido publicado em 23 de julho de 1934[7] –após a promulgação da nova

---

4   A Companhia Paulista de Força e Luz (CPFL) pertencia à empresa *American & Foreign Power Company* (Amforp) que por sua vez era uma subsidiária do grupo estadunidense *Eletric Bond & Share Corporation*.

5   Cf. José Carlos Ruy, "As costas largas da Light". In: FIALHO, *op. cit.*, p. 36.

6   Cf. LIMA, Medeiros (org.). *Petróleo, energia elétrica e siderurgia: a luta pela emancipação – um depoimento de Jesus Soares Pereira sobre a política de Getúlio Vargas*. Rio de Janeiro: Paz e Terra, 1975, p. 128.

7   Sua promulgação se dera em 16 de julho de 1934.

Carta Constitucional. Desta forma, ele entendia que a Lei deveria ser submetida ao Congresso Nacional. O Supremo Tribunal Federal chegou a considerar a ação de Barros Penteado em 1936, porém aquela foi terminantemente rejeitada em 1938 pela corte máxima do país.

Superado esse impasse, passou-se à regulamentação do Código, que ficou sob a orientação de um órgão federal, criado apenas em outubro de 1939, denominado Conselho Nacional de Águas e Energia Elétrica (CNAEE). O fortalecimento da intervenção do Estado, característica do Estado Novo, expressou-se na fundação do CNAEE, pelo Decreto-Lei nº 1.699. O CNAEE surgiu para substituir a Divisão de Águas do Ministério da Agricultura e, definitivamente, subordinar à Presidência da República a política de energia elétrica do país, o que se mantém até sua extinção em 1960, data em que é substituído pelo Ministério das Minas e Energia.

Durante todo este período, o perigo do desabastecimento se colocava quotidianamente não apenas para as empresas em expansão, mas também para a população urbana. Durante os anos em que perdurou a Segunda Guerra Mundial, esta serviu, com o aval do Estado, como justificativa para os racionamentos capitaneados pelas empresas privadas concessionárias que gerenciavam a distribuição deste serviço, integrando o conjunto de medidas denominado "esforço de guerra".[8]

Assim, a crise do setor de energia elétrica já se fazia sentir desde o fim da década de 1930 e tomou contornos maiores no início do segundo governo Vargas (1951), levando ao desabastecimento e ao aumento do racionamento de energia elétrica.

Tal contexto acirra o debate sobre a questão do modelo de desenvolvimento desse setor, particularmente sobre a sua legislação reguladora. As tendências se polarizam, como vimos, nas posições que ficaram

---

8   VIEIRA, Vera Lucia. *O trabalhador brasileiro: um caso de política até 1950*. Tese de doutorado. História. PUC-SP, 1996.

conhecidas como *privatistas* e *nacionalistas*. Grosso modo, estes dois grupos resgataram as discussões travadas nas décadas de 30 e 40, com os *privatistas*, vinculados ao capital internacional, articulando-se para isolar os *nacionalistas* contrários às concessões às empresas estrangeiras.

Tal debate estava focado, sobretudo, nos temas sobre a origem histórica e os questionamentos ao Código, sobre a importância do Código de Águas para o desenvolvimento do parque industrial e tecnológico do país, na defesa ou eliminação do princípio do *custo histórico*, sobre a questão da *tarifa-ouro* e, finalmente, sobre a atuação dos órgãos administrativos do setor.

Como vimos, na visão dos representantes do pensamento privatista, a crise do setor de energia elétrica se iniciara com a Segunda Guerra Mundial, agravando-se em decorrência da postura antagônica para com as empresas estrangeiras adotada no segundo governo Vargas, postura antagônica materializada na legislação reguladora, ou seja, o Código de Águas e seus princípios. A esse fator somava-se a incapacidade e a inexperiência técnica e administrativa dos órgãos responsáveis pela organização e fiscalização do setor elétrico.

O Código de Águas em debate no governo Juscelino Kubitschek

No governo Juscelino Kubitschek, tais embates tornaram-se ainda mais acalorados, a partir do momento em que o Poder Executivo elaborou e enviou ao Congresso Nacional o Projeto de Lei n° 1.898/56, propondo alterações no Código de Águas. Em resumo, o projeto defendia que as tarifas fossem reajustadas automaticamente, pela aplicação de índices relacionados à inflação. Defendia, também, a proposta de alteração da legislação do setor elétrico objetivando a derrubada do princípio do *custo histórico* para a avaliação do investimento remunerável das concessionárias.

A tônica do governo já se manifestava na mensagem que acompanhou o projeto. Esta afirmava que as concessionárias de energia elétrica eram, por um lado, desencorajadas a fazer novos investimentos devido à legislação que regia o setor elétrico, e por outro, que as empresas públicas existentes até aquele momento não conseguiriam suportar a demandas do país. Assim, dando, conforme diz o ditado popular, "uma no cravo e outra na ferradura", o governo de JK enuncia sua postura.

A campanha contra o Código de Águas se encontrava em 1956, já no inicio do governo JK, numa fase avançada. O Conselho de Desenvolvimento era composto por elementos declaradamente de tendência *privatista*, como seu secretário Roberto Campos.

Desde 1952, a participação das concessionárias privadas foi diminuindo no total da potência instalada do setor elétrico brasileiro. Entre 1955 e 1960 – período que compreende quase todo o governo Juscelino Kubitschek – a participação das concessionárias privadas de energia elétrica no total caiu de 71,4% para 66,3%. Nesse mesmo período, a participação do setor público se elevou de 17,1% para 22,9%.

Essas estatísticas, para um período maior, de 1952 a 1962, apresentam os seguintes resultados: as empresas privadas participavam na instalação de capacidade com 82,4% em 1952 e 55,2% em 1962; ao passo que as empresas públicas saltaram de 6,8% em 1952 para 31,3% em 1962.[9]

Antes mesmo da aparição do Projeto de Lei n° 1.898, o tema Código de Águas foi cerne de discussões na *Semana de Debates de Energia Elétrica* em abril de 1956. O discurso de abertura da Semana foi proferido pelo engenheiro e presidente do Instituto de Engenharia,

---

9   CABRAL, *op. cit.*, p. 150.

Plínio de Queiroz. Neste discurso pode ser observada nitidamente a linha que seria adotada pelos participantes do encontro, como já foi demonstrado em exemplos acima. Em primeiro lugar responsabiliza o poder público por ter criado leis – leia-se Código de Águas – que afugentavam a iniciativa privada dos investimentos na indústria de energia elétrica:

> Alegam os legisladores e governantes que são forçados a suprir as falhas da iniciativa privada, em caráter supletivo, quando, na realidade, foram as próprias leis e regulamentos por eles promulgados, que afugentaram o capital privado, e diante disso procuraram criar empresas, onde possuam maioria de capital, terminando por transformá-las em verdadeiras repartições, com excesso de pessoal e sujeitas às maléficas consequências da máquina burocrática e aos percalços devidos à intromissão política na administração dessas empresas, dando, em resultado fracassos inevitáveis.[10]

Como podemos observar, o discurso acima, além de culpar o Código de Águas pelo decréscimo dos investimentos das concessionárias estrangeiras de energia elétrica e, portanto, pelos problemas decorrentes da escassez e/ou falta de energia, critica a atuação do Estado, pois para ele, uma empresa estatal (diga-se CNEE) não poderia cumprir com rigor e qualidade as suas funções:

> Além do cerceamento à iniciativa privada, inaceitável em um regime democrático, a legislação vigente e as normas que regem o assunto constituem fator de insegurança e promovem o desinteresse dos capitais, tanto nacionais, como estrangeiros.[11]

---

10 *Revista Engenharia*, vol. XIV n° 163, p. 454, 1956.

11 *Idem*, p. 455.

Note-se que, além da preocupação com o que o engenheiro chama de "cerceamento à iniciativa privada", há a preocupação com a suposta insegurança que a legislação em vigor poderia causar ao capital estrangeiro.

O poder de pressão desse grupo pode ser notado pela mudança de posições de representantes do governo, no período em que tal debate ocorre. Tomemos por exemplo, a postura do então dirigente da Cia. Hidroelétrica do São Francisco (Chesf), o General Carlos Berenhauser Junior. Inicialmente este sai em defesa do Código de Águas e se contrapõe aos argumentos apresentados acima. Em artigo publicado na *Revista do Clube de Engenharia*, no mesmo ano da citada Semana do Instituto de Engenharia ele afirma:

> Não é, pois no Código de Águas, que por sinal nunca foi aplicado em sua plenitude, embora promulgado em 1934, nem das leis subsequentes sobre a matéria que devem ser buscados os motivos para justificar a ausência ou desinteresse da livre iniciativa de lançar-se em novos empreendimentos de vulto na indústria de eletricidade no Brasil.[12]

É imperioso destacar que o dirigente da Chesf não era um adepto do pensamento nacionalista, porém admitia que responsabilizar o Código de Águas pela crise do setor elétrico era um exagero, já que este sequer havia sido plenamente implantado e mais, nenhum dos dispositivos considerados mais drásticos fora aplicado pelo governo.[13]

No entanto, na palestra proferida em 9 de abril de 1956, integrando a citada Semana, o General concorda com as duras críticas dos setores *privatistas*, com suas acusações de rigidez na majoração das tarifas e na limitação da remuneração do capital das concessionárias

---

12 *Revista Engenharia*, n° 241, p. 29, 1956.

13 *Idem*.

privadas. Destarte, para a solução, das dificuldades de investimento das concessionárias privadas propunha que:

> A iniciativa privada deverá ser estimulada e ter suas legítimas aspirações amparadas pelo Governo (revisão do Código de Águas, aumento do limite de remuneração sobre o investimento, etc.), para serem removidas as causas que vem impedindo a expansão normal dos serviços de eletricidade a seu cargo.[14]

Assim, a "ação governamental deverá limitar-se preferentemente ao campo da geração e grande transmissão de eletricidade".[15] Ou seja, o Estado brasileiro deveria agir gerando e transmitindo a energia que a iniciativa privada distribuiria ao consumidor final. O argumento era de que, com tal medida, essa distribuição chegaria aos consumidores com custos muito inferiores aos das fases citadas anteriormente. Até mesmo a ordem da argumentação se torna semelhante, pois primeiro trata das consequências danosas da Segunda Guerra Mundial para o abastecimento e em seguida aponta os malefícios causados pelo Código de águas aos investidores privados no setor elétrico.

Essa posição também era defendida por representantes da burguesia, muito próximos do poder público, como se pode deduzir das posições expressas pelo ex-prefeito de São Paulo Machado de Campos, também engenheiro civil e integrante da *Semana*:

> Indiscutivelmente a iniciativa privada está tolhida por essas leis, embora considere como indispensável o Código [de Águas] que temos. O que precisamos é melhorá-lo. Precisamos é torná-lo de acordo com a atual situação do País, porquanto, do contrário a

---

14 *Idem*, p. 47.

15 INSTITUTO DE ENGENHARIA, *Trabalhos publicados na Semana de Debates de energia Elétrica*. Instituto de Engenharia, São Paulo, 1956, p. 48.

iniciativa particular se vê tolhida de desenvolver-se convenientemente. Entretanto quase tudo que foi feito no Brasil em matéria de energia elétrica cabe à iniciativa privada: compete ao governo, principalmente ao novo governo, cujos desejos são reconhecidos por todos pela manifestação do presidente da República, restabelecer novas normas para que a iniciativa privada possa desenvolver-se no Brasil.[16]

Também para ele os princípios do Código de Águas criavam empecilhos para que a livre iniciativa atuasse na produção de energia elétrica. Bastava assim, que tais empecilhos fossem retirados – como a limitação das possibilidades de lucros, restritas até aquele presente momento pelo Código a 10% do capital –, para que a livre iniciativa pudesse dar conta do desafio de suprir uma demanda por energia elétrica cada vez maior.

Somavam a esse discurso vozes advindas também do Poder Judiciário, representado na *Semana de Debates* pelo jurista e professor de Direito da Universidade de São Paulo, Luiz Antonio Gama e Silva. Sua palestra intitulada *Causas fundamentais da crise – Problema da Legislação – Estudo do Código de Águas e suas consequências sobre a aplicação de capitais particulares e desestímulo à iniciativa privada – Modificações necessária*, assim como as anteriores, constituiu-se num claro manifesto contra o Código de Águas. Esse homem, de longa tradição conservadora,[17] que lutara na Revolução Constitucionalista de 1932 contra o presidente Vargas, incorporou aos argumentos da *burguesia atrófica* o respaldo da Jurisprudência.

---

16 INSTITUTO DE ENGENHARIA, *op. cit.*, p. 58

17 Luís Antônio da Gama e Silva viria a ser um personagem destacado na conspiração que levou ao Golpe de Estado de 1964 que derrubou o presidente João Goulart. No governo Costa e Silva, então ministro da Justiça, foi um dos responsáveis pela edição do Ato Institucional n° 5.

Não temos dúvida em afirmá-lo, é ele, indiscutivelmente, o grande responsável pela crise de energia, que domina em todo o país. E ao falarmos, de agora em diante, em "Código de Águas", queremos nos referir, não somente ao decreto ditatorial de 1934, mas a toda legislação complementar, que o seguiu, modificando-o, ou não, suspendendo a execução de algumas de suas normas, de modo que, estando ele para completar 22 anos de existência ilegítima e atribulada, não atingiu ele, mercê de Deus, a plenitude de seus maus efeitos, nem realizou, como seria de desejar, a totalidade de seus benefícios.[18]

Entendia assim, como outros, que o Código de Águas não só continha princípios detestáveis – como a limitação dos lucros a 10% do capital investido –, mas que principalmente era, na sua origem, resultado de uma legislação ilegítima. Tal tese se devia ao fato do Código ter sido assinado alguns dias depois da promulgação da Carta Constitucional de 1934. Para juristas como ele, o presidente Vargas não tinha mais, naquela data, as prerrogativas para decretar o Código, portanto este era ilegítimo. Em 1938 o Supremo Tribunal Federal já decidira que o Código de Águas era constitucional, o que não impediu que especialistas em legislação, contrários ao Código, voltassem a usar, dezoito anos depois, os mesmos argumentos para criticar a legislação reguladora do setor elétrico.

Mas quem espelhou com clareza a questão central do problema do abastecimento da energia elétrica e sua relação com o Código de águas e o capital internacional, foi Gama e Silva, naquele mesmo seminário:

> Aqui entrando, investindo-se com segurança e justa rentabilidade, sujeito a nossas leis e nossos tribunais, não creio que possa ele ameaçar nossa liberdade, nossa independência e nossa soberania. E se hoje considerarmos os bilhões de cruzeiros que se tornam necessários para a expansão da energia elétrica entre

---

18 INSTITUTO DE ENGENHARIA, *op. cit.*, p. 86.

nós, talvez o recurso a esses capitais seja um dos mais eficientes meios para a solução do problema. É preciso, apenas, atraí-los, encorajá-los, regulando-lhes a função, garantindo-os, para que possam produzir e ampliar, cada vez mais, seus naturais benefícios. Não acreditamos que a nossa política jacobinista seja a verdadeira inspiradora dos justos interesses nacionais.[19]

Observamos que o jurista paulista não só defende a tese *privatista*, mas afirma que o capital privado local não dispunha de recursos a fazer face às necessidades de expansão da capacidade instalada de energia elétrica. Portanto, o capital estrangeiro deveria ser atraído para fazer aqueles investimentos. Por esse motivo, Gama e Silva faz duríssima crítica ao Código de Águas que para ele afastava tais capitais da exploração da indústria de energia elétrica no Brasil. Evidentemente que tal postura demonstra a fragilidade do capital local e sua relação de subordinação ao capital estrangeiro.

No período Juscelino Kubitschek o PIB (Produto Interno Bruto) cresceu em média anualmente 7,4%.[20] A produção industrial cresceu na ordem de 11,9% em média ao ano, durante os anos 1957-62, tendo como realce as indústrias de material de transporte e de material elétrico com crescimento de 27% a.a.; indústria química com crescimento de 16,7% a.a.; indústria mecânica com crescimento de 16,5% a.a.; indústria metalúrgica com 15,6% a.a., e finalmente a indústria da borracha com 15% a.a.[21] Tal crescimento industrial evidentemente exigia uma maior demanda por energia elétrica. Ampliou-se também, durante esse período, a urbanização, sendo que em 1960, a taxa de

---

19 *Idem*, p. 88.

20 BIELSCHOWSKY, *op. cit.*, p. 402.

21 SINGER, Paul. "Interpretação do Brasil: uma experiência histórica de desenvolvimento". In: Boris Fausto (org.) *História geral da civilização brasileira*. São Paulo, 1981, t. 3, p. 225

urbanização havia atingido a soma de 45,1% em comparação com os 31,2% registrados em 1940.[22] O processo de urbanização gerou o surgimento de novos bairros nas cidades, muitos deles contando com grande número de edifícios que necessitavam de energia elétrica não somente para iluminação e aquecimento, mas também para atender aos elevadores. Ademais, esses novos bairros geravam acréscimo considerável de consumo de energia elétrica para o funcionamento de serviços públicos fundamentais, a exemplo de iluminação, elevação de águas e operação de sistemas de esgotos, bem como do tráfego suburbano ferroviário. E, finalmente, acrescentava-se a tudo isso, a grandiosa expansão da utilização de bens de consumo duráveis, sobretudo eletrodomésticos diversos, necessitavam todos eles demandantes de energia elétrica para funcionar.

Diante de tal realidade era fundamental ampliar a capacidade instalada de energia elétrica. E qual foi a postura do governo Kubitschek diante de tal realidade? Como já foi aventado, o setor de energia ocupou espaço central entre os objetivos traçados pelo plano de governo conhecido como Plano de Metas. O setor elétrico recebeu 23,7% do total dos investimentos do referido plano.[23] A esmagadora maioria dos investimentos previstos (78%) para a ampliação da capacidade instalada do setor elétrico de acordo com o Plano de Metas viriam de origem pública, ou seja, empresas públicas tanto do âmbito federal como do âmbito estadual. Segundo ainda o Plano de Metas, o restante dos recursos (22%) – menos de um quarto do total – viriam de investimentos das concessionárias estrangeiras de energia elétrica. Para tanto, o governo ainda propunha a alteração da legislação reguladora do setor elétrico de forma que as tarifas praticadas pelas empresas estrangei-

---

22 BRESSER-PEREIRA, L. C. *Desenvolvimento e Crise no Brasil (1930-83)*. São Paulo: Ed. 34, 2003, p. 62.

23 CABRAL *op. cit.*, p. 140.

ras pudesses ser majoradas com maior facilidade.[24] Como podemos observar, a postura do governo Kubitschek no campo da solução para as demandas apresentadas pelo setor elétrico brasileiro em nada se distanciou das posturas já então enraizadas do Estado brasileiro, ante ao capitalismo internacional. A postura kubitschekiana expressou o caráter dependente e subordinado do capitalismo brasileiro na medida em que arcou com a maior parte dos elevados custos de ampliação da capacidade de produção do setor elétrico de um lado, enquanto que, quase desobrigou as concessionárias estrangeiras em investir no atendimento das demandas do referido setor. Além do que, ainda propôs maiores facilidades para que as concessionárias estrangeiras obtivessem a majoração de tarifas em patamares de seu interesse. Conforme, claramente, afirma Gama e Silva:

> Neste clima de insegurança jurídica e anemia financeira, nesse ambiente de ameaças e apreensões, como poderia, e como pode desenvolver-se a indústria de energia elétrica, transformando nosso potencial hidráulico em fontes de progresso do país e melhoria das condições de vida do povo brasileiro?[25]

Dada a negativa à questão, apontava as principais medidas a serem tomadas para a solução da crise do setor elétrico e no centro delas estava a reforma do Código de Águas. Como tal solução ainda levaria tempo para ser efetivada, algumas soluções provisórias deveriam ser tomadas. Relata que o Projeto de Lei nº 5.065, de 1955, estava sendo apreciado pelo Congresso Nacional. Tal projeto transformava alguns dispositivos do Código:

---

24 *Idem*, p. 140-1.
25 INSTITUTO DE ENGENHARIA, *op. cit.*, p. 95.

a) Eliminação da possibilidade de confisco dos bens das empresas concessionárias de energia elétrica;

b) atenção à disponibilidade financeira das empresas;

c) proteção do investimento feito pelas empresas contra os efeitos da desvalorização monetária;

d) garantia da justa e adequada remuneração do capital e promoção de um ambiente propício para a aplicação dos capitais privados no setor elétrico.[26]

Tal projeto, argumentava ainda Gama e Silva, tinha sua origem na Comissão Parlamentar de Inquérito (CPI) que fora instalada para investigar as causas do racionamento de energia elétrica naquele início de década de 1950.

Levantava também a necessidade de serem tomadas medidas administrativas tais como: a revisão tarifária de acordo com o princípio de razoabilidade e semelhança (correção monetária), com a inclusão de uma cota de reinvestimento e possibilidade de pagamento efetivo, em dinheiro, de um justo lucro ao capital aplicado nos serviços, bem como a rápida solução dos processos administrativos na Divisão de Águas.

Em sua exposição atacou também os princípios de reversão, caducidade e encampação[27] contidos no Código de Águas. Referia-se ele ao princípio contido no citado Código, segundo o qual:

> O confisco da propriedade, consagrado no Código de Águas, trouxe, como era inevitável, um clima de descrédito e

---

26 *Idem*, p. 100-1.

27 Como já foi aventado competia a à União da outorga e concessão de aproveitamento (por no mínimo 30, no máximo 50 anos) da energia hidráulica para uso privativo em serviço público, bem como a reversão das instalações das concessionárias de energia elétrica ao final do prazo de concessão.

insegurança jurídica, afastando os capitais privados, que não poderiam lançar-se nessa atividade, correndo o risco de se perderem totalmente, sem motivo e sem razão, e até a simples juízo do Governo Federal.[28]

Observemos que para o jurista Gama e Silva, a ameaça de encampação inibia as concessionárias a fazerem investimentos e consequentemente abria-se assim o caminho para a crise de instalação de potencial de energia elétrica no país. As empresas não contavam com um "clima" seguro para investimentos no setor elétrico e sendo assim não fariam novos investimentos. Assim, a origem do problema encontrava-se na tendência "socializadora" do Código de Águas. Argumenta que tal orientação não se justificava, pois as quedas d'água eram nacionais por princípio e, portanto não havia a necessidade de estabelecer isso no Código. Portanto, para ele, a real intenção dos legisladores era a estatização, conforme afirmava:

> Em verdade, o que pensou o legislador, mas não disse, o que quer, mas não revela, é a estatização, ou, se quisermos, a socialização da indústria da eletricidade, de modo que, com o decurso dos prazos contratuais, ou mesmo em sua vigência com ou sem indenização, passariam todos os serviços para o Estado. E à administração pública caberia o pesado encargo de atender o suprimento de energia em todo o território nacional.[29]

Tais afirmações de Gama e Silva causaram razoável polêmica, tendo destaque a negação do caráter socialista do Código, já que, conforme afirmava o engenheiro e fiscal da Prefeitura de São Paulo, Plínio Branco, o autor do Código – o jurista Alfredo Valadão –, era um

---

28 *Idem*, p. 90.
29 INSTITUTO DE ENGENHARIA, *op. cit.*, p. 90.

dos homens mais conservadores da comissão. Já o engenheiro Plínio Branco observou, dentre outras coisas, que o Código de Águas não fora produzido às escondidas como sugeria Gama e Silva. Para Plínio Branco o jurista:

Empolgou-se ao fazer críticas ao Código de Águas. Empolgou-se de tal maneira que fez algumas referências infundadas que peço licença para contestar, principalmente na parte que se refere à elaboração do Código. S. Senhoria disse que o Código foi misteriosamente manipulado, o que não é exato. O Código não foi feito às escondidas. Tanto não foi, que encontro na exposição de motivos publicada pelo professor Valadão o seguinte trecho: (...) 'muito antes da promulgação da Constituição de 1934, que foi a 16 de julho daquele ano, o povo tomava conhecimento do Código de Águas'.[30]

Refutando a crítica de Gama e Silva sobre o *custo histórico*, o engenheiro Mauro Thibau, dirigente da Cemig, afirmava que não via no princípio do *custo histórico*, digamos, o cerne da questão. Para ele, o causador das dificuldades que as empresas encontravam no campo da produção de energia elétrica era a inflação e que era preciso alterar o que ficara decidido em 1934, pois se naquela época os preceitos do Código de Águas haviam se mostrado corretos, agora os tempos eram outros e estes mesmos preceitos estariam levando à falência o setor.

> O que está acontecendo é que o *custo histórico* tornou-se o tabu dentro da legislação sobre energia elétrica no Brasil. Porém, a culpa, eu não creio que seja propriamente do custo histórico. O *custo histórico* é um conceito consagrado universalmente e acredito mesmo que tenha sido exaustivamente estudado nos mais adiantados países do mundo. As indústrias de energia elétrica nos Estados Unidos, na Alemanha e Inglaterra (aliás, nesses dois

---

30 *Idem*. O trecho ao qual se referia Plínio Branco integrava uma publicação do Jornal do Comércio de 10 e 11 de fevereiro de 1934.

últimos países se modificou muito depois da guerra), tinham como inquestionável que a exploração da energia se deve fazer com base no conceito de *custo histórico*. Todavia isso não nos parece possível produzir bons resultados num país de alto índice de inflação. Então, o que está errado não é o *custo histórico* – é a inflação! Quer dizer, pegou-se um menino de 11 anos e se lhe deu uma roupa. O menino cresceu e a roupa continuou a mesma. Resultado, hoje a manga lhe deve dar pelos cotovelos. Então, o que é preciso é fazer outra roupa. E creio que devemos fazer agora esta roupa. O que se pode deduzir, é que aquilo que temos em 1956 falindo, e que não é bom, era justo e razoável em 1934.[31]

A posição do engenheiro, Waldemar de Carvalho, chefe do Departamento de Águas, também apontava na direção de considerar o Código desatualizado e, concordando ainda com seu colega, o *custo histórico* deveria ser mantido.

> A conferência feita pelo Prof. Gama e Silva foi realmente brilhante sob o aspecto jurídico. Observou S. S. o Código de Águas e teceu-lhe comentários, a meu ver, muito severos. Mas os comentários feitos pelos ilustres colaboradores amenizaram um pouco a impressão muito simpática do Código de Águas. O Código de Águas, realmente, como todos nós sabemos, principalmente nós que temos experiência com a sua aplicação, é uma lei que se acha desatualizada e em cujo bojo realmente se encontram dispositivos que precisam ser modificados. A pedra de toque dos que tem que executar os serviços públicos de eletricidade, com referência ao Código de Águas, é, efetivamente, a custo histórico. O custo histórico, o princípio do custo histórico, a meu ver, deve ser mantido.[32]

---

31 INSTITUTO DE ENGENHARIA, *op. cit.*, p. 110.

32 *Idem*, p. 124.

Segundo a literatura econômica, o *custo histórico* significava o princípio contábil que estabelece que todos os elementos de uma demonstração financeira devem ser baseados no custo de aquisição (ou original), desde que a moeda em questão não tenha sofrido desvalorização (processo inflacionário) durante o período considerado. No caso de ocorrência de tal desvalorização da moeda, a demonstração financeira deveria passar por respectiva atualização monetária.[33]

Observamos, portanto, que os comentaristas da conferência de Gama e Silva, sobretudo Mauro Thibau e Waldemar de Carvalho, embora defensores de uma postura revisionista em relação à legislação reguladora do setor elétrico, se posicionavam contrariamente à alteração do princípio do *custo histórico*, para ambos, o problema da legislação do setor elétrico não estava fundado em tal princípio e, sim, na inexistência de um mecanismo de correção monetária que garantisse o capital aplicado pelas empresas originalmente ante as pressões inflacionárias.

No entanto, para Catullo Branco, notório representante do pensamento nacionalista, ao não aceitarem a aplicação do *custo histórico*, as concessionárias de energia elétrica, pretendiam manter em suas demonstrações financeiras material e equipamentos depreciados como se fossem novos:

> Se eu chegasse na *Light* e dissesse: olhe aqui, essa turbina, esse reator já vem funcionando há vinte anos e por isso nós vamos retirá-lo da sua escrita [contábil] porque já foi completamente depreciado, a *Light* então me respondia: olha aqui, "meu velho", você vai à praça e compra um gerador desses e me venha dizer qual é o preço, porque é esse preço que queremos que seja escriturado como capital da companhia. Quer dizer que essa é a

---

33 SANDRONI, *op. cit.*, p. 152.

grande contradição de princípios. As empresas nunca aceitaram o custo histórico /.../.³⁴

Além de muitos simpatizantes do *privatismo* posicionarem-se contra o *custo histórico*, também se contrapunham aos limites estabelecidos pela legislação à remuneração do capital investido na indústria do setor elétrico:

> A legislação sobre energia elétrica fixando em 10% ao ano a remuneração máxima do investimento, é fundamentada no critério do custo histórico. Não fora a realidade econômica nacional, em consequência ao ambiente inflacionário, tal critério seria justo, entretanto sendo como é, a base acima é injusta e desvirtuada. O custo do dinheiro tem atualmente um valor decrescente situado entre 12% a 15% ao ano, tornando a indústria de energia elétrica quase inacessível ao investimento de capital ou ao financiamento, levando-se em conta, além disso, as garantias, obrigações e as vantagens de um monopólio regulamentado como o é o da referida indústria.³⁵

Como podemos observar, havia sintonia entre parcela centro diretivo do Clube de Engenharia do Rio de Janeiro e o Instituto de Engenharia de São Paulo (deve-se destacar que havia vozes nacionalistas divergentes do pensamento privatista em ambos órgãos representativos dos engenheiros) no que se referia às suas posições acerca da crise do setor elétrico: a crítica ao Código de Águas, símbolo de uma

---

34 COSTA, Helio B. "Um depoimento histórico de Catullo Branco". In: Adriano Murgel Branco (org.). *Política energética e crise de desenvolvimento*. Rio de Janeiro: Paz e Terra, 2002, p. 62.

35 Artigo do Engenheiro Amauri Alves Menezes intitulado "Definição de Custo e de Tarifa de Energia Elétrica". In: *Revista do Clube de Engenharia*, n° 265, setembro de 1958, p. 38.

interferência do Estado no setor elétrico, bem como a defesa efusiva da ação das empresas privadas naquele setor.

Finalmente, em setembro daquele mesmo ano, o projeto de Lei que dispunha sobre o regime econômico e financeiro das empresas de energia elétrica e definia outras regulamentações relativas ao Código, que havia sido enviado ao Congresso no ano anterior pelo Presidente, começou a tramitar sob o n° 1898/1956.

Conforme o Engenheiro Firmo Dutra, membro do conselho diretor do Clube de Engenharia,[36] o projeto "modifica dispositivos do Código de Águas e Energia Elétrica, com o fim de permitir à iniciativa privada os investimentos necessários e urgentes para o Brasil, corrigindo as restrições sobre remuneração do capital" e fora exaustivamente analisado pelos mais proeminentes técnicos da área, tanto em nível federal, quanto estadual: "Minas com sua Cemig, Rio Grande do Sul com a sua Comissão Estadual de Energia Elétrica, Espírito Santo com a sua Excelsa (Espírito Santo, Centrais Elétricas) e São Paulo com seu formidável Plano de Eletrificação". Conforme ele, todos haviam se esforçado muito para resolver uma crise que ameaçava as indústrias e "o melhor padrão de vida do homem brasileiro, sem essa intervenção, francamente justificável diante do Código de Águas e Energia Elétrica que tanto mal fez neste quarto de século de sua existência".[37] E segundo ele ainda a legislação reguladora do setor elétrico:

> Estancou a iniciativa privada; quase fechou o Brasil aos investimentos nesse setor, deixando apenas que a *Light* e as Empresas Elétricas cumprissem as suas obrigações contratuais. Agora parece que nova mentalidade surgiu com a Mensagem presidencial,

---

36 A *Revista do Clube de Engenharia* publicou em dezembro de 1956 duas manifestações do Engenheiro Firmo Dutra, respectivamente nas sessões 178ª datada de 5 de novembro e na 179ª datada de 20 de novembro de 1956.

37 *Revista do Clube de Engenharia*, n° 244, *op. cit.*, p. 87-8.

dirigida ao Congresso, anexando projeto de Lei, dispondo sobre o regime econômico e financeiro das empresas de energia elétrica e dando outras providências.[38]

A proposta do engenheiro era que o presidente e o Congresso Nacional fossem parabenizados por tão "patriótica visão" e declarar que eles podiam contar com a solidariedade e a colaboração do Clube de Engenharia "nessa verdadeira obra de redenção nacional".[39] Na reunião seguinte os integrantes deste Clube são mais enfáticos, exigindo que:

> O Clube tome providências face a mensagem do Exmo. Sr. Presidente da República modificando dispositivos do Código de Águas. O Sr. Presidente [Mauricio Joppert da Silva] responsabiliza o atual Código de Águas pela deficiência atual da energia elétrica, e declara que o assunto será encaminhado à comissão de energia das D.T.E.[40]

Às manifestações destes engenheiros somam-se as de membros da União Democrática Nacional (UDN), apesar de sua ferrenha oposição do governo de JK. Membro declarado da UDN, Maurício Joppert assinala também que o Código de Águas era o grande responsável pela crise enfrentada pelo setor elétrico:

> Com efeito, a proibição de novas concessões a empresas estrangeiras vedou a chegada de capitais de fora para emprego na

---

38 *Idem.*
39 *Idem.*
40 Ata da 179ª Sessão Ordinária do Conselho Diretor, 20 de novembro de 1956. Proposta do Conselheiro Firmo Ribeiro Dutra. *Idem*, p. 89. Ata da 179ª Sessão Ordinária do Conselho Diretor, 20 de novembro de 1956. Proposta do Conselheiro Firmo Ribeiro Dutra. *Idem*, p. 89.

indústria de produção de eletricidade, sendo que ainda a fixação do preço do kW pelo custo mais uma pequena percentagem e a ameaça de expropriação pelo *custo histórico* afastavam definitivamente os capitais particulares daquela indústria que entrou em "pane", entravando o desenvolvimento de todas mais.[41]

Notamos na crítica de Joppert o mesmo conteúdo da maioria dos críticos do Código de Águas: para os representantes do pensamento *privatista* a remuneração do capital em 10% era muito baixa, bem como era intolerável a aplicação do principio do *custo histórico*.

As posições destes engenheiros coadunam-se com os posicionamentos dos segmentos da burguesia nacional associados ao capital internacional ou mesmo aqueles para os quais o problema da falta de energia prejudicava seus negócios.

Seus posicionamentos estão expressos nas páginas da revista *Conjuntura Econômica*.[42] Em uma de suas retrospectivas, datada de janeiro de 1955, a revista analisava a situação dos serviços públicos no ano anterior, particularmente no que se referia ao setor de energia elétrica, que chegara a um estado de saturação, sendo que a principal causa apontada era a:

> Falta de estímulo a uma renovação compatível com o crescimento populacional, decorrente da "remuneração pouco satisfatória".(...) Ao invés de razoáveis níveis de remuneração do investimento realizado, que possibilitem, não só custeio normal da operação, como a sua manutenção e aperfeiçoamento, a política tarifária tem incidido em falhas de clara percepção.[43]

---

41 Artigo de Maurício Joppert, então presidente do Clube de Engenharia, intitulado *"Três Marias e Furnas"*. Março de 1958. *Revista do Clube de Engenharia*, n° 259, *op. cit.*, p. 37.
42 Acervo da Biblioteca da Pontifícia Universidade Católica de São Paulo.
43 *Conjuntura Econômica, op. cit.*, p. 119.

Notemos que o pensamento dos editores de *Conjuntura Econômica*, ao criticarem a baixa remuneração do capital investido nos serviços públicos, estavam em consonância com o pensamento *privatista*, que há muito tempo combatiam o Código de Águas e um dos seus princípios mais importantes – a limitação de remuneração do capital a 10% ao ano.

A recuperação do setor elétrico em 1955, com o acréscimo de 33% da capacidade instalada em relação a 1953, não era suficiente para minimizar o *déficit* de energia elétrica e, mais uma vez, a causa principal residia no "crescente desinteresse das concessionárias, face ao nível irrisório – ou quase – da remuneração do capital, decorrência primeira de um insatisfatório regime tarifário",[44] que em suas opiniões expressavam uma antiquada

> Orientação antieconômica que tem presidido a regulamentação ou manutenção do atual sistema de serviços públicos (...)em contraste com o progressivo agravamento das condições operacionais e das necessidades públicas cada vez mais desatendidas.[45]

Como podemos observar, a tônica do discurso da revista de economia da Fundação Getúlio Vargas continuava sendo a mesma manifestada no ano anterior, ou seja, a legislação reguladora do setor elétrico desencorajava os investimentos das concessionárias estrangeiras de energia elétrica e consequentemente a população se encontrava desatendida.

Em 1956, o periódico fazia uma avaliação otimista para o biênio que se seguia, pois via possibilidades de uma "recuperação mais

---

44 *Conjuntura Econômica*, ano X, n° 1, *op. cit.*, p. 137.
45 *Ibidem*.

sensível no setor de serviços públicos",[46] se fosse mantido até 1961, o ritmo de instalação de capacidade de energia elétrica vigentes naquele momento, ou seja, atingir a meta oficial de 5 milhões de kW.[47] Assinalava ainda a necessidade da revisão do Código de Águas, mediante a

> Criação de um grupo de trabalho junto ao Conselho de Desenvolvimento, que estudou e propôs numerosas medidas tenentes a rever a atual legislação sobre a produção e distribuição de energia elétrica, máxime no que tange à regulamentação dos capitais investidos, sua avaliação e remuneração consentâneas com as próprias necessidades de crescimento do país.[48]

Assim, à luta para quebrar a barreira de 10% estabelecida pelo Código de Águas para a remuneração do capital, somava-se a pressão do empresariado para alterar da legislação a correção monetária para a avaliação do capital originalmente investido.

O tom otimista continua na avaliação que fazem do ano de 1957, embora alertassem para a possibilidade de mais uma crise no fim daquela década, enquanto se reafirmava a tendência de se atingir a meta governamental de 5 milhões de kW em 1961.[49] Mas a análise do ano de 1958 já demonstra que as expectativas tendiam a não se realizar, pois constatavam que não houvera grandes avanços no setor elétrico e nem no conjunto dos serviços públicos. Mas ainda consideravam que havia esperanças, desde que as usinas hidrelétricas que estavam em

---

46 Retrospectiva do ano de 1955. In: *Id*, p. 147.

47 *Idem*.

48 *Conjuntura Econômica*, ano XI, *op. cit.*, p. 147.

49 *Idem*, ano XII, n° 2, p. 165.

construção ainda naquele momento (Furnas, Três Marias, ampliação de Paulo Afonso – Chesf) começassem a operar.[50] Na retrospectiva sobre o ano de 1959, constatavam que de 1958 para 1959 a capacidade instalada havia crescido apenas 3% e continuavam a esperar ansiosamente o início das operações de Furnas, Três Marias e da ampliação de Paulo Afonso,[51] o que foi concretizado já no início de 1961, quando a capacidade instalada de energia elétrica alcançara definitivamente os 4,5 milhões de kW. O acréscimo de energia elétrica de 1959 para 1960 havia sido de 9%.[52] Ao longo destes quatro anos a revista não voltou a polemizar sobre a questão da legislação reguladora do setor elétrico, apesar da tendência que indicamos anteriormente, de limitação gradativa da participação das concessionárias privadas no setor.

Apesar de tais setores da burguesia não lograrem êxito em suas pressões para alterar todos os aspectos que pretendiam no Código de Águas, como por exemplo, a possibilidade de aumentar a remuneração do capital investido para 12% (o que foi bloqueado no Congresso Nacional), encontravam satisfeitos, pois não só as concessionárias estrangeiras conquistaram a possibilidade de realizar majorações automáticas nas tarifas de energia elétrica, ainda que sob o controle do Estado, como também viram resolvido o problema decorrente de seu desinteresse em realizar investimentos diretos no setor de energia elétrica.

Somando forças aos interesses deste segmento da burguesia, que se mostra a favor da reformulação do código de águas visando ampliar as garantias e lucros do capital privado com condições de investir no setor de energia, se posicionavam os intelectuais vinculados aos grandes centros de produção do conhecimento na área, como a Escola

---

50 *Conjuntura Econômica*, ano XIII, n° 2, 1959.
51 *Conjuntura Econômica*, ano XIV, n° 2, 1960, p. 157.
52 *Conjuntura Econômica*, ano XV, n° 2, 1961, p. 149.

Politécnica da Universidade de São Paulo, por exemplo, embora não se possa afirmar que tal posição fosse uma unanimidade dentre os engenheiros da escola politécnica paulista. Cumpria-lhes formular pareceres técnicos que dessem base científica e fundamentassem os argumentos dos privatistas, conforme se observa no documento elaborado por Francisco Emygdio da Fonseca Telles e outros, também encomendado pela UDN.

A função social que cumpriam era a de dar respaldo técnico à tramitação institucional para transformar tais demandas em leis. Seus pareceres, muitas vezes encaminhados pelo próprio Executivo, acabavam por integrar as justificativas dos projetos de lei, sendo assumidos por bancadas do Poder Legislativo. Tais posicionamentos nos permitem também identificar como a ausência de um plano nacional de expansão e suprimento da energia elétrica que atendesse aos interesses nacionais, sem onerar o próprio consumidor, particularmente a pessoa física, reverberavam em nível estadual.

É conveniente, tratarmos, na sequência de nosso trabalho de pesquisa, de apresentar a situação do Estado de São Paulo.

Discorrendo sobre o Plano de Eletrificação de São Paulo o texto preparado por Francisco Emygdio da Fonseca Telles, enviado pelo governador à Assembleia Legislativa em 1955, bombardeia o Código de Águas, a exemplo de outros representantes do Instituto de Engenharia como observamos acima. Vejamos:

> Devemos assinalar desde logo nossa discordância da afirmação, á página 2 do "Estudo" [documento do DAEE/SP], de que foi por não terem sido postos em prática dispositivos do Código de Águas que se vê o Governo do Estado, presentemente, na imperiosa necessidade de intervir, criando empresas, montando usinas e construindo linhas de transmissão e de distribuição. Muito ao contrário, ao Código e sua aplicação (limite de lucro de 10% ao ano às empresas e custo histórico) é que devemos a relativa

estagnação das instalações existentes no Estado, todas elas de iniciativa privada. E por isso incluímos, entre as condições para a solução do problema da energia elétrica, uma remodelação profunda do Código de Águas.[53]

As críticas à manutenção, pelo governo federal no período JK, das diretrizes fixadas no período Vargas se reproduziam, assim, nos estados, particularmente naqueles onde a indústria mostrava-se mais desenvolvida.

O jurista Themistocles Brandão Cavalcanti analisou, em 1960, em artigo publicado pela revista *Carta Mensal* a situação da legislação que regulamentava os serviços públicos no Brasil e seus princípios. Essencialmente, defendeu o sistema de concessão de serviços públicos à iniciativa privada e a melhor forma para que estes sejam regulados pelo poder público. Salienta desde o início do texto a necessidade de que o poder público seja "fiador de sua regularidade" – referindo-se ao serviço público – "perante o público e, por conseguinte, deve prover ao controle de sua execução".[54] Tema recorrente nos textos de juristas *privatistas*, a estabilidade econômica das empresas surge também na argumentação de Cavalcanti:

> Penso, por isso mesmo, que este assunto deve ser tratado de um modo geral no sentido de estabelecer uma orientação para a execução dos serviços públicos delegados, através de um regime jurídico que atenda não somente à finalidade desses serviços, mas também à estabilidade econômica das empresas. Por

---

53 TELLES, Francisco Emygdio da Fonseca "O Problema da Energia Elétrica em São Paulo". In: *Revista Anhembi*, 1956, ano VI, vol. XXII, n° 64, p. 292. Em seu artigo ele reproduz parte de um parecer – encomendado pela UDN paulista – preparado por ele e outros engenheiros acerca do Código de Águas.

54 CAVALCANTI, Themistocles Brandão. *A regulamentação legal dos Serviços Públicos*, Revista carta mensal, RJ, julho 1960, ano VI, n° 64, p. 3.

meio desse regime, pode-se dar ao público uma impressão dos verdadeiros objetivos que essas empresas tem em vista, isso é, o consumidor poderá sentir que, realmente, essas empresas são destinadas a servir ao público, a atender às suas necessidades, a fornece-lhe um serviço adequado dentro de um regime de perfeita legalidade.[55]

Como observamos nas manifestações de juristas privatistas na Semana de Debates Sobre Energia Elétrica – Luiz Antonio Gama e Silva –, o tema da saúde financeira das concessionárias de energia elétrica continuava preocupando os representantes do pensamento privatistas ao final governo Juscelino Kubitschek. A argumentação dos privatistas continuava enfocando a necessidade de uma legislação que atendesse aos interesses das concessionárias. No entanto, nas alegações de Cavalcanti, os interesses das concessionárias estavam vinculados aos interesses dos consumidores. Uma vez garantida a estabilidade econômica das empresas e consequentemente seus lucros, estas poderiam demonstrar sua vocação para servir a sociedade.

O texto de Cavalcanti enfoca ainda o debate acerca do princípio do *custo histórico*. Interessa-no o debate entre dois grupos: o grupo de Miranda de Carvalho, que defendia o princípio do *custo de reprodução* e o grupo de Bilac Pinto, Alves de Souza, Plínio Branco, Anhaia Melo, entres outros, que defendiam o principio do *custo histórico*.[56]

Para Cavalcanti, uma terceira posição deveria ser contemplada, ou seja, "a tarifa é o custo do serviço, de acordo com a flutuação geral dos preços".[57] O autor defende ainda a ideia da concessão por

---

55 *Ibidem*, p. 3.

56 CAVALCANTI, *op. cit*, p. 8-9.

57 *Idem*, p. 10

prazo indeterminado, pois resolveria polêmica acerca da questão da encampação.⁵⁸

O engenheiro Mario Lopes Leão (representante do conselho de administração da *Light and Power*), num texto publicado pela revista *Digesto Econômico*, de 1959 apresentou um panorama dos problemas da Região então intitulada Centro-Sul, como os problemas de suprimento, a produção termoelétrica e a interligação dos grandes sistemas.

Ao concluir sua exposição, o engenheiro enfatiza que o grande problema pelo qual passava o setor elétrico era "fundamentalmente financeiro". E como solução para tal problema, o representante da *Light and Power*, na verdadeira "onda" que se verificava entre os defensores do capital privado na indústria da eletricidade ataca o Código de Águas:

> Nestas condições, uma providência de caráter geral se impõe: a atualização do Código de Águas, na parte que diz respeito ao regime econômico das empresas de eletricidade, de forma a permitir que estas possam dispor de meios para reinverter no serviço e atrair a poupança privada para o campo da eletricidade.⁵⁹

Observamos que o representante da concessionária canadense de energia elétrica manifesta em seu discurso os interesses da sua classe, pois o que homens como ele reclamavam, na verdade, era que o Código de Águas fosse modificado permitindo a correção monetária automática para a majoração das tarifas, bem como um aumento no limite da taxa de lucro permitido para as empresas do setor elétrico. Além disso, o que nos salta aos olhos, a partir da fala do autor, é a concepção de que as empresas do setor dependiam dessas novas condições

---

58 CAVALCANTI, *op. cit*, p. 8-9.
59 LEÃO, Mario Lopes. *O suprimento de energia elétrica à Região Centro-Sul e o problema da interligação dos grandes sistemas elétricos existentes*, p. 24.

– alteração do Código – para poderem fazer novos investimentos. Por outras palavras, as concessionárias não fariam nenhum novo investimento de capital próprio e sim esperariam condições mais favoráveis para cobrar mais tarifas, realizar mais lucros e só garantidas essas condições, fariam algum novo investimento no setor. O consumidor, de fato, seria o verdadeiro investidor no negócio da eletricidade.

A maior contradição dessa fase de nossa história é que, como já foi mencionado, o Poder Executivo, por intermédio do Conselho de Desenvolvimento do presidente Juscelino Kubitschek, havia mesmo enviado, um pouco mais de dois anos antes, um projeto (n° 1.898-56) ao Congresso Nacional atendendo as reivindicações das concessionárias estrangeiras de energia elétrica no campo citado acima. E sobre esse tema, observamos o representante da *Light and Power*, cobrar pressa por parte do Congresso. Os congressistas eram conclamados a que não vissem "terminar a presente legislatura sem tomar nenhuma decisão sobre esta importante matéria".[60]

Os nacionalistas e a defesa do Código de Águas no governo Juscelino Kubitschek

Em contrapartida aos engenheiros tendentes ao privatismo no setor elétrico, o igualmente engenheiro, Américo Barbosa de Oliveira, associa o Projeto de Lei n° 1.898-56, às posições do economista Roberto Campos,[61] então diretor do BNDE e notório defensor do Estado mínimo. Mas, por incrível que pareça, considerando que este, embora

---

60 LEÃO, *op. cit.*, p. 24.

61 O discurso de Roberto Campos a que se referia o autor havia sido pronunciado na Bolívia e tratava da integração internacional de uma política para a área e defendia tarifas altas e o controle do setor elétrico por empresas privadas. Sobre o tema ver: Luiz Alberto Muniz Bandeira. *Presença dos Estados Unidos no Brasil*. Rio de Janeiro: Civilização Brasileira, 1973, p. 373-90.

defensor da iniciativa privada no setor, não atinava para o problema real de ordem política que se punha no momento, que era a inviabilidade das parcerias nacionais com os segmentos internacionais que já monopolizavam o setor.[62]

Num texto publicado em 1957, pela revista *Observador Econômico e Financeiro* Barbosa de Oliveira, representante do pensamento nacionalista, contestou as ideias expressas por Roberto Campos na conferência da Cepal realizada em La Paz na Bolívia.

Antes de tal contestação, Barbosa de Oliveira se ocupa de historiar as manifestações de economistas, chamados por ele de economistas oficiais, a respeito das tarifas de energia elétrica. Conta Barbosa de Oliveira que tais manifestações se iniciaram pela Fundação Getúlio Vargas, passando pelo Conselho Nacional de Economia e em seguida pela Semana de Debates sobre Energia Elétrica promovida pelo Instituto de Engenharia de São Paulo.[63] Relata Barbosa de Oliveira que a tese que se repetia constantemente acerca da crise que atingia o setor elétrico era a de que "a inflação prejudica os serviços de tarifação rígida, levando-os ao desequilíbrio econômico e à impossibilidade de expandir suas instalações".[64]

Após se ocupar de expor as principais ideias de Campos em sua conferência, Barbosa de Oliveira passou, em seu artigo, a fazer o que chamou de "reparos" às teses do orador brasileiro em La Paz. É necessário esclarecer que o texto de Barbosa de Oliveira discute também a situação dos transportes e sobre os quais não discorreremos aqui.

Que respostas dá Barbosa de Oliveira à tese de Campos (que na realidade expressa o pensamento de vários apologistas do privatismo no setor

---

62 OLIVEIRA, Américo Barbosa."O Código de Águas – Sua importância e atualidade como instrumento de política econômica". In: *Revista Engenharia*, outubro de 1957, p. 177.

63 OLIVEIRA, Américo Barbosa, *op. cit.*, p. 65.

64 *Ibidem*, p. 65.

elétrico)? Barbosa de Oliveira expressa sua resposta em cinco pontos: em *primeiro lugar*, as empresas que já existiam antes do Código de Águas – tão responsabilizado pela crise do setor elétrico – nunca tiveram suas tarifas reguladas por tal código. Em *segundo lugar*, dois grupos de empresas estrangeiras controlavam o setor elétrico e produziam 78% da energia consumida no país. Em *terceiro lugar*, os investimentos das concessionárias estrangeiras cresceram a partir de autofinanciamento, bem como por créditos realizados pelo governo ou avalizados por ele. E em *quinto* e último lugar, as concessionárias estrangeiras dispunham de uma séria de outras fontes de lucro, além daqueles regulados pelo Código de Águas.[65]

Ao condenar nitidamente as posições de Roberto Campos, demonstra Barbosa de Oliveira que as justificativas do Projeto estavam ancoradas basicamente em dois argumentos: falta de recursos para investimentos no setor no decênio 1956/1965 e o desinteresse das empresas em investir no setor elétrico.[66] Ao analisar as justificativas apresentadas pelo Projeto 1.898-56, acima citadas, o autor realiza um esforço para demonstrar suas fragilidades. Por exemplo, no que se refere a um possível desinteresse das empresas em atuar no setor elétrico, afirma Barbosa de Oliveira, que tais opiniões partiam, de fato, de relações públicas das empresas e não correspondiam à realidade. Vejamos:

> Não existe, na realidade, desinteresse das empresas pelo negócio /.../ o que existe – e, aliás, isso é universal e irreversível – é uma atitude hostil do público investidor para com esse tipo de negócio – monopólio privado sob controle público; daí a dificuldade das empresas em obter subscritores de capital. No mundo todo sucede esse fato, que é um dos motivos da inevitável participação crescente dos governos no campo da eletricidade.[67]

---

65 *Idem*, p. 69.

66 *Ibidem*, p. 69.

67 OLIVEIRA, *op. cit.*, p. 177.

Podemos observar na argumentação de Barbosa de Oliveira que na realidade, as concessionárias estrangeiras de energia elétrica tinham dificuldade de encontrar novos sócios para realizar aportes de capital, devido ao desinteresse do público investidor no setor elétrico naquele contexto. Daí sua dificuldade em fazer maiores investimentos para expandir seus serviços. Em outras palavras, as empresas estrangeiras não traziam capital novo para o setor e ficavam à espera de novos sócios para o seu negócio. Tais empresas sempre agiram assim: antes e depois do Código de Águas, só trabalhavam com o lucro realizado nos países onde atuavam, e o Brasil não era exceção.

Resumidamente, as empresas estrangeiras não estavam desinteressadas em atuar no setor, apenas dentro das práticas que sempre utilizaram, não pretendiam fazer investimentos novos com seu próprio capital. Com efeito, ficam dependentes de novos sócios locais. Estes, ao não se constituírem ou se constituírem com capital reduzido (realidade que vinha se configurando naqueles últimos anos) tornavam a capacidade de expansão das empresas menor e consequentemente isso levava à maior intervenção do Estado nesse campo da economia.

Durante grande parte de seu artigo Américo Barbosa de Oliveira analisa minuciosamente as justificativas, bem como comenta as soluções apresentadas pelo projeto acima citado. Por fim, apresenta suas conclusões para um caminho racional a ser trilhado pelo setor elétrico no Brasil. Para ele, ao contrário do que defendiam os *privatistas* – dentro do espírito do Projeto 1.898-56 – o Código de Águas deveria ser mantido e as empresas nacionais do setor elétrico deveriam ser auxiliadas financeiramente, a juros baixos, assim como se deveria aumentar a participação do Estado no setor elétrico, mediante de diversos mecanismos.[68]

---

68 OLIVEIRA, *op. cit.*, p. 181.

3
A estatização: privatistas e nacionalistas no governo JK

NESTE CAPÍTULO BUSCAMOS EXAMINAR o conteúdo dos embates entre os representantes dos segmentos sociais da burguesia denominados *privatistas* e *nacionalistas* ocorridos durante o governo Juscelino Kubitschek, dentro e fora da esfera governamental. Focamos as divergências entre membros do governo JK quanto à participação do Estado no setor elétrico, bem como quanto ao grau de intervenção do Estado neste setor. Buscamos demonstrar também as críticas que os setores defensores da manutenção ou aumento dos privilégios à iniciativa privada, que estavam fora do governo, faziam a respeito da intervenção do Estado no setor. Demonstramos ainda quais eram os posicionamentos dos setores que defendiam a maior intervenção do governo em detrimento da iniciativa privada e o teor de suas críticas à equipe governamental kubitschekiana em relação às suas ações para o setor elétrico.

Juscelino governou sob a influência do pensamento desenvolvimentista e, segundo seus ideólogos á época – dentre o quais podemos apontar os que integravam a CEPAL e o ISEB[1] –, o retardamento e a penúria do país deviam-se principalmente à supremacia do campo agroexportador na economia brasileira e não à estrutural dependência

---

1   Sobre o ISEB ver: TOLEDO, Caio Navarro de. ISEB: *Fábrica de ideologias*. São Paulo: Ática, 1982.

econômica e política que atingia toda a economia. Destarte, os ideólogos do desenvolvimentismo inferiam que, ao país, bastava se industrializar para solucionar todas as suas grandes dificuldades.

Neste mesmo diapasão encontramos a obra de Ricardo Bielschowsky, para quem o período Kubitschek representou o "auge do desenvolvimentismo no pensamento econômico nacional"[2] através do qual a economia brasileira apresentou mutações muito significativas, entre as quais o rompimento quase total com a "orientação da política econômica anterior, e isto em dois níveis: na redefinição do novo setor industrial a ser privilegiado pelo Estado e no estabelecimento das novas estratégias para o financiamento da industrialização brasileira."[3]

Não compartilhamos da visão cepalina, reeditada nos dias de hoje por autores como Bielschowsky, por alguns motivos. Em primeiro lugar, entendemos que ao contrário do que afirma o economista da Cepal, as bases para o crescimento econômico alcançado ao longo dos anos JK foram estabelecidas nos anos Getúlio Vargas. Em um depoimento ao CPDOC, Tancredo Neves, Ministro da Justiça do segundo Governo Getúlio Vargas, ressalta que os *alicerces* do nosso desenvolvimento econômico foram lançados no segundo governo Vargas. Entre tais fundamentos ele menciona a CSN, em Volta Redonda, e o BNDE, dentre outros. No setor de energia elétrica, o que ele denomina de *alicerces* foi cumprido pelo PNE e pelo projeto de criação da Eletrobrás. Este, mesmo não tendo sido implementado, como havia sido idealizado pela equipe varguista, criou as possibilidades de realizações do Estado, na prática, através, por exemplo, dos recursos do Fundo

---

2 BIELSCHOWSKY, *op. cit.*, p. 408-9.

3 MENDONÇA, Sonia Regina de. *Estado e Economia: opções de desenvolvimento*. Rio de Janeiro: Graal, 1985, p. 45.

Federal de Eletrificação (FFE), administrado pelo BNDE durante os anos JK. Lembra Tancredo:

> o desenvolvimento econômico não teria sido possível no governo de Juscelino, se Vargas não tivesse preparado os alicerces. /.../ Você verifica, na parte de eletrificação: foi possível o Juscelino dar um grande impulso porque ele encontrou as bases, as preliminares. Siderurgia: por que foi possível um avanço grande? Porque já havia Volta Redonda. Como foi possível um desenvolvimento econômico ordenado? Porque havia uma coisa chamada Banco Nacional de Desenvolvimento Econômico que Getúlio implantou e foi realmente a grande espinha dorsal do processo de desenvolvimento do Juscelino. Está tudo vinculado, muito estreitamente vinculado.[4]

De fato, no segundo governo de Getúlio Vargas foram criados, por exemplo, o Banco Nacional de Desenvolvimento Econômico (BNDE) em 1952; a Petrobras, em 1953, e em 1954 foi enviado ao Congresso Nacional o projeto que propunha a criação da Eletrobrás. Tais iniciativas expressam um empenho pelo planejamento visando a promover o desenvolvimento econômico sob orientação estatal.

A maior parte do esforço de planificação referido acima foi resultado de estudos realizados pela Assessoria Econômica do presidente Vargas, chefiada por técnicos de formação *nacionalista* como Rômulo de Almeida e Jesus Soares Pereira.

Assim sendo, é possível afirmar que Juscelino Kubitschek encontrou, ao chegar à Presidência da República, um aparelho de Estado caracterizado desde a década de 1930 por um conjunto de técnicos que podiam dar ao país capacidade de planejamento. De fato, as bases do desenvolvimento pautado na industrialização foram lançadas

---

4 Depoimento ao Programa de História Oral (PHO) – CPDOC/FGV-BH. In: Valentina da Rocha Lima, *op. cit.*, p. 251-2.

no segundo governo Getúlio Vargas e delas o presidente Juscelino Kubitschek pode se valer, facilitando, assim, a implementação do seu Plano de Metas, que garantiu grande notoriedade ao seu governo. Juscelino pode, além disso, apoiar-se muito mais naquela equipe de técnicos e em equipes de assessoria do que no próprio Congresso para o desenvolvimento de sua política.[5]

Em segundo lugar, entendemos que a tese cepalina, defendida ao longo de décadas, continha um equívoco essencial, ou seja, desconsiderar a dependência estrutural que marcava a economia brasileira. Nesse sentido, nos aproximamos das teses de Ruy Mauro Marini,[6] para o quem a dependência é entendida como uma relação de sujeição própria da forma como o capital e os interesses de seus proprietários se internacionalizam de maneira cada vez mais associada e intensificada.

A dependência é o engenho central de submissão do território, do espaço, dos sujeitos, das nações subdesenvolvidas como forma de perpetuação do poder de reprodução do capitalismo. O subdesenvolvimento e o desenvolvimento são entendidos, por Marini, como processos indissociáveis e indispensáveis para a evolução internacional do capitalismo. Assim, a dependência ratifica a conexão de um processo que *não* está posto para ser resolvido em termos de igualdade, exatamente porque se alimenta de relações díspares.

O desenvolvimento desigual é resultado de uma relação também desigual entre os apropriadores privados mundiais do capital, que agem de forma combinada para garantir a permanência do seu modo de acumulação, sustentada na exploração dos trabalhadores do mundo. Deste

---

5   Sobre esta particularidade do governo de IANNI, Octavio. *Estado e planejamento econômico no Brasil – 1930-1970*. Rio de Janeiro: Civilização Brasileira, 1971, cap 5.

6   Para um aprofundamento do tema ver: MARINI, Ruy Mauro. *Dialética da dependência*. Petrópolis/Buenos Aires: Vozes/Clacso, 2002, p. 105-65.

modo, resolver o problema da dependência está diretamente conexo à resolução dos problemas do capitalismo. Por outras palavras, a dependência só pode ser superada, afirmando-se um modelo com alicerce diverso do capitalista, modelo crítico aos mecanismos de expropriação, exploração e apropriação privada do capital em escala planetária. Portanto, não bastaria, como não bastou para a sociedade brasileira se industrializar; a industrialização não seria, como não foi suficiente para solucionar os problemas de miséria e desigualdades do país.

No entanto, apesar de não ter rompido totalmente com a orientação anterior, ou seja, as bases varguistas, ao contrário, ter se beneficiado dos alicerces estabelecidos por estas, o governo Juscelino Kubitschek, como demonstrou Francisco de Oliveira, abre caminho para um novo padrão de acumulação centrado "agora, numa expansão sem precedentes do chamado Departamento III da economia [Bens de consumo duráveis]".[7] O padrão de acumulação apresentava um problema capital a ser atacado pelo Plano de Metas, que se propunha agilizar, em cinco anos, o atraso de cinquenta do país: uma grave desproporcionalidade entre o Departamento I (Bens de Produção) e o de Bens de consumo duráveis (Departamento III). O primeiro constituído ainda de forma parcial e o segundo cujas proporções superavam a envergadura de produção do primeiro. A solução encontrada para a desproporcionalidade entre os Departamentos I e o III foi a busca de capital estrangeiro, por meio de investimentos diretos, viabilizados pelo arcabouço jurídico, consubstanciado na Instrução 113 da Superintendência da Moeda e do Crédito (SUMOC).

Destarte, como já foi dito, a "impetuosidade com que se instalou o setor de bens de consumo duráveis incentivou, igualmente, a

---

7   OLIVEIRA, Francisco de. *A economia da dependência imperfeita*. Rio de Janeiro: Graal, 1980, p. 84.

ampliação dos investimentos estatais em infraestrutura".[8] Sendo assim, o Estado assumiu esse papel, investindo maciçamente no setor público – transportes, a construção de Brasília, etc. – e na indústria de base – novas siderúrgicas como a Usiminas e a Cosipa; ampliação da capacidade produtiva da Petrobras e a ampliação da capacidade instalada no setor elétrico.

E no setor de energia elétrica? Como o governo Juscelino Kubitschek buscou resolver as carências no campo infraestrutural? Conforme a historiografia,[9] no plano interno, recorreu-se ao financiamento inflacionário para suprir as necessidades de infraestrutura, como ocorreu, por exemplo, no setor de energia.

Do ponto de vista da relação entre estatização e privatização, advogamos, a partir das fontes analisadas, que em relação ao setor elétrico o governo Juscellino Kubitschek foi marcado por uma dubiedade. De um lado tomou iniciativas nas quais o Estado ocupou o centro da cena, para colocar em ação a meta mais importante – no âmbito infraestrutural – de seu audacioso plano: atingir a "meta energia",[10] conforme previsto no projeto de criação da Eletrobrás formulado por Getúlio. De outro lado, alguns membros do próprio governo trabalharam para barrar o andamento do Plano Nacional de Eletrificação e da Eletrobrás herdado do período Vargas – vários destes, integrantes do primeiro escalão do governo.

Iniciaremos a análise dos embates travados entre aqueles que se colocavam como *nacionalistas* e os *privatistas* no governo Kubitschek pelas já aventadas manifestações de *desamor* ao Plano Nacional de

---

8 MENDONÇA, *op. cit.*, p. 50.

9 Ver: ALMEIDA, *op. cit.*; BENEVIDES, Maria V. de M. *O governo Kubitschek – desenvolvimento econômico e estabilidade política*. Rio de Janeiro: Paz e Terra, 1979; GOMES, Angela C.(org.) *O Brasil de JK*. Rio de Janeiro: FGV-CPDOC, 1991; MARANHÃO, *op. cit.*; MARINI, *op. cit.*; SOUZA, *op. cit.*

10 Neste sentido ver CARONE, *op. cit.*, p. 83.

Eletrificação (PNE) e à criação da Eletrobrás ocorridas neste contraditório período do desenvolvimentismo de Juscellino Kubitschek na década de 1950. Tais manifestações ocorreram tanto na imprensa – especializada ou não – quanto em reuniões de entidades de classe como o Instituto de Engenharia de São Paulo e o Clube de Engenharia do Rio de Janeiro, assim como no Legislativo e no Executivo.

Todas estas manifestaçoes davam continuidade ao embate que, desde o período getulista, ocorria na cúpula do Estado, revelando as divergências entre os defensores de uma política energética promovida a partir do Estado e os opositores a esta ideia, que pendiam para uma maior intervenção da iniciativa privada no necessário processo de expansão do setor.

A ação do Estado no setor de energia elétrica tivera, no segundo governo Vargas, sua expressão maior na elaboração de quatro projetos, submetidos à apreciação do Congresso Nacional na seguinte ordem: em maio de 1953, o que criava o Imposto Único sobre Energia Elétrica (IUEE), já previsto na Constituição de 1946,[11] bem como o projeto que criava o Fundo Federal de Eletrificação (FFE), cujo objetivo seria o de gerenciar os recursos do Imposto Único. Ambos foram aprovados alguns dias após o suicídio do presidente Vargas.

O projeto que regulamentava a distribuição das frações do IUEE que caberiam aos estados, Distrito Federal e municípios, bem como sua aplicação, foi apresentado pelo Executivo ao Congresso Nacional em agosto de 1953. Tal projeto foi o centro de acirradas disputas entre os segmentos da burguesia que integravam as câmaras do Legislativo e de entidades de classe, tendo sido aprovado apenas no governo Juscelino Kubitschek.

---

11 O IUEE era uma das fontes de recursos do FFE. Era cobrado sobre as contas de fornecimento pagas pelos consumidores. Constituía-se num dos principais elementos de capitalização das empresas públicas do setor. De acordo com o FFE, as empresas públicas estaduais deveriam investir no setor elétrico de seu Estado a parcela recebida por tal fundo.

Em abril de 1954, foi também apresentado ao Congresso o projeto de maior complexidade, qual seja: o que estabelecia o Plano Nacional de Eletrificação (PNE). Os objetivos centrais deste plano incluíam, dentre outros, definir quais seriam os sistemas interligados, bem como as formas de mobilização e aplicação dos recursos financeiros, dentre outros. Juntamente com este projeto foi encaminhada a proposta de criação da Eletrobrás que praticamente não será analisada pelo Congresso durante este governo de Vargas, sendo aprovada somente em 1961, sob a administração Jânio Quadros. Daí a frase testamento de Getúlio Vargas referindo-se aos obstáculos criados ao projeto de organização e expansão da energia elétrica no país, de que isto foi obstaculizado até 1961.[12]

Na opinião de Ricardo Maranhão, o longo intervalo entre o envio do projeto da Eletrobrás ao Congresso Nacional (em abril de 1954) e o início das atividades da empresa (em 1962) estava relacionado ao "clima de radicalização política e ideológica entre os partidários e os adversários do nacionalismo",[13] com o que discordamos, já que não encontramos na documentação evidências de radicalizações, mas sim divergências de interesses no interior de segmentos da burguesia que tinham condições de interferir na cúpula do Estado.

Desse modo, no embate, os defensores da maior intervenção do Estado (em geral, profissionais liberais, técnicos do próprio governo, parlamentares, dentre outros) argumentam sobre a necessidade do Estado tomar a iniciativa de expandir o setor, sob pena de obstaculizar o desenvolvimento econômico do país e particularmente o industrial e urbano, embora não se colocassem radicalmente contra a iniciativa privada. Demonstram, quando muito, uma indignação em relação a

---

12 Para uma análise dos embates ocorridos sobre a política formulada por Vargas em seu segundo governo para o setor elétrico ver: SILVA, 2003, cap 3 e 4.

13 MARANHÃO, *op. cit.*, p. 20.

este setor, muito mais provocado pelo desinteresse do empresariado internacional – *Light and Power*/Amforp – aqui radicado em assumir o ônus desta expansão. Vejamos como tais embates se colocam.

Os debates da Semana de Energia Elétrica de 1956

Entre 9 e 13 de abril de 1956 ocorreu em São Paulo, mais especificamente no Instituto de Engenharia de São Paulo, a *Semana de Debates sobre Energia Elétrica*. Esta acabou se configurando numa resposta à *Semana de Debates sobre Energia Elétrica* realizada em 1952 e promovida pelos estudantes da Faculdade de Direito do Largo São Francisco e pela União Estadual dos Estudantes (UEE). A Semana de Debates de 1952 fora marcada pela grande variedade de ideias acerca da crise do setor elétrico, pois aí se posicionaram engenheiros, técnicos, assessores, empresários vinculados ou não ao capital internacional e às concessionárias. Isto é, *nacionalistas*, *privatistas*, pragmáticos e os representantes da *Light* tiveram espaço para apresentar suas teses.

Entretanto, diferentemente do que ocorra em 1952, a análise do conteúdo dos *Anais* da *Semana* de 1956 denota a hegemonia dos defensores das teses privatistas para solucionar os problemas do setor elétrico. Nesta ocasião, os *privatistas* puderam, portanto, manifestar com mais clareza seu *desamor* à proposta governamental de criação da Eletrobrás que advinha do período Getulista. Ou seja, tal evento foi organizado para ser um verdadeiro manifesto contra a propota da criação da Eletrobrás e os ouvintes evidentemente aplaudiam efusivamente as propostas privatistas.

As manifestações favoráveis às teses privatistas abundaram naquele encontro promovido pelos engenheiros paulistas. Como lembrou

Jesus Soares Pereira,[14] em seu depoimento ao jornalista Medeiros Lima em 1975, os participantes da Semana de 1956 foram escolhidos *a dedo* para manifestar tais teses. Lembra Pereira:

> Tomaram parte nesse encontro cerca de sessenta técnicos de todo o país, muito bem selecionados, tanto assim que não houve entre eles muita opinião divergente. A Comissão de Energia Elétrica do Rio Grande do Sul, setor sabiamente contrário à linha privatista, não foi convidado a se fazer representar.[15]

Como lembra ainda o ex-membro da assessoria varguista de fato ficava muito clara a posição *privatista* nas palestras realizadas pelo Instituto de Engenharia:

> A partir de certo momento, no entanto, ficou claro, claríssimo, que a Semana se destinava a condenar pura e simplesmente a interferência do Estado no setor de energia elétrica. O Estado no caso devia se limitar ao papel de fiador, e nada mais.[16]

Nesses encontros defendia-se majoritariamente que a ação do Estado no setor elétrico deveria ser indireta ou apenas deveria funcionar como regulador. Ou seja, o Estado deveria apenas observar à distância as atividades das concessionárias estrangeiras de energia elétrica, socorrendo-as com a utilização dos recursos do Fundo Federal de Eletrificação, composto pelos recursos arrecadados pelo Imposto Único de Energia Elétrica.

---

14 Chefe da comissão que elaborou os projetos de estatização do setor elétrico no segundo governo Vargas. Membro da Assessoria Econômica do Gabinete Civil da Presidência da República, tendo sido seu chefe entre 1953 e 1954.

15 LIMA, *op. cit.*, p. 129

16 *Idem.*

Na *Semana de Debates sobre Energia Elétrica* ocorrida em abril de 1956, o discurso de abertura do presidente do Instituto de Engenharia, o engenheiro Plínio de Queiroz, além de atribuir à intervenção do Estado no setor elétrico a responsabilidade pela diminuição da produção de energia e pela inflação que se manifestava na economia, imputavam também à esta intervenção uma tendência antidemocrática e comunista, ou seja às "ideias exóticas" ou "regimes que aviltam a dignidade humana".

> Isso tudo vem concorrendo para o decréscimo da nossa produção, nos arrastando para esse terrível desfiladeiro que é a inflação, causadora principal do aumento do custo de vida, ameaçando até a estabilidade de nossas instituições democráticas e estimulando a disseminação das ideias exóticas e dos regimes que abalam e aviltam a dignidade humana.[17]

Durante a Semana, o discurso contra a Eletrobrás foi também manifestado a partir da área governamental. Essa manifestação contrária pode ser inferida da fala do representante do Conselho Nacional de Águas e Energia elétrica (CNAEE), General Carlos Berenhauser Jr., na Conferência intitulada *Situação atual da produção*, realizada em 9 de abril de 1956. De seu discurso destacam-se três aspectos: 1. as dificuldades do setor elétrico – diagnosticadas como resultantes de problemas gerados pela Segunda Guerra Mundial; 2. a intenção do governo de manter a participação das concessionárias privadas no setor elétrico – limitando a participação do Estado a um papel complementar e 3. as providências que deveriam ser tomadas em relação às concessionárias de energia elétrica para que estas pudessem retomar os investimentos visando abastecer adequadamente as áreas sob sua concessão.

---

17 *Revista Engenharia*, vol. XIV n° 163, p. 455, 1956.

O General Berenhauser Jr. inicia sua exposição afirmando que o governo não tinha intenção de excluir a iniciativa privada da participação que exercia até então no setor elétrico e sim que pretendia

> Complementar a ação da iniciativa e do capital privados, quando estes estão impossibilitados ou desinteressados de desenvolver suas instalações para atender adequadamente as necessidades das regiões servidas. [...] É forçoso reconhecer que o Poder Público tem sido compelido a entrar cada vez mais no campo da indústria da eletricidade, sobretudo em áreas do território nacional onde a iniciativa privada tem se mostrado omissa, deficiente ou desinteressada.[18]

Provavelmente o general Berenhauser Jr. referia-se às iniciativas já em curso, como a Cia. Hidrelétrica do Vale do São Francisco (CHESF), da qual participara como dirigente e na qual o Estado assumira as áreas desinteressantes para as concessionárias privadas.

Afirma ainda que o problema do *déficit* de energia elétrica, verificado naquele momento, explicava-se pela interrupção de acréscimos de potência instalada durante a Segunda Guerra, tendo em vista a dificuldade que as concessionárias de energia elétrica tiveram de enfrentar para importar equipamentos. Reafirma essa tese mais adiante ao explicar que a potencialização do setor elétrico foi prejudicada

> Em virtude de dificuldades de ordens várias deparadas pelo Grupo *Brazilian Traction*, especialmente quando impossibilitado de obter equipamentos durante a Guerra e no período que se seguiu imediatamente à sua terminação.[19]

---

18 INSTITUTO DE ENGENHARIA, *op. cit.*, p. 18.
19 INSTITUTO DE ENGENHARIA, *op. cit.*, p. 20.

Tais dificuldades em realizar importações seriam motivadas pela falta de financiamento vindo do exterior.[20]

Há que se destacar que o Gal. Berenhauser Jr. manifestava, na procura de uma solução para as carências do setor elétrico, uma posição conciliadora com relação à iniciativa privada, embora também denunciasse que esta, já que possuía a concessão para a exploração do setor, "ficou como que estacionária dentro de uma esfera de ação, notando-se, mesmo, em alguns casos, certo retraimento ou desinteresse."[21]

A conferência do General Carlos Berenhauser Jr. revelou uma posição ambígua. Sobretudo em dois pontos seu pensamento mostrou-se incerto: primeiro, na medida em que admite a participação do Estado, mais que isso: na medida em que revela sua necessidade; mas, por outro lado, manifesta que o poder público deveria manter a participação do capital privado no setor elétrico. Em segundo lugar a conferência de Berenhauser Jr. deixa claro, também, uma concordância com as *teses privatistas* sobre o caráter maléfico que o Código de Águas (conforme já observamos no capítulo anterior) exerce sobre o setor elétrico, no entanto, apontou a Segunda Guerra Mundial e o decorrente desabastecimento de material e equipamentos como causadores da escassez de energia elétrica.

Entre os diversos representantes do pensamento privatista presentes na Semana, destacou-se também o engenheiro Octavio Marcondes Ferraz. Em sua conferência intitulada *"Caminhos a seguir"* – a quinta da semana –, realizada no dia 13 de abril de 1956 o engenheiro, então responsável pela diretoria técnica da CHESF, condena abertamente a ideia da criação da Eletrobrás:

---

20 *Idem*, p. 35.
21 *Ibidem*, 35.

> Abandonar o Governo a ideia da "Eletrobrás", nascida de uma mentalidade nacionalizante e extremada, absolutamente inconveniente em um país desenvolvido, ou em desenvolvimento, e ainda na fase embrionária de sua expansão geral e sobretudo energética. Intervirá na questão, quando julgar conveniente, através de sociedades de economia mista tipo Companhia Hidroelétrica do São Francisco.[22]

Observamos que há na fala do então diretor técnico da CHESF uma clara condenação da ideia de criação de uma empresa estatal para atuar no setor elétrico. A estatização era uma posição classificada por ele como resultado de uma mentalidade "nacionalizante e extremada". Para Ferraz a inconveniência dessa concepção partia, por exemplo, do caráter "desenvolvido ou em desenvolvimento", ou seja, um país que não dispunha de abundantes recursos financeiros não podia dispensar o capital estrangeiro. E finalmente, a participação do Estado no setor elétrico só devia ocorrer, através de empresas mistas, onde o Estado dividia os investimentos com o capital privado. A referência à CHESF nos parece emblemática, pois significou a participação do Estado num empreendimento onde o capital privado não manifestava interesse em fazer investimentos, demonstrando assim a subordinação do Capital atrófico ao capital internacional.

Os comentários sobre o pronunciamento de Octavio Marcondes Ferraz não apresentam praticamente nenhuma discordância. Todos compartilhavam com ele as críticas à proposta de criação da Eletrobrás, conforme atesta significativamente a fala de Octávio G. Bulhões, um dos representantes do Conselho Nacional de Economia:

> Infelizmente, eu sou o primeiro debatedor a analisar a conferência do Ministro Marcondes Ferraz. A minha dificuldade em debater

---

22 INSTITUTO DE ENGENHARIA, *op. cit.*, p. 252.

esta conferência reside no fato de estar de pleno acordo com o conferencista. Preferia mil vezes que ele fosse um adepto da Eletrobrás; seria para mim muito mais fácil fazer objeções e comentários.[23]

Além de Bulhões, o diretor comercial da *Light and Power*, João da Silva Monteiro Filho expressava o mesmo sentimento de absoluta concordância com o conteúdo da conferência de Octávio Marcondes Ferraz.

> Desejo repetir as mesmas palavras iniciais de nosso amigo e companheiro professor Octávio Gouveia de Bulhões. Estou de pleno acordo com tudo que nosso conferencista, nosso amigo, nosso grande engenheiro Octávio Marcondes Ferraz acaba de dizer em sua magnífica palestra. Também, como disse nosso amigo Bulhões, gostaria que ele fosse a favor da Eletrobrás, pois assim seria fácil meu trabalho agora. Mas a Eletrobrás ainda não nasceu, de maneira que vamos deixá-la em sossego na matriz legislativa.[24]

A fala de Monteiro Filho revela-nos também sua ironia quanto ao lento tramitar do projeto da futura estatal do setor elétrico no Congresso. O que queria dizer Monteiro Filho com "deixá-la em sossego na matriz legislativa"? Teria o dirigente da *Light and Power* alguma informação que lhe garantisse, seguramente, a permanência inconclusa do projeto da Eletrobrás no Congresso Nacional? Da mesma forma, são emblemáticas as palavras do mediador da Conferência, Roberto Campos — na época membro do alto escalão do BNDE, ao passar a palavra para um dos comentaristas:

> Esperava termos um ensaio de dialética, e estamos tendo um monólogo cartesiano. Espero que o Dr. Cotrim injete a pimenta da

---

23 *Idem*, p. 254.
24 INSTITUTO DE ENGENHARIA, *op. cit.*, p. 258.

controvérsia no debate e queria perguntar-lhe, por exemplo, se S. Sa. participa do desamor à "Eletrobrás", manifestado pelo conferencista e pelos dois outros debatedores, e do qual confesso também participar.[25]

Como podemos observar o "mediador dos debates" também não esconde seu *desamor* em relação à proposta de criação da Eletrobrás. O palestrante incitado por Campos responde apenas que não era "tão pessimista quanto à capacidade dos Homens brasileiros, ou melhor, do Governo brasileiro como administrador das coisas".

Se atentarmos para o fato de que todos esses homens – exceção feita a Monteiro Filho que era diretor da *Light and Power* – ocupavam cargos destacados no governo, tanto no setor elétrico, quanto em órgãos relacionados a ele, podemos inferir quão poucas foram as dificuldades para fazer o projeto ficar em "sossego na matriz legislativa".

Resumidamente, a partir da análise dos *Anais da Semana de Debates sobre Energia Elétrica* realizada até aqui, verificamos, entre os participantes do debate, a superioridade numérica daqueles que defendiam as teses privatistas como meio de solucionar os problemas do setor elétrico, manifestando esses, por assim dizer, um verdadeiro *desamor* em relação à proposta de criação da Eletrobrás.

O desamor pela Eletrobrás na cúpula diretiva Kubitschekiana

Embora a questão da energia elétrica estivesse no Plano de Metas do governo e as evidências da dificuldade de atender às necessidades de abastecimento de diversas regiões do país, expressas tanto pelos movimentos sociais por energia elétrica, quanto pelas demandas advindas do empresariado industrial, pusessem na ordem do dia a questão da energia elétrica, a cúpula diretiva kubitschekiana não se empenhou em viabilizar a constituição da Eletrobrás. Desta forma, nos cabe

---

25 *Idem*, p. 261.

perguntar: como o governo pensava resolver o problema de abastecimento de energia elétrica? Que soluções apresentavam os membros que compunham o núcleo central de decisões deste governo? Inicieremos nossa investigação pelo pensamento de Roberto Campos. O economista era um dos mais destacados membros do governo Kubitschek. Desde o início do governo, esteve no centro das decisões relativas à economia nacional. Integrou a equipe de técnicos que estabeleceu um programa que deveria guiar a política econômica kubitschekiana. Na elaboração deste programa, como ele mesmo lembra, trabalhou com Lucas Lopes:

> Ele [Lucas Lopes] me pediu sugestões e dei mais de uma carta a ele. Fizemos juntos o documento *Diretrizes do Plano de Desenvolvimento*, que foi o início do Plano de Metas.[26]

Foi ainda diretor do Banco Nacional de Desenvolvimento Econômico (BNDE) e em 1958 tornou-se presidente do Banco de Fomento Estatal. Antes mesmo de sua participação no governo Kubitschek, em carta escrita a Lucas Lopes (também presidente do BNDE a partir de 1956 e posteriormente ministro da fazenda) Roberto Campos declarava:

> No setor de energia já a posição do Estado deve ser mais modesta, por estar ainda viva, ou ser facilmente ressuscitável, a iniciativa privada. O Estado deveria, assim, investir pioneiramente, buscar capitais privados através do sistema de sociedades de economia mista e, finalmente, aumentar a lucratividade da indústria para atrair capitais privados.[27]

---

26 Depoimento ao CPDOC. http://www.cpdoc.fgv.br/comum/htm/ Acessado: 20/06/2007.

27 CAMPOS, *op. cit.* p. 320.

Desde 1955, já como diretor-superintendente do BNDE, advogava *modesta* participação do Estado no setor elétrico. O papel do Estado neste campo deveria ser prioritariamente o de apoiar a iniciativa privada, fazendo com que ela ampliasse seus lucros. Ou seja, para Campos não havia necessidade de intervenção do Estado naquele setor da infraestrutura do país, pois as concessionárias estrangeiras de energia elétrica, dotadas de lucros maiores poderiam dar conta das necessidades crescentes de energia elétrica.

No entanto, a realidade desmentia Campos, pois, embora o setor elétrico já estivesse nas mãos da iniciativa privada, os principais centros urbanos do país viviam sob a ameaça, ou mesmo sob a realidade, dos racionamentos de energia elétrica.

Em suas memórias, entretanto, ele segue destacando a importância da energia no Plano de Metas e novamente manifesta seu *desamor* ante a ação do Estado no setor elétrico:

> A meta de energia elétrica se desdobrou basicamente em torno de alguns grandes projetos, para os quais se destinavam recursos do Fundo Federal de Eletrificação, criado por legislação sancionada nos primeiros dias do governo Café Filho. Na formulação dessa legislação do setor de energia elétrica prevaleceu a inspiração algo estatizante da Assessoria Econômica de Vargas, chefiada por Rômulo de Almeida. Compunha-se ela essencialmente de quatro peças: a regulamentação do imposto único sobre energia elétrica, previsto na Constituição de 1946; a criação do Fundo Federal de Eletrificação e a criação da Eletrobrás.[28]

As palavras de Campos demonstram, em primeiro lugar, que foram privilegiadas no setor elétrico, durante os anos JK, as grandes obras, como a construção de Furnas. Mas as palavras do ex-ministro

---

28 CAMPOS, *op. cit.*, p. 331.

voltam a demonstrar sobretudo sua inquietação com os princípios que orientavam a legislação do setor elétrico, ou seja, a *inspiração estatizante*:

> Como já relatei ao discutir a história da criação do BNDE, nem Glycon de Paiva nem eu simpatizávamos com o Plano Nacional de Eletrificação, que era mera listagem de obras, sem adequado embasamento em projetos ou avaliação de prioridades. Não víamos também urgência na instalação da Eletrobrás, que representaria uma nova estrutura burocrática centralizante. No folclore jornalístico da época, atribuía-se o adiamento da criação da Eletrobrás a pressões das concessionárias (AMFORP e *Light*), coisa absolutamente inverídica. Conquanto essas empresas não vissem com simpatia a concentração de recursos na *holding*, sua impopularidade e carência de apoio político agiam como inibidores das pressões que desejassem fazer. Somente o vezo conspiratório da época poderia levar Getúlio Vargas, em sua dramática carta-testamento, à gongórica assertiva de que "a Eletrobrás fora obstaculizada até o desespero".[29]

O pensamento de Campos é categórico: como diretor do BNDE e depois seu presidente, não *simpatizava* com o PNE, não via urgência e nem mesmo a necessidade da criação da Eletrobrás. Observamos, ainda, que Campos procura desqualificar o PNE, além de desdenhar da necessidade de criação da Eletrobrás. E procura ainda desqualificar as opiniões daqueles que entendiam que a Eletrobrás era ameaçada pelas ações subterrâneas das empresas estrangeiras.

Neste sentido, observamos Roberto Campos traçar um painel acerca das posições que se colocavam como alternativas para solucionar os problemas da geração de energia. Para ele havia três posições:

---

29 *Ibidem*, p. 331.

privatistas, estadualistas e *federalistas*. Sua posição era muito clara: *privatista*.

> Deve-se dizer, a bem da verdade, que as posições eram bem matizadas. Pode-se mesmo falar em três escolas de pensamento: a dos *privatistas*, a dos *estadualistas* e a dos *federalistas*. Para os privatistas, como Glycon de Paiva e eu próprio, era desnecessária a estatização dos serviços, pois isso implicaria renunciar à colaboração de investidores estrangeiros, num setor intensivo de capital. O problema a nosso ver, era basicamente de demagogia tarifária. A defasagem entre as tarifas e inflação de custos havia desencorajado investimentos privados no setor, mas a solução real repousaria numa reformulação realista do sistema tarifário. Os estadualistas – concentrados notadamente na CEMIG e na USELPA – favoreciam a intervenção estatal, mas desejavam que ela se fizesse através das empresas *"estaduais"* de energia elétrica. Receavam que a criação da Eletrobrás redundasse em centralismo burocrático e irrealismo tarifário, além de levar a um esfarinhamento de recursos de dezenas de projetos, sem embasamento técnico, mas incluídos, por influências políticas, no Plano Nacional de Eletrificação. Ambos os grupos se aliavam na oposição ao "federalismo centralizador" da montagem engenhada pela assessoria de Vargas no Catete.[30]

As palavras de Roberto Campos nos remetem a um embate que se configurou desde o segundo governo Vargas e que se manifestava intensamente no governo JK. Sobre ele precisamos discorrer antes de concluir nossa análise a respeito das posições de Roberto Campos sobre o setor elétrico.

Para além do embate entre estatização ou manutenção da privatização do setor elétrico, observa-se que, na hipótese da consagração

---

30 CAMPOS, *op. cit.*, p. 332.

da intervenção estatal, uns entendiam que a melhor forma para que tal atuação ocorresse seria através da estadualização (grupo da CMBEU/BNDE), tendo como oponentes os que consideravam que a ação mais adequada se daria através da federalização (grupo da Assessoria Econômica).

Tais posições traziam, subjacentes, as concepções acerca do modelo de intervenção estatal na ampliação da capacidade energética ao Brasil e se colocavam no bojo da discussão sobre o teor do Estado: centralizado ou descentralizado. Por outras palavras, o grupo da Cemig, ligado à CMBEU/BNDE, pretendia uma intervenção estatal mais descentralizadora, enquanto o ligado à Assessoria Econômica, por sua vez, pretendia que a intervenção ocorresse de forma mais centralizadora.

No seu livro de memórias, intitulado A *lanterna na popa*, o economista Roberto Campos, ao se recordar das inúmeras polêmicas que presenciou enquanto técnico do governo, relata que tecnocratas como Lucas Lopes, que chefiavam o *grupo Cemig* "não era propriamente desfavorável à participação estatal. /.../ Os *cemiguianos* prefeririam a *estadualização* à *federalização* da energia."[31]

Entendemos que o cerne da questão não estava localizado de forma tão simples na dualidade estadualização/federalização (embora isso se constituísse numa nuance a ser considerada acerca do tema em pauta), como quis fazer crer Roberto Campos em suas memórias, já que havia ali uma questão ideológica subjacente.

Em outros termos, o que estava em questão era a concepção de Estado: se mais interventor ou menos. Ou, mais especificamente, a relação do Estado com a ampliação do parque de eletrificação no Brasil, no início dos anos 1950. Ou, ainda, a medida em que se daria a intervenção estatal no setor, mais ou menos centralizadora,

---

31 CAMPOS, *op. cit.*, p. 204.

consequentemente, prejudicando mais ou menos as concessionárias estrangeiras de energia elétrica.

Por outro lado, o grupo da Assessoria Econômica preferia um modelo de intervenção mais centralizador. Destarte, defendia a criação de uma *holding* (a Eletrobrás), ou seja, a cabeça de um oligopólio que interferiria na base do setor, tanto nas concessionárias estrangeiras como nas centrais elétricas estaduais, por exemplo, a Cemig.

Dentre outras áreas do governo Vargas, a Assessoria Econômica contou com o apoio do mais importante órgão regulador do setor na época – CNAEE – no encaminhamento da proposta centralizadora de estatização. No seu depoimento ao jornalista Medeiros Lima, Jesus Soares Pereira lembra que no "Conselho de Águas e Energia Elétrica não houve restrições, mas aplausos ao trabalho".[32]

A concepção sobre a intervenção do Estado no setor de energia elétrica estava pautada pela criação de empresas de economia mista, tanto federais (como a Eletrobrás) quanto estaduais, dentre as quais a Cemig. Numa empresa de economia mista, parcela dos meios de produção pertence ao Estado, e outra, a empresários privados. No início da década de 1950, os concessionários dos serviços de eletricidade estabelecidos no Brasil argumentavam não dispor do capital suficiente para realizar os investimentos obrigatórios para atender às necessidades de expansão do setor.

É sabido que, na realidade, as concessionárias estrangeiras de energia elétrica não se interessavam mais em realizar investimentos no setor devido às suas discordâncias em relação à legislação vigente. Ademais, tais empresas atendiam a áreas monopolizadas, sendo-lhes mais lucrativo cobrar mais caro por aqueles serviços que expandi-los.

Ao constituir empresas de capital misto no setor de energia elétrica, o Estado brasileiro, embora controlador das organizações que

---

32 LIMA, *op. cit.*, p. 118.

estavam surgindo, possibilitava uma oportunidade de negócios para este empresariado privado na qualidade de sócio. Constituídas, as empresas mistas do setor elétrico viriam a gerar lucros a serem distribuídos entre os associados, saneando-se, dessa forma, a debilidade do investimento privado acima apontada.

Assim sendo, observa-se a especificidade da constituição das tais "empresas de capital misto" em uma formação social conservadora, isto é, em vez de o empresariado auxiliar o Estado no atendimento à demanda social, é este que supre a inoperância da iniciativa privada.[33]

Destarte, compreende-se a pressa do Congresso Nacional em aprovar o IUEE, cujos recursos formariam o capital que financiaria a

---

33 O projeto que propunha a criação da Eletrobrás também sofreu críticas de personagens claramente identificados com uma ideologia nacionalista e estatizante. Podemos destacar dois exemplos notórios: o do engenheiro Catullo Branco e o do historiador Nelson Werneck Sodré. Para Catullo Branco, o modelo de empresa mista em que se constituiria a Eletrobrás não atendia, necessariamente, aos interesses do país. Vejamos: "Em 1954, em ambiente de racionamento e com ameaça de colapso de todo o sistema, apresenta o governo federal duas leis de relevante importância: a primeira, criando o Fundo Federal de Eletrificação, e a segunda criando a Eletrobrás. Ficava assim o governo habilitado a, através de sociedades mistas como a Light e a Bond and Share, suprir o capital necessário à execução de grandes obras projetadas por estas empresas internacionais, no sentido de seus interesses particulares, que nem sempre coincidem com os interesses de nosso País." BRANCO, *op. cit.*, p. 77. Para Nelson Werneck Sodré, a despeito das afirmações dos técnicos do segundo governo Vargas (de que as soluções na área de infra-estrutura – incluindo, obviamente, energia elétrica – eram nacionalistas), o que de fato ocorria era que o presidente cedia às ações do imperialismo no Brasil, naquele caso representadas pelas grandes concessionárias estrangeiras de energia elétrica: "O Código de Minas e o Código de Águas vinham sendo burlados, sem nenhuma resistência das autoridades. O projeto da Eletrobrás, cuja elaboração se iniciou então, punha ênfase na conciliação com as empresas privadas". Ver SODRÉ, *op. cit.*, p. 321. Resumidamente, o que ambos estavam criticando veementemente era a natureza de sociedade mista que propunha o projeto que criava a Eletrobrás. No seu entendimento, o Estado ficaria com os pesados custos de instalações de capacidade (geradora e transmissora) de energia elétrica, enquanto as concessionárias estrangeiras ficariam com os lucros na área de distribuição.

constituição das empresas de economia mista. Como lembra Jesus Soares Pereira: "Na realidade, o poder público passava a taxar o consumidor de energia elétrica de forma que arcasse com uma parcela do investimento para a expansão dos sistemas geradores e de transmissão".[34]

Resumidamente: em primeiro lugar, os dois grupos de técnicos que rivalizavam na formulação de projetos para o setor elétrico – quais sejam, o grupo CMBEU/BNDE e o da Assessoria Econômica – partiam de postulados político-econômicos e filosofias diferentes, expressando a correlação de forças sociais que atuavam junto ao governo.

Em segundo lugar, o sistema de distribuição de energia elétrica, já sob o monopólio das concessionárias estrangeiras – que, com a implantação das empresas de economia mista, praticamente ficavam dispensadas da realização de grandes investimentos –, continuaria controlado exclusivamente pelo empresariado privado, proporcionando-lhe alta lucratividade, dado que permaneceria com a distribuição dos serviços de energia elétrica.

Todavia, o sistema de geração e transmissão, em que a lucratividade era menor e o período de maturação para a realização dos lucros, maior, seria alavancado pelo Estado brasileiro na sua fase de expansão, através da constituição das empresas de economia mista. Estas, uma vez constituídas, distribuiriam seus lucros também aos sócios minoritários, ou seja, o empresariado privado nacional ou estrangeiro que durante anos alegava não poder criá-las.[35] Tal modelo configura o que Nivalde de Castro denominou "pacto de clivagem", referindo-se à existência de um acordo tácito entre a iniciativa privada e o Estado. Este autor, que avaliou pormenorizadamente o projeto da Eletrobrás, considera que a novidade constituía-se na separação de atividades que satisfazia a ambos, ou seja, proporcionava uma sobrevida às conces-

---

34 Cf. LIMA, *op. cit.*, p. 118.

35 Cf. CASTRO, *op. cit.*

sionárias estrangeiras de energia elétrica e ajusta-se ao padrão estatal, uma vez que permitia o acesso do governo na atividade de geração de energia elétrica, concomitantemente. À medida que fosse contraindo capacidade técnica, gerencial e financeira, o Estado, poderia, no futuro, ampliar sua ação na distribuição, até ter completo comando de toda cadeia produtiva.

A despeito do embate entre *estadualistas* e *federalistas*[36] quanto à forma de intervenção do Estado no setor elétrico, o discurso de Campos deixa bem claro seu posicionamento acerca dos destinos que o setor elétrico deveria trilhar no Brasil: a clara condenação da participação do Estado no setor elétrico ("era desnecessária a estatização dos serviços"), acompanhada da defesa da continuidade do setor sob o controle das concessionárias estrangeiras de energia elétrica ("renunciar à colaboração de investidores estrangeiros, num setor intensivo de capital"). Para ele o que bastava para solucionar os graves problemas enfrentados pelo setor elétrico era realismo tarifário, ou seja, liberdade de majoração das tarifas por parte das empresas o que lhes possibilitaria aumentar seus lucros para, consequentemente, investirem na expansão do setor. Por outras palavras, os problemas do setor elétrico deveriam ser solucionados pela lógica do mercado.

O ideário de Roberto Campos foi analisado pelo pesquisador Wanderson Fabio de Melo. Sua pesquisa demonstra que para Campos o nacionalismo tinha "a missão histórica de unificar o território para o comércio, 'integrando' regiões, administração e formando uma soberania política, possibilitando o desenvolvimento econômico para o

---

36 A relação entre a regulação do setor e a distribuição das competências regulatórias se manterá como um problema não resolvido até a constituição de 1988 que definirá o federalismo cooperativo. Tal preceito busca romper com a "tradição secular de centralização do processo decisório no Brasil". ALVEAL, Carmem. *A descentralização regulatória das indústrias de energia no Brasil: reformas estruturais do Estado e dilema federativo.* UFRJ: IE 1999

país."[37] Sendo assim, na opinião de Campos, o nacionalismo manifestado no Brasil nos anos 1950 e 1960 era irracionalista, posto que era uma proposta fora do contexto. Por outras palavras, para Campos, o pensamento nacionalista naquele momento estava fora do seu contexto histórico, pois a soberania havia sido alcançada há mais de 140 anos e nunca mais havia sido seriamente questionada.[38]

Em suma, como demonstra, o estudioso do pensamento de Roberto Campos, o "sentimentalismo nacionalista" podia afastar a "poupança externa" da sua missão de alavancar o desenvolvimento.[39] No que concerne ao tema desta pesquisa, observamos isso muito claramente na defesa, já mencionada, que Roberto Campos faz da manutenção do setor elétrico sob controle das concessionárias estrangeiras de energia elétrica e da condenação de proposituras nacionalistas como a da criação da Eletrobrás segundo o plano de Getúlio.

Outros destacados integrantes do governo Kubitschek manifestaram-se contra o PNE e o projeto da Eletrobrás. Exemplo destacado disso foi o caso de Lucas Lopes, que ocupou vários postos de comando no primeiro escalão – dentre eles a presidência do BNDE e o Ministério da Fazenda.

No Ciclo de palestras da Eletrobrás, promovido pelo *Centro de Memória da Eletricidade da Eletrobrás*, Lopes falou abertamente sobre seu trabalho de obstrução do projeto que criava a estatal do setor elétrico:

> Eu trabalhei para que o Plano de Eletrificação não tivesse prosseguimento no Congresso. Indiretamente, trabalhei também para que o projeto da Eletrobrás não fosse aprovado. Tínhamos a preocupação de que, se a Eletrobrás fosse aprovada nos termos

---

37 MELO, *op. cit.*, p. 41.

38 *Idem.*

39 *Idem*, p. 44.

do projeto, enfrentaríamos sérias dificuldades. [...] Uma crítica frequente ao projeto era de que ele afunilava todas as decisões em um conselho ao lado da Presidência da República. Ora, isso era uma completa incongruência! Impossibilitava a sequência de um Plano de Eletrificação fluente. Nós achávamos que devíamos evitar que isso acontecesse.[40]

O problema para Lopes era a falta de recursos para a distribuição, que em sua opinião, deveriam vir das empresas concessionárias, pois ao governo cabia a instalação de novas centrais. Assim, emperrar o Plano Nacional de Eletrificação, minimizaria a pressão destas concessionárias para obterem financiamentos e isto teria permitido ao governo concentrar os recursos nas referidas obras.

> Tenho a impressão de que não havia recursos previstos no programa de governo para a distribuição. Esses recursos viriam das empresas existentes, enquanto nós concentraríamos os nossos nas usinas. Nossa grande sorte foi aquele Plano Nacional de Eletrificação ter ficado encalhado na Câmara. Foi isso o que nos deu tempo para concentrarmos uma boa dose de recursos em projetos de grande respeitabilidade.[41]

Observamos no discurso do ex-ministro que o programa de governo kubitschekiano não previa investimentos para a área de distribuição de energia, pois estes deveriam ter origem nas concessionárias estrangeiras. Ao Estado ficava destinado o programa de instalação de grandes usinas, de grandiosos investimentos com, é evidente, recursos públicos.

---

40 DIAS (coord.), *op. cit.*, p. 57.

41 CENTRO DA MEMÓRIA DA ELETRICIDADE NO BRASIL, *Lucas Lopes: memórias do desenvolvimento*, 1991, p. 188.

Além disso, admite o ex-ministro que sua equipe teve "sorte" no fato do PNE não ter sido aprovado pelo Congresso Nacional, pois assim puderam desviar a aplicação dos recursos do BNDE para os projetos que julgavam mais convenientes. Assim o emperramento, no entender de Lopes, era uma estratégia arquitetada para garantir que os investimentos fossem feitos antes que as pressões dos políticos que representavam os interesses das oligarquias regionais do norte e do nordeste se manifestassem, conforme aconteceria quando da votação dos projetos do PNE e da criação da Eletrobrás pelo Congresso.

Em sua pesquisa acerca do governo JK, Lúcio Flavio de Almeida contribui para o entendimento desta questão. Na sua opinião – da qual nos aproximamos – naquele momento recorria-se à montagem de um Estado mais centralizado, sob a justificativa de que isto poderia garantir a isenção e o distanciamento em relação às pressões particularistas que advinham dos partidos políticos.[42] Enfatiza ainda Almeida que o:

> Discurso tecnocrático brasileiro e as práticas com as quais se imbricou relacionavam-se estreitamente com um novo padrão de dominação de classe que buscava sua legitimidade na desqualificação da burocracia tradicional e da representação diretamente política (especialmente parlamentar) e na apologia de um Executivo que, alardeando o objetivo de se estruturar segundo critérios técnicos, a começar pela qualidade de seu pessoal, empenhava-se no máximo para organizar, no interior do próprio aparelho estatal, as relações entre os diversos interesses presentes na sociedade.[43]

Podemos observar o discurso tecnocrático com nitidez na fala do ex-ministro Lucas Lopes, quando alude que ele e seus subordinados

---

42 ALMEIDA, *op. cit.*, p. 27.

43 *Idem*, 27.

tiveram muita sorte pelo fato do "Plano Nacional de Eletrificação ter ficado encalhado na Câmara" e ao se referir aos projetos para o setor elétrico oriundos de sua equipe de trabalho como projetos de "grande respeitabilidade".

O que principalmente incomodava Lopes era o caráter centralizador que tanto o PNE, bem como o projeto da Eletrobrás continham. Era favorável à descentralização, e fazia uma dura crítica ao conteúdo centralizador dos projetos produzidos pela Assessoria Econômica para o setor elétrico que continuavam em pauta durante o governo JK.

Em suas memórias, publicadas pelo *Centro de Memória da Eletricidade da Eletrobrás*, Lucas Lopes volta ao tema do bloqueio da Eletrobrás no congresso e explica da seguinte forma:

> Acho até que ajudou! Como já disse anteriormente, o BNDE não era contra a Eletrobrás, mas também não tinha o menor interesse em apressar o Congresso para aprová-la enquanto não houvesse condições realmente adequadas. Tínhamos muito medo que o Fundo Federal de Eletrificação fosse entregue a uma organização despreparada em termos de administração e pudesse ser pulverizado devido a pressões políticas entre projetos para o Triângulo Mineiro, para Bahia, Pernambuco ou Maranhão. Temíamos que nada pudesse segurar a distribuição de recursos pela Eletrobrás se ela não tivesse um início com um corpo firme. Quando concentramos nossos recursos em muito poucos projetos, até esgotá-los, não demos chances aos políticos de apresentar outros. Nisso talvez tenha havido um pouco de malícia política de nossa parte.[44]

Como observamos, o problema não era, portanto, para Lopes, a criação ou não de uma grande empresa estatal para controlar o setor elétrico, mas sim evitar que os interesses dos setores da burguesia que

---

44 CENTRO DA MEMÓRIA DA ELETRICIDADE NO BRASIL, *op. cit.*, p. 188.

não integravam os consórcios internacionais, pulverizassem os recursos, alterando a proposta do BNDE. Por outras palavras, o trabalho de Lopes no sentido de atrasar a instalação da Eletrobrás nos moldes em que ela havia sido concebida pela Assessoria Econômica varguista denotava a sua discordância, com o caráter centralizante que a empresa assumiria em âmbito federal, bem como a sua aflição de que a pulverização dos recursos distribuídos a vários projetos espalhados pelo Brasil atrapalhassem os planos de ampliação da capacidade instalada de energia elétrica na Região Centro-Sul, para onde, naquele momento muitas indústrias eram atraídas.

Deste modo, os motivos da manifesta oposição à Eletrobrás, momentânea ou não, entre Lopes e Campos originavam-se de pontos de vista diferentes entre si. Para Lopes a Eletrobrás representava excessiva centralização, além de ameaça de pulverização do recursos públicos. Para Campos, como ressaltamos, a própria concepção de empresa estatal no setor elétrico era um equívoco. Na sua concepção o setor elétrico deveria permanecer sob o controle do capital privado. Pontos de vista diferentes à parte, ambos trabalharam contra a criação da empresa durante o governo JK.

Destacado técnico do setor elétrico, como já foi aventado; então diretor da CHESF,[45] o Sr. Octavio Marcondes Ferraz, colocava-se contra a criação da Eletrobrás. Sua visão aproximava-se da percepção de Roberto Campos. Considerava a iniciativa privada mais competente para atuar neste setor. Em suas memórias manifestou nitidamente sua posição em relação à estatização do setor elétrico:

---

45 Ferraz foi diretor técnico da Companhia Elétrica do Vale do São Francisco (CHESF) durante o governo Kubitschek e segundo ele "muito provavelmente por influência do ministro Lucas Lopes, que era *quem mandava no setor de eletricidade*." Renato Feliciano Dias (coord.). *Otávio Marcondes Ferraz... op. cit.*, p. 144. Grifo nosso.

> Sou e sempre fui muito privatista, porque a empresa particular tem sempre melhor funcionamento do que a empresa pública. O governo é mau administrador não só no Brasil, como em toda a parte do mundo, e isso vem sendo demonstrado na vida cotidiana.[46]

E confirmou, ainda em suas memórias, suas afirmações ao se referir à sua participação na *Semana de Debates sobre Energia Elétrica*:

> Estava programada a realização de cinco sessões na Semana de Debates; como eu era sócio e havia sido membro do Conselho do Instituto, convidaram-me para fazer uma das conferências. Na exposição que fiz, defendi meus pontos de vista, dizendo o que se devia fazer em matéria de energia elétrica e condenando a Eletrobrás, embora fosse meu propósito não mais tocar nesse assunto. Mas a Semana foi um grande sucesso.[47]

Como podemos observar pela suas memórias, as posições de Ferraz coincidiam com as de Roberto Campos. As manifestações de *desamor* em relação à Eletrobrás não eram, portanto, uma manifestação de um burocrata isoladamente. Era a expressão de um grupo de membros do governo. No entanto, é necessário assinalar, mais uma vez, que tais posições contra a criação da Eletrobrás não se originavam das mesmas concepções. Não podemos afirmar que era um grupo articulado e organizado. Mas, de fato, pela documentação, podemos demonstrar que a posição de importantes membros do governo, semelhantes às de Roberto Campos tenham influenciado no desinteresse governamental em levar adiante o projeto da Eletrobrás que tramitava no Congresso Nacional.

---

46 DIAS (coord.), *op. cit.*, p. 135.

47 *Idem*, p. 173.

Curiosamente, perguntado em suas memórias sobre os porquês que explicariam a paralisação do projeto da Eletrobrás durante o governo Kubitschek, Ferraz afirma que não entendia porque a estatal do setor elétrico não saiu do papel sob a batuta kubitschekiana. Para ele

> O pessoal de Minas é que deve saber dessas coisas. Não vejo por que Juscelino não o fez [o projeto Eletrobrás] andar, mesmo porque estava cercado de muita gente competente da CEMIG.[48]

De fato, talvez o "pessoal de Minas" soubesse explicar, como já foi ventilado, seu padrinho político no governo, Lucas Lopes. Nesse caso, pelo que já observamos das fontes analisadas acima, a explicação não é tão obscura assim.

Como vimos, a partir das revelações de Ferraz, o homem que mandava no setor elétrico era Lucas Lopes. Este se manifestava contrário à instalação do PNE e da Eletrobrás nos moldes em que o projeto original se apresentava, ou seja, criticava o caráter centralizante dos projetos em pauta, embora sem se posicionar, necessariamente sobre a presença do Estado no setor elétrico. A justificativa para tal receio, como já aventamos, era a fragmentação dos recursos por pressão dos representantes políticos no Legislativo. No entanto, outra razão pode ter levado eminentes personalidades do centro diretivo kubitschekiano a obstaculizar a criação da Eletrobrás: a estatização do setor de energia elétrica, criaria entraves para a utilização de recursos do Fundo Federal de Eletrificação (FFE) de forma flexível por parte das concessionárias estrangeiras de energia elétrica.

Os recursos do FFE significavam somas consideráveis, chegando a 5% do PIB. Sua administração estava a cargo do BNDE, o que fazia do banco o verdadeiro gestor do setor de energia elétrica, enquanto a

---

48 *Idem*, p. 172.

empresa estatal não fosse criada. Assim sendo, qualquer diretriz para o setor elétrico necessariamente passava pela equipe que comandava o BNDE. Como já observamos, essa equipe tinha como seus principais administradores, Lucas Lopes na presidência e Roberto Campos na superintendência. Lopes "não tinha o menor interesse em apressar o Congresso para aprová-la [a Eletrobrás]." Para Campos "era desnecessária a estatização dos serviços." Roberto Campos, por exemplo, acerca do papel do BNDE, lembra que no:

> Tocante ao setor público, a coordenação se fazia através do BNDE, dado que este dispunha de três instrumentos – os recursos do programa de reaparelhamento econômico, os avais e garantias para a obtenção de financiamentos externos e, finalmente, os recursos vinculados dos diferentes fundos que eram administrados pelo BNDE ou ali depositados. Durante um certo prazo o BNDE chegou, na realidade, a controlar uma massa de recursos equivalente a 5% do PIB.[49]

Como se pode observar a equipe que chefiava o BNDE era detentora de recursos muito significativos e sua alocação definitivamente determinava os caminhos de vários setores da infraestrutura do país, sobretudo o setor elétrico. A história do setor elétrico brasileiro mostra que a equipe do BNDE sob a direção kubitschekiana priorizou grandes obras localizadas na Região Centro-Sudeste, maior centro industrial e econômico do país, onde a crise de abastecimento de energia elétrica manifestava-se com gravidade desde o início dos anos 1950. Ali o governo federal constituiu Furnas – Centras Elétricas S/A, em 1957, visando a instalação de

---

49 CAMPOS, op. cit., p. 318.

uma capacidade de 1,2 milhão kW. Até então a capacidade instalada total da Região encontrava-se em 3 milhões de kW.[50]

Em suas memórias Lucas Lopes pormenorizou o modo como se realizava o processo de gestão dos recursos do FFE, desde sua arrecadação até sua aplicação final:

> O mecanismo do Fundo Federal de Eletrificação era o seguinte: o Banco do Brasil arrecadava os impostos sobre energia elétrica e, em vez de depositá-los na conta geral do Tesouro, depositava-os numa conta especial do Fundo Federal de Eletrificação. Esses recursos depois eram transferidos para o BNDE na proporção em que este os solicitava para aplicação em projetos específicos. Na época em que fui presidente do BNDE, nenhum recurso do Fundo Federal de Eletrificação era alocado sem prévia aprovação do projeto, que se fazia segundo a rotina do banco: os órgãos competentes examinavam o dossiê completo dos projetos, com previsão de custos, e só então o aprovavam, em alguns casos depois de consulta ao presidente da República.[51]

O elemento curioso do pensamento de Lopes expresso acima é que segundo ele na "época em que fui presidente do BNDE, nenhum recurso do Fundo Federal de Eletrificação era alocado sem prévia aprovação do projeto, que se fazia segundo a rotina do banco." Pois bem, uma das principais críticas feitas pela equipe do BNDE ao projeto da Eletrobrás era a de que tal projeto era centralizador e isto comprometia a fluência dos projetos para o setor elétrico. Segundo as próprias palavras de Lopes nenhum recurso do FFE era alocado sem prévia aprovação do projeto por parte do Banco. Tal prática não constituía, necessariamente, um processo centralizador? A questão que se

---

50 BIBLIOTECA DO EXÉRCITO. *Energia Elétrica no Brasil: da primeira lâmpada à Eletrobrás*. Rio de Janeiro: Biblioteca do Exército, 1977

51 CENTRO DA MEMÓRIA DA ELETRICIDADE NO BRASIL, *Lucas Lopes... op. cit.*, p. 186.

coloca é: por que a centralização das decisões sobre o setor elétrico no BNDE era pertinente e a mesma centralização proposta pelo projeto da Eletrobrás não? Entendemos que a resposta a essa questão passa pelo entendimento do discurso tecnocrático, perpetrado fortemente naquele momento pelos membros do centro diretivo do governo JK, que como vimos acima buscava desqualificar a burocracia tradicional e afirmar a sua qualidade técnica.

Lucas Lopes lembra ainda do papel de executor de políticas para o setor elétrico exercido pelo BNDE, bem como suas relações com outros órgãos públicos relacionados à eletricidade, tanto no âmbito federal como no âmbito estadual:

> Vamos ser objetivos: o BNDE não executava a seu bel-prazer. Através da Cemig já tínhamos estabelecido um estreito relacionamento com o Conselho Nacional de Águas e Energia Elétrica, e mantínhamos com ele contato permanente. E nunca tivemos conflitos graves, a não ser com a Comissão de Águas e Energia Elétrica de São Paulo, do Catulo Branco. Era o grupo mais à esquerda da política paulista de eletricidade, que queria fazer [a usina de] Caraguatatuba e perdia um tempo enorme discutindo política tarifária. Os grandes trabalhos deles eram volumes e mais volumes sobre como fazer uma política tarifária para a *Light*. Pouco me incomodava naquele momento a tarifa da *Light*, eu precisava que ela não parasse, que existisse energia! Pode parecer estranho o meu modo de falar, mas quero que com isso vocês sintam minha honestidade. Eu não tinha vinculação alguma com a *Light*, não estava interessado em saber se ela tinha ou não tinha lucro, o que eu precisava era apenas que ela não parasse de distribuir energia aos consumidores.[52]

---

52 CENTRO DA MEMÓRIA DA ELETRICIDADE NO BRASIL, *op. cit.*, p. 187-8.

É importante fazer algumas observações sobre mais esse momento das memórias de Lucas Lopes: em primeiro lugar, Lopes procura demonstrar que o BNDE não agia de forma autônoma e indiscriminada quando se tratava de política para o setor elétrico. No entanto, considera que sua equipe contou com "um pouco de malícia política" ao concentrar seus recursos "em muito poucos projetos, até esgotá-los". Tal prática expressava muito visivelmente a prioridade, acima aventada, em investir grandes somas de recursos em obras que beneficiassem as regiões mais desenvolvidas economicamente do país em detrimento de pequenos projetos regionais.

Em segundo lugar, observa-se mais uma vez a tentativa de desqualificar aqueles que não comungavam com as teses da equipe do BNDE, a exemplo da equipe que dirigia a Comissão de Águas e Energia Elétrica de São Paulo, coordenada por Catulo Branco, sobretudo ao afirmar que "perdia um tempo enorme discutindo política tarifária". Neste sentido o ex-ministro procura demonstrar que mantinha uma relação de equilíbrio com os órgãos que regulavam o setor de energia elétrica, com exceção da Comissão de Águas e Energia Elétrica de São Paulo, do Catulo Branco.

Ora, da discussão sobre política tarifária dependia uma série de fatores, por exemplo, se os consumidores, com os quais ele se manifesta em suas memórias tão preocupado em atender, poderiam arcar com o pagamento das tarifas de energia elétrica ou não. Ademais, declarar que "não estava interessado em saber se ela tinha ou não tinha lucro" não nos parece uma postura correta para um administrador público, para o qual deveria ser importante e muito o controle dos lucros de uma empresa concessionária de um serviço público monopolizado. Sendo assim não fica difícil entender os obstáculos enfrentados pelo projeto da Eletrobrás para tornar a empresa uma realidade.

O desamor pela Eletrobrás fora da esfera governamental

Não eram apenas os técnicos governamentais que integravam o governo que defendiam a posição das concessionárias estrangeiras de energia elétrica. Intelectuais vinculados à área de energia – por intermédio de seus institutos – opinavam sobre as políticas públicas para o setor elétrico e defendiam por meio de seus veículos de comunicação, as teses privatistas antes mesmo do início do governo JK. A *Revista Engenharia*, em outubro de 1954, apresenta o parecer do Instituto de Engenharia sobre o Plano Nacional de Eletrificação (PNE) e Eletrobrás. Seu texto afirma que o "Instituto de Engenharia, como antiga e tradicional associação de classe, julgou-se no dever de manifestar-se sobre o Plano Nacional de Eletrificação e Eletrobrás".[53] O parecer do Instituto de Engenharia é um verdadeiro libelo *privatista*. Para a comissão de pareceristas composta pelos engenheiros Armando de Souza Múrsa, Cincinato Salles Abreu, F. E. da Fonseca Telles e Francisco Machado de Campos:

> No entanto, o Governo, tão salutares advertências (se refere aos aos seguintes órgãos: MA, CNAEE, CNE, e ainda mais FIESP, ACSP, SRB), preferiu a exploração estatal da energia elétrica, com todos os tremendos ônus que ela vai acarretar para o consumidor. Ônus de um serviço de inferior qualidade, pois o Estado é e sempre foi um péssimo industrial; ônus de um serviço mais caro, como são todos os que presta o Governo; ônus, em fim, de não ter o infeliz consumidor para quem apelar, pois que o Estado fornecedor é, ao mesmo tempo, a autoridade a quem caberia restringir os abusos.[54]

---

53 *Revista Engenharia, op. cit.*, p. 76.
54 *Idem*, p. 76.

E acrescentam:

> Acreditamos, como F. Dulles [secretário de Estado dos Estados Unidos da América na gestão do presidente Eisenhower], que a iniciativa privada é que faz a felicidade de um povo; acolhemos as recomendações do Conselho Nacional de Economia e confiamos mais na experiência da Divisão de Águas do Ministério da Agricultura, do que nas conclusões da comissão a serviço do Catete.[55]

A referência dos pareceristas do Instituto de Engenharia e as recomendações do Conselho Nacional de Economia (CNE) correspondem a um trabalho apresentado por tal conselho em texto intitulado *"Organização dos Serviços e Diretrizes para o desenvolvimento da Eletrificação no Brasil"*, que veio a lume em fins de 1952. O CNE, com tal orientação privatista, pleiteava a revisão da legislação do setor elétrico, sobretudo para garantir às concessionárias a segurança para a remuneração dos capitais aplicados por elas.

Tal estudo do CNE notoriamente afastava a intervenção do Estado do setor elétrico. As soluções propostas se davam apenas no âmbito da empresa privada, ou seja, as concessionárias estrangeiras de energia elétrica. Por isso, o parecer do Instituto de Engenharia, para o qual "a iniciativa privada é que faz a felicidade de um povo", afirma que dava preferência às considerações de órgãos como o CNE e não à "comissão a serviço do Catete", na época chefiada por Jesus Soares Pereira, autor principal dos projetos da Eletrobrás. O referido parecer afirma ainda que o governo não atentou para as advertências feitas por vários órgãos, insistindo na proposta de estatização do setor elétrico que, segundo eles, acarretaria ônus elevados para os contribuintes.

---

55 *Revista Engenharia, op. cit.*, p. 77.

Como solução alternativa ao do Estado, considerada por eles incompetente e onerosa para o contribuinte, o Instituto de Engenharia sugeria a entrega dos recursos oriundos do Fundo Federal de Eletrificação para as empresas privadas.

Na situação atual, para resolver a crise de energia elétrica, que entrava o progresso do país, estamos certos de que será mais facilmente resolvida, prestando o governo federal, agora que dispõe de amplos recursos, assistência imediata às 2 mil empresas concessionárias, do que dar execução ao seu vasto programa, cujo preparo para o início das obras, por si só, requer muito tempo, pois estão, apenas em fase de planejamento.[56]

Conclusivamente: para sanar os graves problemas da escassez de energia elétrica, gerada pela insuficiência de investimentos por parte das concessionárias estrangeiras de energia elétrica que, de fato, não se interessavam em investir no setor, a menos que a remuneração do capital investido fosse bastante majorada, o órgão representativo dos engenheiros paulistas propunha que os recursos públicos fossem entregues a essas mesmas concessionárias, isto é, à *Light and Power* e a Amforp. Neste caso a iniciativa privada não "faria a felicidade de um povo" e sim dos acionistas das concessionárias estrangeiras de energia elétrica.

Tais teses foram bastante divulgadas e, neste sentido, encontramos artigos na *Revista Engenharia*, de que é mais um exemplo o intitulado *"Atrair capitais para a eletrificação"*, de Cincinato Salles Abreu, membro titular do instituto de engenharia. Nele o diagnóstico das causas dos problemas do setor elétrico são basicamente as mesmas apontadas pelo parecer do Instituto. As empresas não contavam com tarifas que propiciassem suprir seus encargos e a expansão

---

56 *Idem*, 56.

dos serviços[57] e a intenção do governo era mesmo acabar com a iniciativa privada no setor elétrico:

> Parece que visando dar cabo da iniciativa privada idealizou-se, para o setor de energia elétrica, o "Plano Nacional de Eletrificação", a ser executado pela Eletrobrás, com recursos do Imposto Único. O seu planejamento não é obra dos órgãos técnicos responsáveis pela eletrificação do país. Dele foi incumbido uma comissão especialmente organizada e funcionando na secretaria do Catete sob a direção de um economista, segundo revelou o então Ministro da Agricultura.[58]

Além disto, anota o autor, o PNE não merecia crédito por não ser o resultado de um trabalho produzido por "técnicos responsáveis pela eletrificação do país" e sua sugestão é a mesma do Instituto de Engenharia: emprestar os recursos públicos obtidos com a cobrança do Imposto Único sobre Energia Elétrica às empresas privadas:

> O dinheiro do contribuinte, resultante do Imposto Único e da Lei estadual 3.329, se aplicado a título de empréstimo para a melhoria e expansão dos serviços de eletricidade, até ser recuperada a estabilidade financeira das empresas concessionárias, serviria para reduzir os déficits orçamentários do Estado e evitar, assim, maior encarecimento do custo de vida.[59]

O engenheiro fizera parte da comissão que emitiu o parecer sobre o PNE em outubro de 1954, pouco tempo após a morte do presidente Vargas e não por acaso voltava à carga com críticas a este Plano no início de 1956. Um novo governo havia sido empossado em Janeiro,

---

57 ABREU, *op. cit.*, p. 319.

58 *Idem*, p. 319.

59 *Idem*, p. 320.

ou seja, o governo Juscelino Kubitschek e logicamente os privatistas viram a possibilidade de fazer pressões vinculadas a seus interesses. Tais pronunciamentos coincidem com a data da Semana de Debates sobre Energia Elétrica. Um documento Conselho Nacional de Economia (CNE), publicado pela revista *do Observador Econômico e Financeiro*, em outubro de 1956 faz a apologia da manutenção do capital privado à frente das ações no setor elétrico e demonstra a preocupação em lhes garantir os ganhos através:

> De um instrumento de contabilidade que permita corrigir periodicamente o afastamento de valores entre remuneração que caberia ao capital invertido em situação de equilíbrio monetário e a que resulta de uma situação de desvalorização da moeda obviamente da vontade do empreendedor.[60]

A exposição do CNE, assim como a de outros setores *privatistas* na mesma época, buscava também a "preservação e remuneração do capital" das grandes concessionárias estrangeiras de energia elétrica, (*Light and Power* e Amforp) por meio da correção monetária. Para este órgão governamental a opção pela iniciativa privada para a expansão do setor elétrico, justificava-se por dois motivos: primeiro pela impossibilidade do Estado de assumir tal tarefa diante de suas limitações financeiras e, segundo, porque os capitais privados sofriam entraves que, uma vez afastados, possibilitariam-nos fazer face às necessidades de energia elétrica do país, dirimindo assim, a necessidade de intervenção prioritária por parte do Estado. O documento evidencia ainda que essa opção era a sua principal diferença em relação e os planos intervencionistas do segundo governo Vargas

---

60 CONSELHO NACIONAL DE ECONOMIA. "Política de energia elétrica". In: *O Observador econômico e financeiro*, setembro de 1956, ano XXI, n° 247, p. 63.

(1951-54).[61] O Estado deveria apenas exercer papel complementar no que se refere ao setor elétrico:

> Através da forma que sugeriu para a regulamentação do imposto único previsto na Constituição, o Conselho Nacional de Economia arma o Estado de recursos, em limites razoáveis, para a função complementar que lhe é peculiar, e mudar o tratamento aos capitais privados para que se sintam animados e amparados. A aplicação dos recursos do imposto teria efeito catalisador e, em certo sentido, equalizador, não dispensando o dinamismo dos empreendedores particulares.[62]

Mais do que esta função, apenas complementar, julga que esse papel é peculiar ao Estado, o que não era condizente com o que ocorria em diversos países da Europa e nos Estados Unidos, nos quais a ação estatal direta no setor elétrico se fazia sentir a muitos anos.

Em 12 de maio de 1960, o engenheiro John Cotrim, então presidente de Furnas, pronunciou no Conselho Nacional de economia a conferência "*O problema da energia elétrica no Brasil*". A conferência dividiu-se em duas partes: primeiro, um exame das questões da energia elétrica na Região Centro-Sul, e a segunda sobre a questão do financiamento da expansão de eletricidade. O conferencista advoga a necessidade de se resolver os impasses acerca do setor elétrico, mas não necessariamente através da estatização. Entretanto, apresenta uma novidade, pois alude à possibilidade da transferência do controle do setor elétrico das empresas estrangeiras para investidores brasileiros.[63] E o Estado? Que papel teria nessa sua suposição? Cotrim não se mostra

---

61 CONSELHO NACIONAL DE ECONOMIA, *op. cit.*, p. 63.

62 *Idem*, p. 63.

63 COTRIM, John. "O problema da energia elétrica no Brasil". In: *Revista do conselho nacional de economia*, ano IX, mai.-jun. 1960, n° 3, p. 107.

decidido a respeito, mas pondera que uma "das soluções a serem estudadas seria a ação do governo no sentido de propiciar a transferência do controle das companhias para as mãos de brasileiros, agindo na transação como fiador, como *"underwrinter"* da transferência".[64]

No entanto, nem todos rezavam na cartilha privatista, havendo aqueles que defendiam as propostas estatistas. Naquele mesmo ano, outro estudo, voltado especificamente para os setores de transportes e energia, analisava no âmbito do setor elétrico que, para o quinquênio compreendido entre 1961-6, seria necessária a instalação de 3 milhões kW de potência de capacidade suplementar de energia elétrica.[65] A equipe de Desenvolvimento e Conjuntura também entendia que o grande obstáculo para a realização daquele intento era a falta de recursos. Consideravam ainda que o caminho para superar o problema do financiamento do setor elétrico passava por mudanças no regime de cobranças de tarifas, que, uma vez realizadas, atrairiam capitais privados para a indústria da eletricidade. Demonstravam ainda que as mudanças no regime tarifário encontravam barreiras institucionais que até aquele momento não haviam sido transpostas, apesar da emergência em se disponibilizar energia elétrica, fundamental para o desenvolvimento econômico do país. Deste modo, ações por parte de outro agente que não o capital privado, em compasso de espera por mudanças no regime tarifário, deveriam ser tomadas. Para a revista, tal agente só podia ser o Estado. Vejamos:

> É necessário que o governo tome, desde logo, as medidas necessárias para a mobilização dos recursos para a expansão da capacidade geradora de energia elétrica do país. Dentre outras

---

64 COTRIM, *op. cit.*, p. 107.

65 Em junho de 1960 foi publicado na *Revista Desenvolvimento e Conjuntura* o estudo intitulado "A economia brasileira no próximo quinquênio – III – Programa de Desenvolvimento (Conclusão)", assinado pela equipe da revista.

providências, a mais urgente, porque depende de aprovação do Congresso Nacional e porque poderá proporcionar o maior volume de recursos, é a da reforma do Imposto Único sobre Energia Elétrica. As bases de incidência daquele imposto foram estabelecidas em 1952 e desde então, em virtude da desvalorização da moeda, elas se tornaram inteiramente obsoletas. É necessário, portanto, modificar as bases de cobrança do imposto, transformando-o de específico em *ad valorem*.[66]

Portanto, atribuem claramente ao Estado a tarefa de intervir no setor elétrico e propiciar a expansão da capacidade instalada de energia elétrica. Ao contrário de outros setores que viam o capital privado como responsável natural pelo setor e manifestavam profunda aversão pela ação do Estado na indústria da eletricidade, os desenvolvimentistas de Desenvolvimento e Conjuntura manifestam uma posição pragmática, isto é, demonstravam aceitar a interferência estatal na economia desde que se ampliasse a capacidade de captação dos recursos para o desenvolvimento de suas indústrias. E, neste sentido, propõem que os novos recursos fossem captados com a modificação no Imposto Único sobre Energia Elétrica. Essa modificação faria com que o imposto deixasse de ser cobrado nas contas dos consumidores num valor fixo, passando a ser cobrado no formato *ad valorem*, o que faria com que somas maiores de impostos pudessem ser auferidas para os cofres do poder público.

Os nacionalistas e a defesa da Eletrobrás

A postura *privatista* dos integrantes do governo JK foi alvo de muitas divergências, não apenas dos altos escalões do governo, mas também

---

[66] DESENVOLVIMENTO E CONJUNTURA, "A economia brasileira no próximo quinquênio – III – Programa de Desenvolvimento (Conclusão)", ano IV, n° 7, julho de 1960, p. 33.

entre os integrantes da própria burguesia que comungavam outros interesses e, portanto defendiam posições contrárias à posição dos acima citados. Suscitou também controvérsias entre integrantes da sociedade civil, que se manifestava por intermédio do Partido Comunista Brasileiro, de técnicos, intelectuais e políticos e cujas posições expressavam em jornais da época. Trata-se dos *nacionalistas*, que consideravam as posições dos mais altos escalões do governo Kubitschek como nocivas aos interesses nacionais.

Uma das figuras políticas de maior tradição no cenário brasileiro, que se coloca como defensor da iniciativa estatal para a expansão do setor, é a do então deputado federal pelo PSD, Francisco Saturnino Braga.[67] Seu parecer favorável ao projeto do PNE praticamente resultou em sua aprovação, por unanimidade, na comissão de Transportes, Comunicações e Obras Públicas, em 24 de maio de 1955, do projeto que recebeu o n° 4.277/54. Segundo o deputado, os estudos relativos a esse Plano revelavam "um trabalho criterioso e patriótico, digno de

---

67 Os Saturnino Braga constituem uma tradição de longa data enquanto políticos e funcionários públicos da alta cúpula governamental e podemos tomá-los como exemplo dos segmentos de classe com poder de intervenção nas decisões relativas à coisa pública e o ideário que os move. Inicialmente eram grandes fazendeiros na região de Campos dos Goytacazes, no norte do Estado do Rio de Janeiro, e seus primeiros descendentes integram a política logo no inicio da república, no governo de Nilo Peçanha, na qualidade de deputado federal. Tal condição os fez mudar-se para a cidade do Rio de janeiro, então distrito federal. A geração seguinte já forma o primeiro engenheiro da família que se integra ao governo enquanto tal, assumindo grandes obras como portos, estradas e transportes, em um momento em que a hiper tardia industrialização deslancha as relações capitalistas no país. Seguindo a recente tradição, seu filho, Francisco Saturnino Braga, foi um dos fundadores do Departamento Nacional de Estradas e Rodagens (DNER), além de deputado federal pelo PSD carioca. Vinculado a Getúlio Vargas, reelegeu-se por três vezes deputado federal e só deixou a política quando perdeu as eleições para senador nos idos dos anos de 1960, embora a tradição saturnina tenha se mantido com a eleição de seu filho, também para deputado federal, mas pelo Partido Socialista Brasileiro (PSB), em 1962.

encômios", demonstrando, com isto, sua anuência à proposta e à intervenção do Estado no setor elétrico. Acrescenta:

> Relativamente à oportunidade de exame da matéria, só se tem a lamentar que a mais tempo não se tivesse cogitado de uma planificação semelhante, pois que o fornecimento de energia elétrica é fundamental e básico para o desenvolvimento da nação.[68]

Para este relator da Câmara dos deputados, tratava-se "de um trabalho de fôlego, bem argumentado e confeccionado com os elementos que se dispunha, após esforço acentuado de colher e reunir o maior número possível de dados."[69] Relata ainda o deputado carioca que:

> Para a sua elaboração foram estudados elementos fornecidos pela Divisão de Águas do departamento de produção mineral do ministério da Agricultura, pelo Conselho de Águas e Energia Elétrica, pelas administrações regionais e pelas empresas concessionárias. Levou-se ainda em consideração os custos levantados pelo IBGE.[70]

Para ele, o PNE não excluía os planos estaduais, ao "contrário, complementa-os, fomenta sua elaboração onde não existam e articula-os de acordo com o interesse nacional."[71]

Ressalta ainda deste documento, o argumento constante na introdução, em que se demonstra a insuficiência de carvão mineral e petróleo para atender às demandas da crescente industrialização, decorrendo daí a necessidade de se recorrer à energia hidráulica. Tal

---

68 *Revista do Clube de Engenharia, op. cit.*, p. 21.
69 *Idem*, p. 22.
70 *Revista do Clube de Engenharia, op. cit.*, p. 21.
71 *Ibidem*, p. 21.

alternativa, conforme esse argumento, ainda era a mais viável, apesar do enorme custo que representava a construção de barragens para a regularização de descargas dos rios. Eram exatamente tais custos que justificavam, segundo ele, a intervenção do Estado, pois o poder público era o único que dispunha de maiores capitais. O custo estimado para a implantação deste plano era da ordem de 32 bilhões e meio de cruzeiros, destinando-se cerca de 19 bilhões e meio de cruzeiros para obras denominadas preferenciais. Tais montantes equivaliam à receita do Fundo Federal de Eletrificação ao longo de 10 anos.[72]

O artigo acerca do Plano de Eletrificação de São Paulo de Américo Barbosa de Oliveira,[73] datado de abril de 1955 (exatamente um ano após o envio do projeto da Eletrobrás ao Congresso, pelo presidente Vargas) traz uma visão otimista do futuro do setor de energia elétrico. Exalta o Plano Nacional de Eletrificação, observando que graças a este, os estados e municípios fariam um esforço financeiro pequeno. Vejamos:

> De qualquer modo, para o estado e os municípios atuarem com firmeza na geração, transmissão e distribuição de energia elétrica suplementando as atividades das empresas concessionárias, basta um esforço financeiro pequeno, pois o fundo federal de eletrificação já é uma realidade. Nessa parte do Plano [Nacional de Eletrificação] está colaborando o economista J. Soares Pereira.[74]

---

72 *Idem*, p. 24.

73 Engenheiro e economista, fundou juntamente com Celso Furtado a revista *Conjuntura Econômica*. Ao lado de Furtado também atuou no Clube dos Economistas. Homem de tendências nacionalistas foi protagonista em intensos debates no pós-guerra contra os intelectuais intitulados a época de entreguistas.

74 PEREIRA, Jesus Soares. A Eletrobrás e o CNE. In: *Revista Econômica Brasileira*, vol. 2, 1956, n° 3, p. 147.

A referência ao economista Jesus Soares Pereira era uma clara demonstração de suas predileções estatistas, já que Pereira era, no setor elétrico, o *inimigo número um* dos *privatistas*, por ter elaborado o Plano Nacional de Eletrificação. Referência a Pereira à parte, o próprio Barbosa de Oliveira conclama estados e municípios a "atuarem com firmeza na geração, transmissão e distribuição de energia elétrica".

Em 1956, Jesus Soares Pereira, engenheiro que, em 1953, fora responsável pela formulação dos projetos para o setor elétrico, inclusive, pelo projeto da Eletrobrás e que no governo Kubitschek era coordenador da assessoria técnica do Ministério da Viação e Obras Públicas, escreveu uma artigo intitulado "A Eletrobrás e o CNE". Neste, Pereira responde as críticas feitas por Otávio Gouveia de Bulhões, membro co Conselho Nacional de Economia – destacado representante do pensamento privatista – de que a equipe da Assessoria Econômica de Vargas havia engavetado o parecer do CNE sobre os problemas do setor elétrico. Pereira, dentre outras coisas, afirma que o parecer do CNE coincidia com os interesses privatistas e que na sua visão esses nem sempre coincidem com os interesses nacionais:

> Preparava-se o governo para encaminhar devidamente o problema para a solução conveniente aos interesses nacionais, sabia a opinião pública através dessas mensagens [ao Congresso 1951-52], e o fazia de forma discreta, já que o assunto estava em fase de estudos. Ao lado da descrição do governo, era o Congresso intensamente "bombardeado" pelas empresas concessionárias estrangeiras, com o parecer do CNE. Porque? Porque tal parecer coincidia com os seus interesses privatistas e, nunca é demais ressaltar, nem sempre esses interesses coincidem com os da Nação brasileira. Quem o ignora?[75]

---

75 Jesus Soares PEREIRA, A Eletrobrás e o CNE, Jesus Soares Pereira, *Revista Econômica Brasileira*, vol. 2, 1956, n° 3, p. 147.

Como é sabido, naquele início de governo JK, o debate acerca das questões do setor elétrico continuava acalorado. Como já foi aventado, o governo JK havia mandado ao Congresso um projeto que buscava atender aos interesses das concessionárias estrangeiras de energia elétrica. Tal projeto era resultante do Grupo de Trabalho de Energia Elétrica (GTENE), do qual havia participado Bulhões. Nesse sentido, Pereira afirma:

> O privativismo extremado do Conselho, em matéria de energia elétrica, condu-lo-á, agora, a apoiar proposição de um grupo de trabalho do Conselho de Desenvolvimento no sentido de, reajustando-se monetariamente o investimento das empresas concessionárias, em face da inflação, aumentar-se a remuneração de 10 para 12%, independentemente da gestão interna ou externa do patrimônio. Aceita que se remunerem capitais expressos em moeda de poder aquisitivo estável e aplicados em atividades monopolísticas, pela sua própria natureza, à taxa máxima de juros adotada pela legislação bancária nacional e sem qualquer ressalva quando se tratar de divisas.[76]

Anos mais tarde, em depoimento concedido por Jesus Soares Pereira ao jornalista Medeiros Lima, aquele lembra que "a Eletrobrás, durante o governo do Dr. Juscelino Kubitschek de Oliveira, não recebeu nenhum impulso favorável,"[77] pois representantes do alto escalão do próprio governo trabalhavam contra:

> Na verdade, a alta cúpula do BNDE, na época, se esforçava para que a Eletrobrás não vingasse. Pessoalmente tive oportunidade de debater esta questão com alguns de seus membros. Julgavam eles que o Banco estava apto não só a gerir os recursos como

---

76 *Idem*, p. 149.
77 LIMA, *op. cit.*, p. 131.

> a conduzir em programa oficial de expansão dos sistemas elétricos, quer da União, quer dos estados, através de simples financiamento e de mera atuação de natureza bancária. Meu ponto de vista era diferente. Não só não achava que bastavam os recursos financeiros, como acreditava que estes não deveriam ser de exclusiva origem bancária. Impunha-se, antes de tudo, uma direção orgânica capaz de encarar as questões de todos os pontos de vista. Era exatamente isto que se estava pretendendo evitar. Uma direção orgânica, liderada por uma empresa estatal, importava no fim da política tradicional das concessões, ferindo, portanto interesses grandes.[78]

A peculiaridade do depoimento de Pereira é desnudar a causa dessa luta contra a Eletrobrás: a intenção de alguns representantes do governo JK, caso de Roberto Campos, de evitar a estatização do setor elétrico, em benefício da manutenção do sistema de concessão do serviço de utilidade pública de energia elétrica – ou pelo menos o setor de distribuição de energia – nas mãos das concessionárias estrangeiras.

Discutindo a gestão dos recursos do FFE por parte do BNDE, Soares Pereira explicita o papel que este banco cumpre no período JK, ou seja, o de assumir, a partir da definição sobre sua destinação para os projetos das concessionárias estrangeiras de energia elétrica, a condução de uma parte substantiva da política econômica vinculada ao Plano de Metas:

> Por que não marchava a lei? Porque ao Executivo não parecia conveniente o surgimento da Eletrobrás. [...] Enquanto a Eletrobrás não fosse criada, esses recursos [do FFE] seriam geridos pelo BNDE. Este então, como tive oportunidade de lembrar no decorrer destas nossas conversas, passou a trabalhar contra o surgimento da Eletrobrás. Era uma deturpação de sua função.

---

78 LIMA, *op. cit.*, p. 129.

Pessoalmente, discuti muito este aspecto da questão. O BNDE era apenas um organismo de financiamento. A solução do problema da energia elétrica exigia uma empresa específica; uma só, não, um *holding*. Um *holding* para comandar uma constelação de empresas, como é de fato hoje a Eletrobrás. Entretanto a máquina do Estado, através daquele órgão financeiro, se desinteressou da marcha do projeto. Foi uma falta grave por parte dos homens que cercavam o Dr. Juscelino Kubitschek.[79]

Demonstra, sobretudo, a deturpação das funções do BNDE, pois, no caso do setor elétrico, este órgão governamental deixava de ser um organismo de financiamento para ser um órgão gestor e executor de políticas. Pereira afirma em sua entrevista o que outros representantes do pensamento nacionalista já haviam afirmado, à época, ou em outras entrevistas, posteriormente: o BNDE não abria mão de concentrar os recursos financeiros do setor elétrico e apontar onde estes deveriam ser investidos, ou seja, a tendência do BNDE foi concentrar recursos nas grandes obras localizadas nas regiões mais desenvolvidas do país.

No entanto, isso não impediria o BNDE de beneficiar com seus recursos as concessionárias estrangeiras de energia elétrica. Essa possibilidade foi denunciada pelos que defendiam a maior intervenção do Estado, segundo ainda o plano de Vargas, a julgar pelas palavras do jornalista e notório representante do pensamento nacionalista, Barbosa Lima Sobrinho:

> As mensagens de Getúlio Vargas se dedicavam a dois problemas, o da criação do Fundo de Eletrificação e o da fundação da Eletrobrás. É obvio que a mensagem destinada à criação de recursos, com que financiar a expansão das fontes de energia elétrica, não demorou no seu trânsito pelas duas Casas do Congresso Nacional. O que não chegou a suceder à outra

---

[79] *Idem*, p. 159.

> mensagem, que criava a Eletrobrás. [...] Mas bastaria demorar a criação dessa empresa pública, para que os recursos do imposto fossem se acumulando, estimulando o apetite das empresas estrangeiras que já funcionavam no Brasil e que representavam, nos cálculos de Jesus Soares Pereira, cerca de 85% da produção de energia elétrica no Brasil, como era o caso da *Light* e das Empresas Elétricas Brasileiras. Num jogo de mágica, bastaria retardar a criação da empresa pública, para que fossem surgindo os candidatos ao seu aproveitamento, nas empresas privadas estrangeiras.[80]

Como podemos observar, para Barbosa Lima havia um interesse muito claro no retardo da criação da Eletrobrás: garantir que os recursos do FFE se mantivessem destinados às concessionárias estrangeiras atuando no setor de energia elétrica. E, devido a isso, o engavetamento:

> A mensagem da criação da Eletrobrás ficou engavetada no Congresso Nacional, de 1954 a 1961, apesar de sua urgência, num momento em que o fornecimento de energia elétrica atravessava fases de escassez que chegavam ao racionamento, com enormes perdas para a economia nacional.[81]

Inúmeras denúncias sobre os resultados da ausência de um plano para a destinação de recursos do FFE foram feitas na época, chamando a atenção para a sua consequente destinação para os cofres das concessionárias. Em 1956, num artigo intitulado "*O problema da energia elétrica*", publicado pela *Revista Brasiliense*, Elias Chaves Neto fala nestes termos:

---

80 QUEIROZ, *op. cit.*, p. 201.
81 *Idem*, p. 201.

Qual o destino a ser dado a esta imensa soma de dinheiro, isto é, quais as obras que, com a mesma, deverão ser executadas é a primeira questão a ser resolvida. Portanto, a primeira questão é a elaboração de um plano. Nem se justifica que se criem impostos para a execução de obras que não foram sequer planificadas. Há aí uma inversão dos princípios fundamentais das finanças públicas (cuja receita é calculada em função da despesa) a qual só se explica pelo propósito já referido de se financiarem aquelas que estão sendo realizadas pela *Light* e a *Bond and Share*, dispensando-se, portanto, a existência de um plano; e este é o ponto de vista do governo, o qual vetou a emenda apresentada em plenário, conferindo-lhe o prazo de 180 dias para apresentação do plano. Resta saber se a atitude do governo é acertada.[82]

No entanto, havia sim um plano: o PNE que havia sido elaborado pela Assessoria Econômica do presidente Vargas, comandada por Jesus Soares Pereira. A dificuldade estava no fato do PNE ser boicotado pela equipe do BNDE empossada pelo governo Juscelino Kubitschek.

As denúncias de empréstimos do BNDE à *Light*, bem como o uso de recursos do FFE para financiamentos das obras de Furnas, onde a empresa canadense e a Amforp tinham participação, permeavam os editoriais da *Revista Brasiliense* em 1959:

> Sem mencionar os 500 milhões de cruzeiros já adiantados à *Light* pelo Banco de Desenvolvimento Econômico[...].Tudo isso sem mesmo se levar em conta o empréstimo de 9 bilhões de cruzeiros, sendo 3 bilhões e 300 milhões fornecidos com os recursos próprios do Banco de Desenvolvimento Econômico e o restante por conta do Fundo Federal de Eletrificação, feito à Central Elétrica de Furnas, sociedade mista da qual fazem parte

---

82 NETO, Elias Chaves. Editorial. *Revista Brasiliense*, n° 3, jan-fev 1956, p. 68.

> *Light* e *Bond and Share*, juntamente com o governo federal e os governos dos estados de São Paulo e Minas Gerais.[83]

Observa-se, assim que, dentre os temas que causavam polêmica entre os envolvidos no debate sobre o setor elétrico, destaca-se a discussão sobre qual era o espaço e em que condições o Estado deveria interferir no referido setor da economia. Nesse campo, encontramos as críticas dos setores que defendiam que o Estado atuassem mais intensamente na geração e transmissão de enegia, enquanto as concessionárias operassem na distribuição. Tal configuração nos parece apontar indícios da situação paradoxal que viveu o governo Kubitschek. Paralelamente ao investimento de grandes somas num projeto importante como a construção de Furnas, tinha, entre seus membros convictos, detratores do projeto de criação da Eletrobrás.

De qualquer forma, para os colaboradores da *Brasiliense* "a política do Banco Nacional de Desenvolvimento Econômico, no setor de eletricidade, era ditada pelos interesses das empresas estrangeiras",[84] embora estas não manifestassem interesse direto no campo da produção e transmissão de energia elétrica, mantendo-se apenas no setor da distribuição por ser mais lucrativo. Otto Alcides Ohlweiler destaca que era:

> Conhecida a tendência das empresas estrangeiras de eletricidade se limitarem cada vez mais ao serviço de distribuição de energia elétrica nos grandes centros em que operam, deixando ao poder público a tarefa de produzir e transmitir. Dessa forma, as concessionárias aumentaram enormemente a receita de energia

---

83 NETO, Elias Chaves. "A encampação da Companhia de Energia Elétrica Rio-Grandense". *Revista Brasiliense*, 1959, n° 23 mai.-jun., p. 34.

84 OHLWEILER, Otto Alcides. "Por uma política nacionalista no setor da eletricidade, *Revista Brasiliense*", 1959, n° 21, jan-fev, p. 18.

vendida, sem a necessidade de promover investimentos. Os investimentos feitos para gerar e transmitir a energia passaram a ser custeados pelo poder público, vale dizer pelo contribuinte brasileiro. A campanha no sentido de que o poder público se restrinja à produção, transmissão e venda em grosso de energia elétrica às concessionárias estrangeiras para que somente estas façam a distribuição ao consumidor, é uma campanha financiada pelas empresas estrangeiras.[85]

Portanto, segundo ele, os altos custos da instalação de capacidade de geração e expansão de energia elétrica recairiam sobre o poder público, enquanto as concessionárias distribuiriam a energia com maiores lucros, e daí a crítica que fazem ao papel do BNDE, pelo privilégio das concessionárias estrangeiras no uso do dinheiro público:

> Ora, o BNDE é uma autarquia federal, Seu patrimônio é, fundamentalmente, formado com os tributos pagos pelo povo. O que se vê, por conseguinte, é que, em última análise, é o povo que está dando ao poder público os meios para construir usinas e linhas de transmissão e, depois, vender em grosso o fluido às empresas estrangeiras. Se, por acaso, as empresas estrangeiras, elas mesmas, se resolvem construir usinas e linhas de transmissão, é ainda o contribuinte brasileiro que, através dos empréstimos fornecidos pelo BNDE, entra com os recursos. De fato, esta orientação do órgão federal de crédito é atentatória aos legítimos interesses nacionais e tem de ser modificada.[86]

As críticas não se resumiam ao ônus do poder público, mas também ao fato do governo, através do BNDE, financiar projetos de ampliação

---

85 OHLWEILER, *op. cit.*, p. 18.
86 *Idem*, p. 19.

de capacidade geradora da *Light and Power* e da Amforp que deveriam já ter sido efetuado por estas empresas em anos anteriores.[87]

Observa-se assim que, quando assumiam a ampliação da capacidade de geração de energia, também isto era financiado por BNDE, e neste sentido voltava à carga Elias Chaves Neto, em 1959, nas páginas da *Revista Brasiliense*, relativamente a obras em gestação por aquelas empresas em Minas Gerais:

> Assim é que além de já ter o Banco de Desenvolvimento Econômico feito à *Bond and Share* diversos empréstimos que se elevam a mais de 250 milhões de cruzeiros, acha-se, em negociações com aquela empresa para a realização de um empréstimo de cinco bilhões de cruzeiros, a ser concedido metade pelo Banco de Desenvolvimento Econômico e metade pelo *Eximbank*, com o aval do Banco de Desenvolvimento, para a terminação das obras que aquela empresa está construindo em Peixoto, no Rio Grande, com uma potência de 400 mil kW.[88]

Dentre os críticos do BNDE encontravam-se também os advindos do Partido Comunista Brasileiro (PCB) que apoiavam "de forma crítica" a política desenvolvida pelo governo JK. Em 1958, em documento deste partido anunciavam:

> O governo tem desenvolvido, apoiado no povo, formas nacionais e progressistas de capitalismo de Estado, a exemplo da Petrobras e de Volta Redonda. O Capitalismo de Estado vem sendo um elemento progressista e anti-imperialista na política econômica do governo, mas este ainda permite que empresas de capitalismo de Estado realizem uma política favorável ao

---

[87] Nos anos 70 estas empresas deixarão definitivamente de ter a responsabilidade de investir na geração e transmissão de energia.

[88] NETO, *op. cit.*, p. 34.

imperialismo, como no caso dos financiamentos do BNDE ou da distribuição, pelos trustes, da energia produzida nas centrais elétricas estatais.[89]

Os comunistas brasileiros manifestavam-se críticos em relação as concessões realizadas pelo governo Kubitschek aos interesses imperialistas. No entanto destacam a vitória das forças *nacionalistas* com a encampação da Companhia de Energia Elétrica Rio Grandense (CEERG) pertencente à Amforp. Neste sentido, manifestou-se Luis Carlos Prestes, num artigo para a *Revista Novos Rumos*, em 1959:

> O governo do sr. Kubitschek continua realizando concessões ao imperialismo norte-americano e recusando-se a atender aos reclamos da maioria da nação no sentido de alterações substanciais na sua orientação política. Entretanto, importantes conquistas parciais tem sido assinaladas pelas forças patrióticas. Além do êxito concreto que constitui a defesa do petróleo brasileiro contra as investidas dos trustes, um passo adiante acaba de ser dado com a encampação da CEERG, subsidiária da *Bond and Share*, pelo governo do Rio Grande do Sul, ato que representa profundo golpe no monopólio estrangeiro de energia elétrica.[90]

A reação popular causada pela encampação da Companhia de Energia Elétrica Rio-Grandense, em Porto Alegre, era tamanha que levava as multidões a aplaudir o desfraldar da bandeira brasileira no prédio da antiga concessionária da Amforp naquele estado, como lembrou o jornalista e deputado Barbosa Lima Sobrinho, num artigo publicado nas suas colunas no Jornal do Brasil:

---

89 Cf. "Declaração sobre a política do PCB. Voz Operária", 22-03-1958, *Apud* CARONE, *op. cit.*, p. 180.

90 Cf. "Luis Carlos Prestes, Os comunistas e a sucessão presidencial. Novos Rumos", 4 a 10/09/1959, *Apud* Edgard Carone, *op. cit.*, p. 203.

> Estudantes e o povo tomam parte na luta, que é de todos. O sentimento nacionalista é tão poderoso, que o Secretário de Viação do Governo Brizola, ao tomar conta dos escritórios centrais da empresa, mandou hastear a bandeira brasileira no mastro do edifício, sob os aplausos da multidão, que se reuniria defronte do prédio da Companhia de Energia Elétrica Rio-Grandense. O povo do Rio Grande sabe que peleja pelo Brasil, nesse episódio em que tem a coragem de enfrentar um dos mais poderosos trustes de energia elétrica do mundo.[91]

O governo sul-rio-grandense realizou, inicialmente, o tombamento físico e contábil da empresa, segundo o que a legislação permitia. Na busca por um entendimento entre as partes, o Estado e a companhia, não avançaram, devido às posições irredutíveis das partes. Destarte, em 13 de maio de 1959 o *Diário Oficial*, de Porto Alegre, divulgou o que viria a se tornar matéria de repercussão mundial: o decreto de desapropriação da filial da *Bond & Share* no Rio Grande do Sul, com alvará do Presidente da República, pelo preço simbólico de um cruzeiro, que fora fundado, diminuindo-se as contribuições populares espontâneas, na colocação de fios e postes, doações territoriais, ressarcimento do pessoal, multas, remessa de lucros acima do legalmente permissível e a depreciação dos materiais. A soma dessas deduções excedeu o valor do acervo da companhia. O saldo da companhia junto ao poder público era negativo. Era o Estado credor da companhia, aplicado o critério do *custo histórico*, que a legislação brasileira, vigorante no momento, consagrava. A repercussão negativa junto ao governo norte-americano e à comunidade internacional foi grande. O Secretário do Tesouro Estadounidense, Douglas Dillon, por exemplo, ponderou o fato como um mau exemplo para os demais países

---

[91] SOBRINHO, Barbosa L. *Estudos Nacionalistas*, Rio de Janeiro: Civilização Brasileira, 1981, p. 37.

latino-americanos, pois, àquela época, nem mesmo Cuba, já sob o governo de Fidel Castro, havia abraçado postura análoga. Inquirido pelo presidente Juscelino Kubitschek, o governado Leonel Brizola explicou-lhe que fora o Judiciário que imitira o Estado do Rio Grande do Sul na posse e não se tratava, deste modo, de um ato discricionário do Executivo. Cabia à companhia proteger-se com as armas legais, dentro da Constituição.

A histeria dos meios de comunicação de massa de linhagem conservadora manifestou-se de forma cada vez mais intensa, transmitindo a notícia da encampação da companhia inclusive para fora do País. Por outro lado, Brizola revelou pormenores que escandalizaram todo o país: o que a contabilidade da empresa apresentava, em matéria de fraudes, era espantoso.

O PTB e a Frente Parlamentar Nacionalista (FPN) cerraram fileiras junto ao governador Brizola. Porém, vários representantes dos altos escalões do governo federal manifestaram-se veementemente contrários à posição do governador gaúcho, demonstrando assim as divergências claras entre os técnicos do governo partidários de posturas privatistas, como, por exemplo, de um lado, Roberto Campos e Otávio Gouveia de Bulhões e, de outro, elementos da coligação que apoiava o governo, como era o caso do então governador do Rio Grande do Sul pelo PTB, o sr. Leonel Brizola.

Além das páginas da *Revista Brasiliense*, dos documentos do PCB e das memórias de técnicos identificados com o pensamento nacionalista, encontramos significativos exemplos das posições contrárias aos benefícios concedidos às empresas estrangeiras, mas estas expressavam tendências sociais muitas vezes contraditórias entre si.

Observa-se isto, por exemplo, comparando-se duas críticas às concessões acima aludidas. O periódico *Semanário* – ligado ao Partido Socialista Brasileiro e a rede de jornais de propriedade de Assis Chateaubriand.

Os argumentos do Semanário tinham um cunho social, voltado para a denúncia da diferença entre o tratamento dado ao lavrador brasileiro e a essas multinacionais, no que tange aos empréstimos do BNDE. Assim, quando a prefeitura do então Distrito Federal concede, através de seu Banco, um empréstimo de 60 milhões de cruzeiros, sem juros, à *Light*, o *Semanário* publica matéria denunciando a contradição entre este fato e a inacessibilidade dos lavradores aos mesmos benefícios.

> O Banco da prefeitura do Distrito Federal acaba de emprestar mais de 60 milhões de cruzeiros à "pobrezinha" da Light, SEM JUROS. Nenhum brasileiro ou empresa nacional consegue isto. Só americano. Com esse empréstimo, o Banco completa a quantia 200 milhões dados à *Light*, sem juros. Neste país, quem manda mesmo são os americanos, Embaixada americana, o governo americano e seus lacaios que estão no poder. Enquanto sai tanto dinheiro fácil para uma empresa estrangeira, os lavradores do Sertão Carioca não conseguem empréstimos mínimos para as suas lavouras, nem a indenização que o prefeito prometeu, em face dos prejuízos por eles sofridos. Só se eles se naturalizarem norte-americanos, conseguirão dinheiro, pois a Embaixada dos "States" está ai é para isso.[92]

Por outro lado, as críticas de Chateaubriand demonstram sua posição de classe a favor das multinacionais. O fato do BNDE ter imposto cláusula de condicionamento a novos empréstimos às companhias estrangeiras de energia elétrica desencadeou uma verdadeira campanha de desqualificação dos novos diretores, capitaneada na imprensa por Assis Chateaubriand. Este, por meio de sua rede de jornais, atacava diretamente aqueles dirigentes, porque, a partir de sua posse, os

---

92 Matéria assinada por José Frejat na edição de 31 de Outubro de 1959. *Semanário*, 31 de outubro de 1959, ano IV, n° 183, p. 2. Arquivo Biblioteca Nacional.

empréstimos só poderiam ser feitos com a garantia de participação do banco estatal como acionista da empresa e não apenas após análise de crédito.[93] Tal postura mereceu rebates do *Semanário*, e é por meio destes rebates que adentramos às posturas adotadas por Chateaubriand. Tratava-se da negação de um empréstimo à *Bond and Share*:

> Através de sua cadeia de jornais, o sr. Assis Chateaubriand está escrevendo uma série de artigos contra o Banco Nacional de Desenvolvimento Econômico, com a violência de suas habituais campanhas de chantagista inveterado. O BNDE, segundo afirma, está dominado por comunistas e criptocomunistas, que para ali afluíram com a posse do Almirante Lúcio Meira no cargo de presidente da Instituição.[94]

As denúncias partidas de diversos colunistas da *Revista Brasiliense*, da imprensa *nacionalista* a exemplo do *Semanário* e do PCB, dentre outros referidas acima, de fato se concretizam, pois muitos empréstimos e recursos do FFE foram destinados às concessionárias estrangeiras de energia elétrica. O fato é que, como já foi dito, os que defendiam o aumento da responsabilidade do Estado, ou seja, os *nacionalistas* estavam afastados dos altos escalões, sobretudo, no setor elétrico[95] e pouco puderam fazer para evitar o sucesso das teses privatistas e a utilização dos recursos do FFE pelas concessionárias estrangeiras de energia elétrica.

Se tais *nacionalistas* estavam afastados dos altos escalões do governo Juscelino Kubitschek, que espaço ocupava o ideário nacionalista

---

93   *Ibidem*, p. 2.

94   Matéria assinada por Ivado Falconi. *Semanário*, 26 de dezembro de 1959, ano IV, n° 191, p. 4. Arquivo Biblioteca Nacional.

95   MARANHÃO, Ricardo. *Capital estrangeiro e o estado na eletrificação brasileira: a Light 1947-1957*. Tese de doutorado. São Paulo: USP, s/d Mimeo. p. 105.

no governo Kubitschek? Que nacionalismo era esse? Qual a relação desse nacionalismo com o que ficou conhecido como desenvolvimentismo? Nossa preocupação é, portanto, a de buscar entender qual nacionalismo e até mesmo se existiu um nacionalismo no governo Kubitschek. Tal preocupação está baseada na necessidade de entender, a partir do nacionalismo do governo JK, algumas medidas tomadas no seu governo em relação ao setor de energia elétrica.

A literatura posta até o presente momento sobre o tema é vasta. Diversos autores já se debruçaram sobre a questão do nacionalismo e do desenvolvimentismo no período kubitschekiano.

Em suas análises, Nelson W. Sodré e Leôncio Basbaum, por exemplo, entendem o governo JK como um grande aliado do capital estrangeiro e, portanto, um governo *entreguista*, para usar o termo em voga nos anos 1950.

Não há dúvida sobre a posição de Nelson Werneck Sodré ao avaliar o elemento que sintetiza a política econômica do governo Kubitschek e consequentemente seu potencial nacionalista, ou seja, o Plano de Metas. Para o historiador o:

> Plano de Metas foi, assim, a forma pela qual o Estado, no Brasil, se prestou a servir ao imperialismo, agora em escala descomedida. Nele, não é o interesse nacional que constitui a base, mas o interesse externo, levando a ostensivas e claras deformações do processo de industrialização, porque estávamos na fase em que o imperialismo se associaria ao processo industrial, como meio adequado de participar da renda auferida no mercado interno, agora principal.[96]

Como podemos observar não há, nas ponderações de Nelson Werneck Sodré, a menor possibilidade de enxergar no governo

---

96 SODRÉ, *op. cit.*, p. 330.

ENERGIA ELÉTRICA   187

Kubitschek posições nacionalistas. Para Sodré, afirmamos mais uma vez, o presidente Kubitschek foi um grande aliado do capital estrangeiro.

Também para o historiador Leôncio Basbaum a política de penetração do capital estrangeiro de JK levou à desnacionalização, pois os números de crescimento econômico alcançados ao longo desse governo significaram os altos lucros dos donos de grandes fortunas, dos banqueiros e, por outro lado, o emprobrecimento da população.[97] Segundo este autor

> A *desnacionalização da indústria*, a alienação da burguesia brasileira, fortalecendo a UDN pela formação da nova classe dos dirigentes brasileiros de empresas estrangeiras, diretores, engenheiros, advogados, *public-relations*, os quais passavam assim a defender os interesses dos seus associados patrões americanos.[98]

Já Octavio Ianni entende o nacionalismo juscelinista como tático, resultante de uma necessidade oriunda de compromissos políticos com o PTB, por exemplo. Para ele o "compromisso nacionalista" levado a cabo por Juscelino "era apenas e exclusivamente ideológico e tático. Era muito mais uma concessão às forças políticas com as quais Kubitschek teve de jogar (PTB, PCB e PSD), devido às contingências do processo político".[99]

---

97 *Idem*, p. 225, vol. III.

98 BASBAUM, Leôncio. *História sincera da República*. São Paulo: Alfa-Ômega, 1975/76, Volume IV p. 225.

99 Mais do que isso, Ianni afirma que o nacionalismo das referidas forças políticas era *principalmente* ideológico não correspondendo a uma visão mais clara das possibilidades reais da economia brasileira. Igualmente tal nacionalismo era retórica política ao não se estabelecer sobre uma interpretação objetiva da realidade nacional. Sendo assim, para Ianni, é possível entender o não aprofundamento da contradição entre a ideologia nacionalista e a política econômica internacionalizante. De um lado as chamadas forças

A análise de Miriam Limoeiro Cardoso demonstra que no pensamento kubitschekiano o nacionalismo é definido pelo desenvolvimento. A autora conclui que o nacionalismo contido na ideologia do desenvolvimento kubitschekiano é *internacionalista* e *anticomunista*. *Internacionalista* porque o nacionalismo se volta para a questão do desenvolvimento – que não está posta em termos de exploração e sim de inferioridade de um país em relação ao outro – e se o processo de desenvolvimento necessita da participação do capital estrangeiro então, consequentemente o nacionalismo tem de aceitar a auxílio internacional. Além disso, como tal nacionalismo define-se pelo desenvolvimento este é percebido como um processo de combate tenaz à subversão, uma vez que se entende que essa seja resultado do subdesenvolvimento. O nacionalismo que ampara esse desenvolvimento é, portanto, contrário à subversão. Como a subversão é identificada com comunismo, ele é um nacionalismo *anticomunista*.[100]

O texto de Maria Victoria de M. Benevides – considerado um clássico da interpretação do governo JK – não acrescenta muito acerca da questão do nacionalismo no período kubitschekiano. A autora praticamente endossa a análise de Miriam Limoeiro Cardoso. Para Benevides, o pensamento do presidente Juscelino Kubitschek não previa incompatibilidade entre a prosperidade e pretensões dos países ricos e o desenvolvimento dos mais pobres. Importava, para o presidente, segundo a autora, a busca por parte do Brasil da parte que lhe

---

políticas nacionalistas não haviam organizado uma interpretação objetiva das condições e possibilidades da economia nacional. E de outro a política econômica orientada por estruturas de dependência e relações imperialista estava gerando um surto notável de desenvolvimento econômico, do qual, consequentemente setores da burguesia brasileira, da classe média e do próprio operariado estavam se beneficiando. Cf. IANNI, *op. cit.*, p. 191.

100 CARDOSO, *op. cit.*, p. 207-8.

cabia na divisão do "bolo", e nesse sentido estava em questão para ele a racionalidade e não as barreiras nacionais.[101] Ricardo Maranhão e Sonia Draibe, cada um da sua forma observam o governo JK como um governo responsável por uma grande penetração de capital estrangeiro. A análise de Ricardo Maranhão defende que a ideologia desenvolvimentista e nacionalista conduzida pelo governo Kubitschek buscava encobrir o processo de inauguração de uma dinâmica monopolista dominada por centros exteriores com a consequente sujeição do capital nacional ao estrangeiro. Segundo essa análise havia ainda outras vertentes presentes no governo JK que tendiam a ver nacionalismo como batalha contra o capital estrangeiro.[102] Pelo que observamos, a partir do aprofundamento do exame de nossas fontes, especificamente no que se refere ao embate entre essas correntes acerca das soluções dos problemas para o setor elétrico, os que batalhavam contra o capital estrangeiro ocupavam uma posição marginal no governo.

Nilson de Souza entende o governo JK como contraditório: projeto nacional *versus* aumento da participação ao capital estrangeiro.

A análise de Sonia Draibe demonstra que a política econômica kubitschekiana privilegiou a entrada maciça de capital estrangeiro que, sob o invólucro do desenvolvimentismo, gerou intensa internacionalização da economia.[103]

A análise de Nilson Araújo de Souza acerca do governo Kubitschek o retrata como um governo contraditório, sendo que essa contradição envolve seu suposto nacionalismo. Para Souza, ao mesmo tempo em que o governo sustentava um projeto nacional, abria espaço para o aumento do capital estrangeiro. Sendo assim, os interesses do capital

---

101 BENEVIDES, *op. cit.*, p. 240-1.
102 MARANHÃO, *op. cit.*, p. 266-7.
103 DRAIBE, *op. cit.*, p. 251.

estrangeiro entravam em conflito com a base de massa da aliança que levara JK ao poder, sobretudo representada pelo PTB.

Entendemos serem pertinentes as afirmações (recentes) de Lúcio Flavio de Almeida.[104] Para o autor, o nacionalismo kubitschekiano era peculiar. Era um pensamento influenciado pelas concepções cepalinas; combatia o neocolonialismo; era um adepto do intervencionismo estatal; favorável ao capital estrangeiro; anticomunista e antimonetarista.

Tais peculiaridades do nacionalismo kubitschekiano podem ajudar a explicar a posição do governo em relação às concessionárias estrangeiras de energia elétrica? Entendemos que sim. No setor de energia elétrica, mais especificamente, o que observamos é uma tendência à busca da conciliação com os interesses das concessionárias estrangeiras de energia, o chamado de "Pacto de Clivagem".

O governo JK era um adepto da presença do capital estrangeiro no país para colaborar com o desenvolvimento. O setor de energia elétrica não era visto como exceção. De fato, os nacionalistas que se encontravam, digamos, marginalizados no centro diretivo do governo JK eram aqueles para os quais nacionalismo era sinônimo de combate ao capital estrangeiro. No que se refere ao setor elétrico, o combate a participação das concessionárias estrangeiras de energia elétrica no Brasil. Os chamados *defensores do nacionalismo positivo* ocupavam as posições-chave do governo – exemplos de Lucas Lopes e Roberto Campos, como observamos acima.

Em resumo, alguns representantes dos altos escalões do governo Kubitschek manifestavam abertamente seu *desamor* em relação à proposta de organização da Eletrobrás, que recuparava a proposta feita no segundo governo de Vargas. Porém diante da emergência de se produzir energia elétrica para suprir as necessidades de crescimento

---

104 ALMEIDA, *op. cit.*, p. 193-206.

dentro do novo padrão de acumulação, não conseguiram apresentar alternativas concretas no âmbito da iniciativa privada.

Isto porque, de um lado, as concessionárias estrangeiras de energia elétrica não se interessavam em fazer novos investimentos remunerados nos parâmetros definidos pelo Código de Águas – lucratividade de 10% do capital sobre o capital investido. De outro, a iniciativa privada nacional – verdadeira expressão do que *capital atrófico* não manifestava a menor disposição em fazer inversões no setor de energia elétrica, até porque, em sua fragilidade, não dispunha de capital financeiro para tanto.

Neste contexto, a solução encontrada para as carências de energia elétrica foi a continuação da prática de inversões estatais que essencialmente não se diferenciava do que acabara vigendo no governo Vargas, após a obstrução da criaçao da Eletrobrás. Sob a batuta kubitschekiana, os grandes exemplos foram: Furnas e Três Marias, dentre outras. Assim, o Estado se encarregava do oneroso trabalho de geração e transmissão de energia elétrica, enquanto a distribuição de energia elétrica ficava a cargo da concessionárias estrangeiras de forma cativa, ou seja, monopolizada e praticamente livre dos custos mais vultosos requeridos pelo setor elétrico.

4
Dos embates no Congresso ao governo Castelo Branco

A PROPOSTA DE CRIAÇÃO DA ELETROBRAS continua em debate em fins da década de 1950 e em 1961, sendo implantada em 1962. Ora, como é sabido, esse é um dos períodos mais conturbados da nossa história, do ponto de vista da ampliação das manifestações sociais e do acirramento das contradições na dinâmica do país.

A necessidade de expansão do setor de energia elétrica tornava-se cada vez mais premente, dada a urbanização e industrialização nos principais centros econômicos do país. A pressão social para que fossem tomadas as decisões que garantissem a energia para todos os segmentos que dela precisavam, fazia-se sentir no Parlamento.

A contradição entre a abertura promovida pelos direitos civis e a reedição de leis de exceção (como a que coloca o PCB na ilegalidade e a integração dos sistemas de segurança nacional por intermédio da integração dos DOPS[1]) leva vários parlamentares a uma articulação que foi denominada Frente Parlamentar Nacionalista (FPN).

---

1   O texto de Nilo Dias de Oliveira reflete sobra a exercício de vigilância e repressão do Serviço Secreto da DOPS-SP por meio da análise imanente dos seus relatórios durante o período de 1950-1961, dando destaque à ação deste órgão sob as Forças Armadas. Ver: Nilo Dias de Oliveira. *A vigilância da DOPS-SP às Forças Armadas: (Brasil – década de*

Essa Frente foi um dos grupos que mais se manifestou sobre os problemas do setor elétrico brasileiro, até o governo de Jango, quando, então, a lei de constituição da Eletrobrás foi finalmente sancionada. Por isso, consideramos necessário situar neste capítulo a atuação da FPN no Congresso Nacional entre 1956-1961. Tal atuação fundamentalmente denuncia os abusos e as omissões das concessionárias estrangeiras de energia elétrica, assim como a incapacidade do Estado no controle de suas atividades no país.

Como já foi aventado, no governo Jânio Quadros e João Goulart ocorrem, respectivamente, a assinatura da lei que cria a empresa e o início das operações da *holding* do setor de energia elétrica. O projeto da Eletrobrás, que tramitou naqueles sete anos, até a sua aprovação em 1961 apresentava aspectos distintos do original apresentado no segundo governo Vargas (1951-54) pela Assessoria da Presidência da República. Isso fez recrudecer o debate entre *nacionalistas* e *privatistas*.

Vencedora, a proposta da estatização do setor elétrico no período João Goulart, não se observa mudanças no governo de Castelo Branco, já em plena *ditadura bonapartista*. O curioso é que Castelo Branco chama para dirigir a empresa um dos maiores detratores da ideia da estatização, qual seja, Octavio Marcodes Ferraz, antes, um notório defensor do privatismo. Assim, ao invés de obstaculizá-la como haviam feito ao longo de treze anos, desde que as primeiras ideias de estatização do setor elétrico haviam sido sugeridas pela Assessoria Econômica do presidente Vargas, os representantes do *pensamento privatista* passaram a integrar sua administração durante a Ditadura Militar. O exame dessa suposta contradição é uma das questões sobre a qual nos debruçamos no presente capítulo

---

1950) – *sistema repressivo num Estado de natureza autocrática*. Dissertação de mestrado, São Paulo: PUC, 2008. Mimeo.

A Frente Parlamentar Nacionalista e as questões do setor elétrico

A Frente Parlamentar Nacionalista (FPN) constituiu-se em 1956, no princípio do governo JK. A FPN agrupava parlamentares de diversos partidos políticos e apresentava como objetivos gerais defender, no Congresso Nacional, políticas e expedientes nacionalistas para o desenvolvimento do país.

O periódico *O Semanário* era o porta-voz de seu ideário. No entanto, durante seu curso, a FPN expressou suas ideias também em periódicos como *Última Hora* e *O Nacional*. A FPN aderiu a diversos campos da mobilização política nacional, coligando-se aos estudantes, sindicatos e ao Partido Comunista Brasileiro, numa batalha cada vez mais enérgica pela regulação e contenção, por parte do Estado, dos lucros das empresas estrangeiras (concessionárias estrangeiras de energia elétrica, por exemplo), por uma política de expansão das benfeitorias do desenvolvimento a todas as regiões do país e pela modificação da estrutura agrária. A FPN manteve em seus quadros um efetivo que variou de 50 e 70 deputados ao longo de sua ação, embora esses números sejam controversos[2] e foi um dos grupos que mais deram apoio

---

2 Um do seus ex-componentes, Almino Affonso, em entrevista concedida ao concedida ao pesquisador Túlio Velho Barreto, do Instituto de Pesquisas Sociais – INPSO da Fundação Joaquim Nabuco afirma: "Ao chegar à Câmara dos Deputados, em 1959, de imediato filiei-me ao Partido Trabalhista Brasileiro. A seguir ingressei na Frente Parlamentar Nacionalista, cuja influência nas decisões da Câmara dos Deputados veio num crescendo, a ponto de ser decisiva em muitas votações. Chegou a contar com 110 Deputados Federais, com presença em quase todos os Partidos Políticos." http://www.fundaj.gov.br/, Acessado: 17/02/2009. Apesar de tal depoimento não é possível comprovar o número exato de deputados que compuseram a FPN, pois não há nos *Anais do Congresso Nacional* a transcrição de documentos com os nomes dos deputados da FPN.

ao governo João Goulart.[3] Após o golpe de 1964 e a consequente instauração da Ditadura Militar, a maioria dos seus membros teve seus mandatos cassados e a FPN deixou de existir.

A FPN agiu, ao longo de sua existência, como um grupo de pressão que censurava as ações do imperialismo em geral e a atuação do capital estrangeiro em especial. Reivindicou o controle das remessas de lucros para o exterior, bem como o domínio estatal sobre a exploração dos recursos naturais básicos, como, por exemplo, os recursos para a produção de energia elétrica.

Em seu programa inicial, apresentado em junho de 1956, a FPN propunha o estímulo ao desenvolvimento da eletrificação. E em seu novo programa, apresentado em novembro de 1956, a FPN defendia a "intervenção do Estado sempre que for necessário para acelerar o processo de desenvolvimento do país". Defendia ainda, nesse programa que se "dê ao Estado o controle da exploração de nossas riquezas e recursos naturais básicos" e ainda combatia "os monopólios privados, principalmente os que resultasssem da ação de capital alienígena".

Nos concentraremos aqui em apresentar manifestações de parlamentares ligados à FPN durante o governo JK, dada a maior incidência de manifestações relacionadas aos temas acima aventados. Tal incidência muito provavelmente se explica devido ao fato de, nesse mesmo período, ocorrer a evolução do debate no Congresso Nacional a respeito da criação da Eletrobrás, com a consequente exaltação dos

---

3 Num editorial de janeiro de 1964, *O Semanário* reafirma seu apoio, mesmo com restrições ao Governo Goulart. Segundo o periódico "Por isso, sempre nos opusemos ao rompimento com o Sr. João Goulart, preconizado pelos nossos "pequenos burgueses enfurecidos", embora criticando-o com a severidade habitual de nossos julgamentos./.../ Entendemos que se deve passar por cima de todas as restrições, seja quanto ao Goulart, seja quanto aos nossos "pequenos burgueses enfurecidos", para cumular o máximo de forças em torno de um programa mínimo de reformas." Cf. *O Semanário*, n° 368, 16-22 jan. 1964. Arquivo Biblioteca Nacional.

ânimos dos parlamentares com relação ao projeto de estatização do setor de energia elétrica.

Um dos argumentos mais fortes utilizados pelos integrantes da FPN era o de que os aspectos essenciais dos privilégios de que gozavam as concessionárias estrangeiras não seriam extintos com o decreto de JK sobre a *nacionalização* da *São Paulo Light*, em 1956, particularmente no concernente ao direito de remessa de lucros para o exterior. Conforme denunciavam:

> Quero alertar a opinião pública e o próprio governo federal quanto ao engano, no caso, do conceito de nacionalização. Não houve, absolutamente nacionalização de uma companhia estrangeira. Para que isso ocorresse, necessários seriam os seguintes requisitos: primeiro, interrupção do envio de lucros para o exterior; segundo, uma diretoria integrada, toda ela, de brasileiros: terceiro, diretoria constituída também de acionistas, também exclusivamente brasileiros. Se nada consta, no decreto governamental, a respeito desse enquadramento, não há nacionalização: há apenas a transferência do gabinete dos diretores canadenses para a Praça Ramos de Azevedo, em São Paulo.[4]

De fato, o Decreto nº 40.440, assinado em 28 novembro de 1956, concedia a nacionalização à *Sociedade Anônima São Paulo Light and Power Company Limited*, sob a denominação de *São Paulo Light* S/A, *Serviços de Eletricidade*. Entretanto tal ação, perpetrada pelo brasileiro, resumia-se à mera formalidade jurídica que em nada alteraria a condição da *Light* de empresa controlada por estrangeiros e que continuaria a remeter seus lucros para o exterior.

A FPN manteve sempre suas manifestações a favor da estatização do setor elétrico como afirmava seu programa acima referido, porém,

---

4 Discurso do deputado Abguar Bastos Damasceno (PTB-SP) em 29 de novembro 1956, na Câmara dos Deputados. *Anais do Congresso Nacional*, 1956, vol. XLV, p. 464.

em 1959, um fato acirrou mais ainda os ânimos dos parlamentares ligados à Frente. Como já foi ventilado, em maio daquele ano o governador Leonel Brizola encampou a Companhia de Energia Elétrica do Rio Grande do Sul (CEERS), subsidiária do Grupo Amforp. Na esteira dessa encampação ocorreu a denúncia do não atendimento da necessidade de energia no Estado de Minas Gerais, apesar das declarações do representante da empresa estrangeira local, a Cia. Luz e Força de Minas Gerais, ligada ao Grupo Amforp de que o problema já estava resolvido.

> A Companhia Força e Luz, de Belo Horizonte, põe nos jornais o seu programa. Temos praticamente luz alternada, de hora em hora. O comércio, a indústria, os bancos estão usando lampiões, em pleno dia, para realizarem sua tarefa. E o pior disto é que ainda há brasileiros que se prestam a essa tarefa inglória de defender os interesses das companhias estrangeiras no Brasil. O seu diretor, brasileiro, que devia zelar pelos interesses daquela população, como que, cinicamente, desafiando mesmo o Poder Público e a boa vontade do povo, afirma que, a qualquer hora, haverá local de completa luz em Belo Horizonte.[5]

E ainda apelou às autoridades para começar a encampação de todas as companhias estrangeiras do setor:

> É preciso que as autoridades tenham aquela coragem que o ilustre Governador Gaúcho teve, encampando essas companhias estrangeiras, para que saibam que o Brasil é nosso, já é dos brasileiros e não do bolso dos estrangeiros que aqui vem encher-se.[6]

---

5 Discurso do deputado Paulo Freire de Araújo (PR-MG), em 25 de maio de 1959 na tribuna da Câmara dos Deputados. *Anais do Congresso Nacional*, 1956, p. 541.

6 *Ibidem*, p. 541.

Os membros da FPN empenhavam-se também em fiscalizar os abusos e desmandos da *Light*, agora "nacionalizada" e, neste sentido, sistematicamente, solicitavam informações sobre as remessas de lucros e dividendos realizados pela *Light*, por meio do mercado oficial ao longo do ano de 1958.[7]

Em um contexto de ânimos exacerbados, os *nacionalistas* presentes na FPN propuseram a desapropriação, por utilidade pública, dos bens e direitos das concessionárias estrangeiras de energia elétrica, por julgá-las responsáveis pela atual crise energética. Assim, em 22 de outubro de 1959, o deputado Euzébio Rocha (PDC-SP) apresentou, na Câmara dos Deputados, o Projeto nº 1.101/59, que propunha a criação de uma Empresa de Energia elétrica (ENE), que se incumbiria de administrar os serviços de produção e distribuição de energia. Na visão do deputado paulista:

> Os grupos que exploraram os serviços de eletricidade entre nós iniciaram suas atividades com diminuto capital que trouxeram. Os lucros acumulados permitiram, sem novos investimentos, o desenvolvimento da empresa que, aqui instalada, desenvolveu uma política pertinaz no sentido de impedir que a iniciativa governamental ou brasileira tivesse êxito.[8]

Os *nacionalistas* denunciavam ainda a compra, por parte do BNDE, de ações da *Light*, com o propósito de financiar suas operações no país. Segundo eles, houvera um acordo por meio do qual esse banco de investimentos, em suas relações com a *Light* de São Paulo, fizera uma operação destinada a camuflar a manutenção dos lucros fora do

---

7   Requerimento do deputado Lycio Silva Hauer (PTB-DF), em 5 de agosto de 1959, na Câmara dos Deputados. *Anais do Congresso Nacional*, 1959, vol. XIII, p. 71-2.
8   *Anais do Congresso Nacional*, 1959, vol. XXII, p. 659.

país, encoberta pela divulgação de que estaria comprando ações da referida empresa.

Um exame um pouco mais aprofundado das condições da "tomada de ações", no momento de 1,3 bilhões de cruzeiros, pelo BNDE, mostra que a operação não passou da entrega, sem prazo para a devolução, de uma parcela considerável dos recursos nacionais.[9]

Encaminhavam-se assim no sentido da defesa da estatização do setor elétrico e o combate dos abusos e das omissões das concessionárias estrangeiras de energia elétrica – Light and Power e Amforp –, assim como a incapacidade do Estado no controle de suas atividades no país.

O governo Jânio Quadros e o surgimento da Eletrobrás

É no governo de Jânio Quadros que se promulga a lei de criação da Eletrobrás. Após um extenso período de debates que envolveram o Congresso Nacional, governo e sociedade civil, no dia 25 de abril de 1961, o projeto da Eletrobrás foi transformado em lei (n° 3.890-A). Havia passado, portanto, sete anos desde o envio do projeto ao Congresso Nacional pela Assessoria Econômica Varguista até a sanção da lei que criou a empresa. No entanto, o governo Jânio Quadros, depois da formalização da empresa, não tomou nenhuma medida para dar início à sua efetiva operação. Tais medidas só viriam a ser tomadas após a sua renúncia, em outubro de 1961, quando João Goulart, do qual falaremos no próximo item deste capítulo,[10] já ocupava o governo.

---

9 Discurso do deputado Salvador Losacco (PTB-SP), em 4 de novembro de 1959, na Câmara dos Deputados. *Anais do Congresso Nacional*, 1959, vol. XXIV, p. 112.

10 CABRAL, *op. cit.*, p. 146.

A criação de empresa não arrefeceu os debates ente os *privatistas* e os *nacionalistas* durante o governo Jânio Quadros, particularmente porque o projeto, transformado em lei, apresentou alguns aspectos um pouco distintos do original proposto no segundo governo Vargas (1951-54). Vejamos como esta questão é tratada no curto período do governo Jânio Quadros.

Quando Quadros toma posse como presidente da República, em janeiro de 1961, encontra a questão da energia elétrica equacionada, segundo os diagnósticos efetuados pela iniciativa privada, para a qual a ameaça de um racionamento atingia diretamente seus interesses. Refirmo-nos tanto aos empresários cujas indústrias demandavam energia elétrica, quanto a aqueles que forneciam tal energia aos consumidores.

A expressão desta preocupação aparece no detalhado estudo que a revista *Desenvolvimento e Conjuntura* – periódico editado pela Confederação Nacional da Indústria (CNI) publicou no ano de 1960, sobre as condições do parque energético no país e suas condições de atendimento às demandas, juntamente com projeções sobre futuras necessidades e capacidades.

Avaliavam positivamente as condições vigentes naquele ano de 1960, pois observavam uma expansão "de forma assinalável da capacidade de geração de energia elétrica instalada no território nacional",[11] não tendo sido registrada nenhuma ocorrência de grave crise de suprimento desta energia no país.[12]

No entanto, dentre as preocupações expressas nesse diagnóstico, destacavam as dificuldades que se apresentavam para a manutenção do ritmo de crescimento deste parque, uma vez que os recursos para

---

11 Cf. *Desenvolvimento e Conjuntura*, ano V, n° 2, Fevereiro de 1961, p. 48.
12 *Idem*, p. 49-50.

os investimentos, obtidos via financiamentos ou empréstimos, vinham sendo corroídos pelos altos índices inflacionários vigentes no país.

No referido ano [1960], ficou patentemente evidenciado que, devido aos efeitos do surto inflacionário, os recursos alocados aos programas de expansão do setor de produção de energia elétrica se mostram mais do que insuficientes. Tal fato vem reforçar a necessidade de que não mais se adiem as soluções que visam colocar em devidos termos o problema do Imposto Único sobre Energia Elétrica, passando-o de taxa fixa a *ad valorem*.

O novo presidente,[13] que havia vencido as eleições no ano anterior, atingindo a marca de 48% dos votos (quase 6 milhões de eleitores), o que expressava a maior votação absoluta que um político havia alcançado no Brasil até então, declarou-se, de imediato, um entusiasta do desenvolvimentismo.

Para ele, "nenhum brasileiro, digno deste nome, é infenso à tese desenvolvimentista. Dedicarei a ela, não o duvidem, os meus mais constantes e desvelados esforços".[14] Na introdução ao seu Programa de Governo, tal concepção já emergira com convicção, ao afirmar que não havia "opção nacional entre desenvolvimento e estagnação".[15]

Com Janio Quadros no comando do país, porém, os limites inerentes à particularidade do desenvolvimento subordinado e *atrófico* manifestaram-se rapidamente, especificamente expressos pelo

---

13 Foi o primeiro presidente da República a ser empossado na recém inaugurada Brasília. Sua carreira foi fulminante na política paulista e dali para a presidência da república. Em São Paulo fora eleito vereador em 1947, deputado estadual em 1950, prefeito em 1953, governador em 1954 – nesta eleição venceu o poderoso Ademar de Barros – e deputado federal em 1958

14 Entrevista com o presidente eleito. *O Observador Econômico e Financeiro*, o+utubro de 1960, ano XXV, n° 296, p. 6.

15 *Idem*, p. 8.

problema da inflação, já apontada pelos analistas dos empresários. Além desta, o *déficit* na balança de pagamentos, acompanhado do consequente acúmulo da dívida externa. E, assim como acontecera com seus predecessores, as medidas necessárias para combater estes males – restringir créditos, congelar salários, extinguir subsídios aos bens essenciais de importação (como o trigo e o petróleo) e incentivar as exportações – significou a convergência de diferentes segmentos sociais em expressões de oposição. Com essas diretrizes, acabou por sofrer oposição de praticamente todos os setores da sociedade.

A crise governamental amplia-se com a soluçao encetada pelo governo para fazer frente ao problema herdado do governo anterior, que rompera com o FMI e praticamente declarara uma moratória. As tentativas de estabelecer uma política externa independente dos Estados Unidos, fomentando um contato mais intenso com o mercado dos países socialistas e com a recém-fundada república socialista cubana, assombraram tanto os representantes estadunidenses quanto a classe dominante brasileira, ampliando ainda mais a oposição dos capitalistas ao seu governo.

Mesmo para as "esquerdas", críticas ao governo do ponto de vista dos interesses dos trabalhadores, a política independente de Jânio Quadros foi encarada com desconfiança, consideradas mera propaganda desprovida de eficácia real.[16] Sem apoio dos setores de direita ou da

---

16 Os Comunistas brasileiros criticavam, sobretudo, a aproximação do Governo Jânio Quadros da política econômica sugerida pelo Fundo Monetário Internacional (FMI), bem como as críticas de Jânio ao movimento nacionalista. Os Comunistas Brasileiros se manifestavam com veemência pela luta da encampação das empresas de energia elétrica do grupo Amforp, assim como exigiam rapidez no andamento do projeto que visava criar a Eletrobrás. Cf. "Os comunistas e o governo de Jânio Quadros" In: CARONE, *op. cit.*, p. 234-44.

esquerda, desacreditado junto às camadas populares, Jânio Quadros, renunciou, após apenas sete meses de mandato.[17]

Mas neste curto espaço de tempo, o tema da energia elétrica manteve-se relevante, ocupando espaços nos jornais, em seminários e em pronunciamentos do governo. Para os empresários, divididos entre seus interesses corporativos, os pronunciamentos governamentais indicavam os rumos de suas articulações e de suas pressões junto a todos os setores do poder público a que tivessem acesso e frente aos demais segmentos sociais que pudessem influenciar.

Assim, quando o governo declarou que não era possível "relegar ao abandono os incontáveis cursos de água que serpenteiam pela superfície do País, estradas líquidas de aproveitamento singelo, e pródigas, ademais, de incalculável potência hidrelétrica",[18] evidenciou a tendência de valorização do aproveitamento dos recursos hídricos do país, denotanto a sua opção pela manutenção da matriz energética calcada na energia hidrelétrica. Nesta linha, declarava ainda que se fazia necesssário "incrementar, por *todos* os meios hábeis, o potencial gerador de energia elétrica, a fim de contornar a escassez prevista para os próximos anos", além de "fortalecer, de maneira *crescente*, a presença do Poder Público, na *geração* e *distribuição* da energia".[19]

---

17 No final de agosto de 1961 Jânio Quadros se sentia seguro – apesar de estar em posição delicada junto à direita – pois a opção para a sua sucessão, ou seja, o vice-presidente da república João Goulart era considerada absolutamente descartada pela direita. Sendo assim, ele se considerava mesmo em posição desconfortável como aventamos uma opção muito mais segura para as forças conservadoras. Para tal análise ver MARINI, 2002, p. 34-35. Outros autores se dedicaram a analisar o governo Jânio Quadros entre eles estão: Maria Victória de M. BENEVIDES, O governo Jânio Quadros; Leôncio BASBAUM, História Sincera da República, p. 226-49; Edgard CARONE, A República Liberal; Thomas SKIDMORE, Brasil: de Getúlio Vargas a Castelo Branco, p. 231-51; Miriam L. CARDOSO, Ideologia do Desenvolvimento, 231-308.

18 O *Observador Econômico e Financeiro*, Programa de Governo, *op. cit.*, p. 8.

19 *Idem*, p. 11. Grifos nossos.

Neste sentido, o poder público deveria ocupar um espaço cada vez maior nas ações voltadas para o setor elétrico brasileiro e – aspecto importante – não só no campo da geração, mas também no campo da distribuição de energia elétrica, sem, no entanto, desprezar o espaço do capital privado.

Revelam-se assim duas características que apontam os rumos da articulação dos segmentos sociais: de um lado, a manutenção do "Pacto de Clivagem", já que mantém a intenção de dividir a responsabilidade de efetivar a expasão da capacidade de geração de energia no país entre o capital privado e o capital estatal.

Por outro lado, a proposta do governo apresenta discordância em relação à tendência observada no governo JK, ou seja, a de privilegiar a construção de grandes usinas geradoras de energia elétrica a exemplo de Furnas. O programa janista afirmava que era necessário "evitar a preocupação exclusiva com grandes projetos, levando em conta a importância das unidades geradoras de porte médio, para o desenvolvimento das economias regionais".[20]

Mas a grande questão que acirra os ânimos do empresariado e que os mantém divididos não é, neste período, o problema da expansão propriamente dita do parque energético, mas sim um aspecto mais relacionado à manutenção deste parque, qual seja, o da produção e da compra de materiais elétricos.

Desde o início da trajetória do setor elétrico no Brasil a compra de material elétrico pesado, necessário à manutenção e expansão do parque energético,[21] era efetuada diretamente pelas concessionárias estrangeiras *Light and Power* e Amforp, que importavam todos os

---

20 *Idem*, p. 11.
21 BIBLIOTECA DO EXÉRCITO, *Energia Elétrica no Brasil: da primeira lâmpada à Eletrobrás*, p. 83.

equipamentos, de outros monopólios como os grupos *Westinghouse* e *General Eletric*. Durante a Segunda Guerra Mundial, a importação de material elétrico pesado tornou-se difícil, dadas às circunstâncias que envolviam o conflito. Essas dificuldades levaram o presidente Vargas a criar, em 1944, a Comissão da Indústria de Material Eletrico (Cime), que posteriormente, já no governo Dutra, apresentou um relatório propondo o estabelecimento, no Brasil, de uma indústria de economia mista de material elétrico.

A proposta de produzir material elétrico pesado no país só seria aludida novamente em 1952, no segundo governo Vargas, quando foi criada a Comissão Executiva de Material Elétrico, integrando o Plano Nacional de Eletrificação, produzido pela Assessoria Econômica do presidente Vargas. A ideia de uma empresa estatal do setor elétrico se incumbir da produção de material elétrico pesado foi incorporada no projeto enviado ao Congresso em abril de 1954.

Mas no governo JK, tal hipótese foi completamente descartada em favor da manutenção da compra de material elétrico pesado pelas concessionárias, facilitada, sobretudo, pela Instrução 113 da Sumoc,[22] mas com incentivo à instalação das empresas estrangeiras no Brasil. Nessa lógica, em 1955, o grupo francês *Schneider*, contando com empréstimos do BNDE, estabelece em Taubaté (São Paulo) uma indústria para a fabricação de turbinas, comportas e demais equipamentos mecânicos

---

22 "O objetivo dessa nova Instrução [da Superintendência da Moeda e do Crédito – SUMOC] era criar condições favoráveis à realização de investimento estrangeiro no país, por meio da concessão de licença, sem cobertura cambial, para a importação de maquinaria para empresas estrangeiras associadas a empresas nacionais. Embora essa fosse uma medida amplamente criticada pelos setores nacionalistas, foi a política cambial que prevaleceu durante o governo Kubitschek."
http://www.cpdoc.fgv.br/nav_gv/htm/3E_ele_voltou/Politica_cambial_e_industria.asp. Acessado em 25/02/2009.

pesados. Nesse mesmo ano, a empresa Bardella se associa ao grupo alemão *J.M. Voith* – o que foi denunciado por deputados congressistas como evidência de desnacionalização da economia. Em 1957, a corporação suíça *Browm-Boveri* inaugura uma fábrica em Osasco (São Paulo), assim como em 1960, a companhia italiana *Coemsa*/GIE estabelece-se em Canoas (Rio Grande do Sul) e em 1962, a *General Elétric* instala-se em Campinas (São Paulo).[23]

O veto de Jânio Quadros à instalação de uma indústria estatal para a produção deste material, assim como a manutenação das facilidades de empréstimo do BNDE ao capital privado, levantou vários questionamentos de congressistas, favoráveis à ampliaçao do poder estatal no setor.[24]

A concessão de empréstimos por parte do governo brasileiro às concessionárias estrangeiras de energia elétrica vinha, em geral, acompanhada da crítica à incapacidade do governo de exigir o cumprimento do dispositivo da lei que exigia a comprovação, para obtenção dos financiamentos, de que as empresas tinham condições de executar as obras de expansão do sistema elétrico com recursos próprios. O Código de Águas estabelecia que as concesssionárias deveriam, no ato da concessão, dar provas de que dispunham de meios financeiros para fazer face às empreitadas em que se envolviam. De suas denúncias observamos que, na realidade, o governo acabava também por financiar tais investimentos, além da concessão privilegiada

> Ao se reconstruir o histórico do desenvolvimento dos grandes trustes de energia elétrica em nosso País, há ainda um aspecto

---

23 Para a instalação de indústrias estrangeiras de material elétrico pesado no Brasil ver: MOTOYAMA, S. (org.). *Tecnologia e Industrialização no Brasil – Uma perspectiva histórica*. São Paulo: Editora Unesp, 1994, p. 280-1 e CABRAL (org.), *op. cit.*, p. 182-8.

24 Neste sentido, por exemplo, consta requerimento do Deputado Barbosa de Lima Sobrinho (PSB-PE) –, de 12 de junho de 1961. *Anais do Congresso Nacional*, 1956, vol. 13, p. 207-8.

que não deverá ficar esquecido – o dos grandes empréstimos feitos pelo nosso governo a estas companhias estrangeiras. Convém inicialmente salientar o absurdo de o governo dar a uma empresa, ao mesmo tempo, a concessão e o dinheiro para executar a usina, não obstante os nossos legisladores, em excesso de cautela, estabelecerem que se exigiria do candidato à concessão prova de idoneidade financeira (Código de Águas – art. 158 – alínea a); isto é, que se exigiria prova de capacidade financeira, prova de dispor de meios econômicos e financeiros para a execução da obra. No entanto, estes preceitos tão claros e evidentes tem sido colocados à margem e os grandes trustes da energia elétrica vem obtendo, de nosso governo, aval para empréstimos em bancos estrangeiros; empréstimos diretos de dinheiro público e, também, com os mesmo dinheiro público tem sido compradas ações emitidas pelos trustes a diversos títulos.[25]

Mas os privilegiamentos não se restringiam à concessão dos monopólios por região e aos empréstimos sem contrapartida, extendendo-se à garantia, por parte do BNDE, para empréstimos em bancos internacionais.

O resultado, ponderavam, era que as concessinárias estrangeiras de energia elétrica realizavam pouco investimento no Brasil e obtinham grandes lucros, pois, além das facilidades concedidas pelo governo brasileiro, ampliavam seus lucros com a cobrança das tarifas. Reforça-se assim, no nosso ponto de vista, a relação de subordinação ao capitalismo internacional.

Mas na lógica dos defensores da ampliação da participação do capital privado no setor, os problemas que se colocavam eram de outro

---

25 Catullo Branco, um dos mais ardorosos críticos dos abusos das concessionárias estrangeiras, de energia elétrica em seu artigo – Energia Elétrica e Bem Estar Social – denuncia vários aspectos do desenvolvimento dos grandes trustes de energia elétrica. Vide *Revista Brasiliense*, mar./abr. de 1961, n° 34, p. 122.

teor. Ou seja, também criticavam o governo, ampliando-se assim seu isolamento. Para estes, o Estado deveria buscar sanar os problemas do setor de energia elétrica sem macular o princípio da livre iniciativa. Mais do que isso o Estado deveria garantir a saúde financeira das empresas privadas do setor elétrico mediante a reforma do Código de Águas. Ou seja, era "indispensável, assim, que mantido o princípio da livre empresa, o Estado atribuísse tratamento prioritário e urgente ao atendimento da ampliação dos serviços de produção, transmissão e distribuição da energia".[26]

Ante a postura do governo, com o intuito de defender seus interesses e tentar chegar a um consenso que possibilitasse a assinatura da lei, encerrando o impasse, os segmentos da burguesia envolvidos direta ou indiretamente no problema, organizam um evento intitulado *Semana de Debastes Sobre Energia Elétrica*. Nitidamente visavam também formar opinião pública a seu favor, assim como influenciar técnicos do governo e funcionários dos Três Poderes, uma vez que convidam as pessoas mais influentes destes setores, para participar dos debates.

O evento foi realizado no início de 1961,[27] sob o patrocínio do Fórum Roberto Simonsen e com a cooperação da Confederação Nacional da Industria (CNI), da Federação das Indústrias do Estado de São Paulo (FIESP), do Instituto de Engenharia, da Associação Brasileira de Engenheiros Eletricistas, seção de São Paulo e do Sindicato da Indústria de Energia Hidroelétrica no Estado de São Paulo.

O documento final, resultante dos debates realizados nesta semana, intitulado "*Súmula de princípios fundamentais com as conclusões e recomendações da Semana de Debates sobre energia elétrica*", ratifica

---

26 Cf. *Sumula de princípios fundamentais com as conclusões e recomendações da Semana de Debates sobre energia elétrica*. p. 3. Arquivo Fundação Saneamento e Energia.
27 10 a 15 de abril de 1961.

muitas das posições já defendidas em 1956,[28] quando havia sido realizada semelhante semana de debates sobre o tema. De pronto, os coordenadores do evento apontavam sua preocupação com "a irreversível e cada vez maior participação do Estado no setor de energia elétrica",[29] e defendiam que uma "política energética brasileira deve ter como base a livre coexistência da iniciativa privada com a atividade estatal, supletiva ou complementar".[30] Segundo o documento da Semana:

> A análise da política energética brasileira não pode se desenvolver à luz de princípios abstratos, num contraste ideológico entre adeptos exclusivistas da iniciativa privada e ardorosos defensores do monopólio estatal; deve antes atender ao conjunto de *nossas circunstâncias históricas, geoeconômicas,* técnicas e financeiras que impõe a coexistência da iniciativa privada com a atividade dos governos, sobretudo da União e dos estados.[31]

Como podemos perceber, conferiam ao Estado um papel complementar à atividade privada, porém não deixavam claro em que sentido essa complementaridade seria realizada. Por outras palavras, não esclareciam se a ação estatal se daria em caráter complementar, em um dos três setores da indústria da energia elétrica (Geração, Transmissão ou Distribuição), em todas as Regiões do país, ou se tal ação complementar do Estado seria realizada em bloco, em algumas Regiões do

---

28 Posições já examinadas nos Capítulos 2 e 3 da presente tese.

29 Em 1954 quando projeto da Eletrobrás foi ao congresso a participação do setor público na capacidade instalada de energia elétrica era de 10,8%. Em 1961 era de 25,8%. A participação do setor privado havia caído de 77% em 1954 para 62,3% em 1961. Para os números da evolução da capacidade instalada do setor elétrico nesse período ver Ligia M. M. CABRAL (org.), *Panorama do setor...* op. cit. p. 150.

30 *Súmula de princípios fundamentais...* op. cit. p. 4

31 *Idem*, p. 7-8. Grifo nosso. Arquivo Fundação Saneamento e Energia.

país, onde não interessavam às concessionárias estrangeiras de energia elétrica atuar (Regiões Norte, Nordeste e Centro-Oeste).

A realidade da ação das concessionárias estrangeiras estabelecidas no país até aquele momento leva-nos a inferir que a complementaridade do serviço do Estado referia-se à segunda hipótese, para o que contavam com a concordância de juristas como Miguel Reale e técnicos especialistas. Segundo Reale,

> Na realidade, porém, nem sempre esses argumentos implicam a necessidade de optar-se entre regime público ou privado, havendo países, como o Brasil, nos quais, em virtude da vastidão de seu território e da diversidade e complexidade de suas regiões geoeconômicas, o que se impõe é uma solução plurivalente, segundo um plano ou programa de caráter nacional.[32]

E acrescenta, mais adiante, o jurista paulista:

> Não será demais ponderar que a projetada criação da Eletrobrás não consagra o regime de monopólio estatal, mas visa antes armar o poder público federal de recursos financeiros e técnicos indispensáveis à luta contra o subdesenvolvimento no plano da produção de energia elétrica, sem prejuízo da contribuição primordial das empresas privadas e das pertencentes aos governos dos estados.[33]

---

[32] Palestra proferida por Miquel Reale intitulada "Coexistência da iniciativa privada com a atividade estatal nos serviços de energia elétrica", durante a Semana. *Semana de Debates sobre energia elétrica: trabalhos publicados*, p. 8-9. Arquivo Fundação Saneamento e Energia.

[33] *Semana de Debates sobre energia elétrica: trabalhos publicados*, p. 23. Arquivo Fundação Saneamento e Energia.

Percebemos que o discurso do empresariado, dos técnicos e dos juristas paulistas não exclui a participação do Estado no setor elétrico, mas a submete à análise das *nossas circunstâncias históricas e geoeconômicas*. Ou seja, que o Estado se mantivesse nas regiões onde as empresas estrangeiras não se interessassem em realizar investimentos (como as Regiões Norte, Nordeste e Centro-Oeste do país) e que continuasse a garantir a atuação da iniciativa privada nas no eixo Rio- São Paulo, onde os lucros eram garantidos devido à intensa atividade industrial e desenvolvimento urbano. Nestas localidades, as companhias estrangeiras já possuíam usinas instaladas e o lucro era maximizado pela utilização da carga de energia elétrica e pela majoração das tarifas. Nas outras regiões, onde os lucros tardariam, e muito, a acontecer, onde se demandava investimentos vultosos para a instalação de novas usinas, por exemplo, a política energética brasileira deveria clamar pela intervenção estatal. Desta forma a coexistência da atividade estatal com a atividade privada era muito bem vinda. Assim, tais empresários, técnicos e juristas admitiam a coexistência do Estado com a iniciativa privada, obviamente com o setor estatal realizando investimentos verdadeiramente desbravadores e cujos lucros seriam tardios, enquanto as empresas privadas continuariam como fornecedoras de energia elétrica para as regiões privilegiadas do país.

A justificativa para tal postura era a de que, apenas assim se garantiria a sanidade das empresas, seu equilíbrio econômico-financeiro. Ou seja, retomavam as posturas já adotadas em 1956, quando da realização da Semana de Energia Elétrica no Instituto de Engenharia de São Paulo, conforme analisado em capítulos anteriores.

> O problema básico e agudo da indústria de eletricidade, pública ou privada, é de natureza econômico-financeira. O equilíbrio financeiro das empresas deve ser preservado, em benefício do serviço. São de inadiável urgência, neste sentido, a reavaliação

dos ativos das empresas concessionárias, a adoção de tarifas reais e flexíveis e o estímulo eficiente à capitalização contínua.³⁴

Observamos que, passados cinco anos da realização da Semana de Debates de Energia Elétrica de 1956, o clamor das companhias de energia elétrica continuava direcionado para três pontos fundamentais: 1. pressionar pela majoração das tarifas, 2. garantir maior remuneração pelo capital investido no setor elétrico e 3. obter melhores condições de captação de recursos. Ao Poder Executivo caberia, neste sentido, oferecer "crédito público favorecido à indústria privada de eletricidade, antecipando-se, para esse fim, o esquema de regularização do débito do tesouro nacional perante o Banco Nacional de Desenvolvimento Econômico".³⁵ E ao Poder Legislativo caberia dar "estímulo a novos investimentos no setor da energia elétrica, inclusive mediante incentivos fiscais, com a sua dedução parcial ou total, no cálculo do imposto sobre a renda e dos lucros extraordinários".³⁶

Ou seja, propunha-se que os recursos do Imposto Único sobre a Energia Elétrica (IUEE) arrecadados pelo governo e depositados no BNDE fossem transferidos para as concessionárias estrangeiras de energia elétrica a titulo de empréstimos facilitados, bem como que o Poder Legislativo criasse uma legislação de incentivos fiscais para isentar as grandes companhias de impostos, a exemplo da *Light and Power*.

> A indústria de eletricidade está a programar inversões extraordinárias, para as quais a poupança privada deve ser atraída. É preciso, entretanto, um incentivo para essas inversões. Quando a constituição declara que a justa remuneração deve ser tal que

---

34 *Idem*, p. 4.
35 *Súmula de princípios fundamentais... op. cit.*, p. 6.
36 *Idem*. p. 7.

possibilite a expansão do serviço, quer, ao meu ver, na remuneração, uma parcela própria para reversões, sem prejuízo do lucro normal do investidor, como ainda que a renda do capital deve ser atraente, capaz de seduzir novos investidores.[37]

Notemos que a proposta de que haja uma remuneração maior do que a do capital investido pela empresa do setor elétrico para que seu lucro não fosse "sacrificado" é feita por um jurista que integrava o Poder Judiciário.

Por esta proposta, a legislação das concessões deveria garantir uma taxa de lucro maior para as companhias estrangeiras de energia elétrica (a taxa de lucro permitida pelo Código de Águas era de 10%) – lembrando sempre que se tratava de monopólio – para que essas pudessem extrair desses lucros, capital suficiente para fazer novos investimentos. Desta forma as companhias estrangeiras de energia elétrica não precisariam trazer novos capitais ao Brasil para realizar investimentos, pois estes seriam propiciados pela obtenção de uma taxa de lucro maior, logicamente obtida com a cobrança de tarifas maiores aos consumidores.

Além da proposta de transferência direta do IUEE para as concessionárias, propunham também alternação em sua cobrança, visando sua liberalização conforme as regras do mercado. Ou seja, o IUEE deixaria de ser cobrado na forma de um valor fixo para ser cobrado num valor proporcional na conta dos consumidores. Esta proposta, apontada inicialmente no diagnóstico que precedeu à Semana de Debates, foi complementada com a proposta de destiná-los à iniciativa privada. Assim que transformados em recursos do BNDE, os montantes oriundos da cobrança do IUEE seriam destinados à concessão de empréstimos facilitados para as concessionárias estrangeiras de energia elétrica.

---

[37] Discurso do jurista Caio Tácito na *Semana de Debates sobre energia elétrica: trabalhos publicados*, p. 22. Arquivo Fundação Saneamento e Energia.

Fortaleciam sua justificativa com o argumento de que era inviável realizar um programa adequado de eletrificação no Brasil exclusivamente com os recursos estatais disponíveis naquele momento. Lembravam que havia um *déficit* de recursos a serem investidos, calculados pelo Conselho de Desenvolvimento do governo JK para o ano de 1958, em 42,3 bilhões de cruzeiros. Diante disso, apresentavam duas alternativas: a primeira seria a de aumentar as taxas pagas pelos consumidores de energia elétrica ou a criação de novos impostos capazes de atender as necessidades de recursos manifestadas até aquele momento. A segunda seria a de buscar recursos necessários para a expansão do setor elétrico mediante uma política de atração de recursos junto à iniciativa privada. Era o que afirmava, por exemplo, o coronel de Engenharia, Carlos Berenhauser Júnior, em seu artigo de maio de 1961, intitulado *Rumos da Indústria de Energia Elétrica*:

> A outra alternativa para completar os recursos necessários, e que *parece mais consentânea com o interesse coletivo*, seria a de atrair investimentos privados, em larga escala, através de medidas e estímulos adequados, proporcionados através de providências executivas, capazes de tranquilizar os que empregam suas poupanças nesse setor.[38]

Como observamos para este coronel, que já participara, em 1948-1949, da elaboração do relatório *Abbink*, na Comissão Brasileiro-Americana de Estudos Econômicos, considerado de tendência liberal e privatista,[39] a opção pelo atendimento das necessidades de expansão do setor elétrico por meio da atração do capital privado seria a mais consentânea com o interesse público. E nesse sentido tal atração deveria

---

38 Cf. Carta Mensal, Rio de Janeiro, Maio de 1961, ano VII, n° 74, p. 23-4. Grifo nosso.

39 Neste sentido ver: Maria Letícia Correa, Estado e burocracias no Brasil: um estudo sobre poder e política na área de planejamento do governo JK ao regime militar (1958 a 1968). In: *dialnet.unirioja.es/servlet/fichero_articulo?codigo=2768509&orden=0*

se realizar através de "medidas e estímulos adequados, proporcionados através de providências executivas". Quais seriam elas? A resposta de Berenhauser faz eco às propostas apresentadas pelos trabalhos realizados pela Semana de Debates sobre Energia Elétrica de 1961, ou seja, créditos concedidos pelo BNDE às companhias estrangeiras de energia elétrica, incentivos fiscais, dentre outras, como já foi referido acima.

Sendo assim, os consumidores brasileiros pagariam valores mais elevados nas suas contas mensais de energia elétrica – até mesmo porque uma das propostas da Semana de 1961, endossada por Berenhauser Júnior, era a de alteração da cobrança do IUEE de valor fixo para valor proporcional – para financiar investimentos das companhias estrangeiras de energia elétrica. Tais medidas evidentemente tranquilizariam os acionistas das concessionárias estrangeiras de energia elétrica, como sugere Berenhauser Júnior.

O que ele não explicita é que tal tranquilidade viria de investimentos arrecadados a partir das poupanças dos contribuintes brasileiros e não dos acionistas das companhias estrangeiras.

Os *privatistas* defendiam, assim, ardorosamente a manutenção do regime de majoração automático das tarifas de energia elétrica – as tarifas passavam a ser majoradas de acordo com os índices da inflação – autorizado pelo governo JK e demonstravam toda sua indignação diante da revogação daquela medida por parte do Ministério das Minas e Energia, no governo Jânio Quados. Podemos observar tais afirmações no artigo de Eugenio Gudin intitulado *O Estado e a Energia Elétrica*, que veio à tona no primeiro semestre de 1961:

> Agora, porém, baixou o honrado ministro de Minas e Energia um decreto que, além de revogar o regime automático daquele reajustamento [tarifas de energia elétrica], estipula que esse reajustamento "poderá ser suspenso se provocar ou puder provocar" perturbação da ordem pública ou se "houver suspeita" de

que ele tenha sido exagerado. Basta, portanto, que meia dúzia de comunistas (ou duas dúzias de estudantes por eles manejados) provoquem baderna ou então que um deputado, um governador ou um prefeito queira fazer demagogia, para que seja suspensa a cobrança do justo preço de um serviço público entregue ao capital privado.[40]

E acrescenta Gudin que como "se já não bastassem os outros óbices com que lutam as empresas de serviços públicos, acrescentou-se mais esse para ajudar a enxotar o capital e a iniciativa privados desse campo de atividade econômica".[41]

Em suma, por um lado, observamos que as críticas dos *nacionalistas* se concentravam em três pontos: em primeiro lugar, na instalação de diversas empresas de capital estrangeiro no setor de material elétrico pesado, por meio de oligopólios, sepultando, assim, a ideia contida originalmente no Plano Nacional de Eletrificação, de produção de material elétrico pesado via Eletrobrás. Em segundo, na concessão de privilégios a companhias estrangeiras, mediante concessão de empréstimos por parte do BNDE e, finalmente, na desnacionalização da economia brasileira expressa em diversos exemplos aventados nas linhas acima.

Por outro lado, notamos que no ano de criação da Eletrobrás, os representantes do pensamento *privatista* examinados na presente pesquisa defendiam, em primeiro lugar, a manutenção das atividades das concessionárias estrangeiras de energia elétrica no país por intermédio, sobretudo de benesses concedidas pelo Estado, como por exemplo, empréstimos facilitados oriundos recursos do FFE depositados no BNDE ou mesmo de isenções de impostos como o de renda. Defendiam os *privatistas* que tais atividades pudessem circunscrever-se a geração

---

40 Cf. *Digesto Econômico*, jul./ago. 1961, n°160, ano XVII, p. 81-2.
41 *Idem*, p. 82.

de energia elétrica nos centros econômicos mais desenvolvidos e, portanto, com maior possibilidade de lucros, em detrimento do atendimento das necessidades de energia nas outras regiões do pais, para as quais o Estado deveria assumir a responsabilidade da implantação dos serviços de energia elétrica. Defendiam, ainda, os *privatistas* que a atividade das companhias privadas pudessem focalizar-se meramente na distribuição de energia elétrica, enquanto o Estado se responsabilizaria pela geração e transmissão. Em segundo lugar, como observamos, os defensores do pensamento privatista defendiam garantias para a manutenção dos níveis de remuneração do capital das empresas estrangeiras de energia elétrica, sobretudo via majoração das tarifas.

De toda forma, é imperioso enfatizar que para além de uma questão de posturas, ou alternativas entre *privatistas* e *nacionalistas*, o país encontrava-se, naquele momento, diante de uma equação de difícil solução, posta pela realidade: a urgente necessidade de expansão da produção de energia elétrica e a falta de recursos próprios para fazer face a essas necessidades. Isto configura o problema da subordinação inerente à forma particular pela qual o capitalismo se objetivou no Brasil, ou seja, o *capitalismo hipertardio*.

O governo João Goulart e o início da implantação da Eletrobrás

No ítem anterior examinamos as diretizes janistas para o setor elétrico e, principalmente, os debates, ainda acalorados, entre *nacionalistas* e *privatistas*, durante o breve governo Jânio Quadros. Nesse ítem buscaremos resgatar as propostas do governo João Goulart para o setor elétrico e o processo de organização dos primeiros trabalhos da Eletrobrás, por meio dos documentos dos principais envolvidos no processo. Buscaremos também apresentar as manifestações de *nacionalistas* e *privatistas* acerca das questões marcantes para o setor elétrico durante aquele governo, mas, especificamente, a posição de tais correntes políticas diante do "caso Amforp".

A chegada de João Goulart à presidência da república foi realizada em circunstâncias extremamente tensas. Parcelas das Forças Armadas vetaram sua posse, lideradas pelo general Odílio Denys, sob a argumentação de que seria imprópria por motivos de "segurança nacional". Assim, os ministros militares requereram ao Congresso que consentisse na manutenção de Mazzilli no cargo, até que fossem realizadas novas eleições presidenciais. O Congresso rejeitou o pedido, desencadeando deste modo uma grave crise política.

Em 30 de agosto de 1961, os ministros militares difundiram um manifesto ao país, pelo qual persistiam em demonstrar a "inconveniência" da posse de João Goulart, tido como um agitador e comprometido com interesses comunistas. No entanto, as Forças Armadas estavam divididas. Muitos oficiais defendiam o respeito à legalidade e, portanto, a posse de Jango. Entre esses se destacava o ainda muito conceituado general Lott,[42] que prontamente tornou pública sua posição favorável à posse de Jango. O caso se complicou a partir da tomada de posição do general Machado Lopes favorável a posse de Jango. Esse era comandante do Terceiro Exército no Rio Grande do Sul e, de acordo com a tradição, a mais bem armada das quatro subdivisões do Exército Brasileiro. O governador do Rio Grande do Sul, Leonel Brizola, do PTB, defendia radicalmente, desde o início da crise, a posse de Jango. Do Rio Grande do Sul, Brizola organizou a Voz da

---

42 Para a posição do Marechal Henrique Lott no episódio da posse de João Goulart ver: Wagner William. *O soldado absoluto*. Rio de Janeiro: Record, 2005, p. 355-95.

Legalidade, uma rede de rádio criada para conseguir apoio a Jango em todo o Brasil.[43]

Com o país dividido e quase às portas de uma guerra civil, ganhou força uma saída conciliatória sugerida pelo Congresso Nacional: dar posse a João Goulart, restringindo, entretanto, seus poderes, mediante a adoção do sistema parlamentarista.[44] Assim, iniciou-se o governo João Goulart: responsável pela efetiva constituição da Eletrobrás em 1962, após oito anos de espera, desde a mensagem presidencial enviada por Getúlio Vargas ao congresso em 1954.

A presidência de João Goulart iniciou-se num momento em que se agudizava a crise econômica e financeira do país. Tal crise refletia a peculiaridade de um país marcado pela dependência, cuja industrialização se fundamentava na substituição de importações e na superexploração da força de trabalho.[45] Diversas feições e causas podem ser apontadas para explicar tal crise. Em primeiro lugar, a sucessiva redução da capacidade de importação do país. Assim, as implicações negativas da decadência de preços dos produtos primá-

---

43 Para a Campanha da legalidade ver: FERREIRA, Jorge. *O imaginário trabalhista*, Rio de Janeiro: Civilização Brasileira, 2005, p. 227-318.

44 Dentre os trabalhos que analisam o governo Goulart, destacamos os clássicos como BANDEIRA, Luis Alberto M. *O governo João Goulart*. Rio de Janeiro: Ed. Revan/Brasilia; Ed UnB, 2001; DREIFUSS, *op. cit.*; TOLEDO, *op. cit.*; CARONE, *op. cit.* Há também as interpretações do governo Jango por parte dos brasilianistas como SKIDMORE, *op. cit...* Há interpretações mais recentes como *O governo Goulart e o golpe civil-militar de 1964*. In: Jorge Ferreira e Lucilia de Almeida Neves Delgado (orgs.) *O Brasil republicano* – vol. 3 Rio de Janeiro: Civilização Brasileira, 2003. Marieta de Moraes Ferreira (org.), *João Goulart: entre a memória e a história*. GOMES, Angela de C. e FERREIRA, Jorge. *Jango: múltiplas faces*. Rio de Janeiro: Ed. FGV, 2007 e MUNTEAL, Oswaldo; VENTAPANE, Jacqueline e FREIXO, Adriano de (orgs.). *O Brasil de João Goulart: um projeto de nação*. Rio de Janeiro: Contraponto, 2006. E ainda: SOUZA, Nilson Araújo. *A longa agonia da dependência*. São Paulo: Ed. Alfa-Omega, 2004, p. 87-107.

45 Para um exame mais aprofundado de categorias como Dependência e Superexploração da Força de Trabalho ver MARINI, *op. cit.*, p. 105-165.

rios agravavam-se pelo fato de que cresciam as necessidades de importação de máquinas e equipamentos. Em segundo lugar, e como consequência do primeiro, o aumento da dívida externa. Em terceiro lugar, a ampliação da inflação que ocorria desde o final dos anos 1950 e implicava em intensas repercussões políticas. A esse respeito é importante recorrer a uma longa, mas esclarecedora, citação da obra de Ruy Mauro Marini:

> A inflação é normalmente um mecanismo pelo qual as classes dominantes de uma sociedade buscam melhorar sua participação no montante das riquezas produzidas. No Brasil de 1960, sua aceleração indicava uma luta entre os preços e salários que apenas significava que a inflação, como instrumento de acumulação de capital, deixava de ser eficaz. Era impossível continuar financiando a industrialização através de arrochos forçados, quando se tinha o nível de vida popular comprimido ao máximo (graças à erosão constante a que haviam estado submetidos os salários) e um movimento sindical sem melhores condições. Paralelamente à disputa entre as classes dominantes pelos lucros originados do aumento da produtividade, essas classes dominantes tinham que enfrentar agora a resistência oposta pelas massas populares. Inutilmente a taxa de inflação saltava de 25% em 1960 para 43% em 1961, de 55% em 1962 para 81% em 1963; de um mecanismo de distribuição da renda em favor das classes dominantes, o processo inflacionário converteu-se em luta de morte para todas as classes da sociedade brasileira pela própria sobrevivência e não poderia terminar de outra maneira senão colocando essa sociedade frente à necessidade de uma solução pela força.[46]

Além das causas acima citadas, outra explicação da crise se encontra nos crescentes *déficits* do balanço de pagamentos. Tais *déficits*

---

46 MARINI, *op. cit.*, p 28.

eram oriundos não só dos *déficits* comerciais, bem como dos altos gastos com fretes e seguros das exportações nacionais – realizadas em grande medida por navios estrangeiros – das remessas de lucros das empresas internacionais.

Assim o governo Goulart transcorreu sob um cenário de redução das taxas de investimentos e de crescimento da economia.[47]

O governo expressava as forças dos setores *nacionalistas* e da esquerda reformista, incluindo grupos moderados de centro, quando opta por robustecer a participação de capitais nacionais e estatais em setores estratégicos da economia, reservando ao capital estrangeiro uma posição auxiliar. Neste sentido encontramos num documento da presidência da República a preocupação em garantir, para o setor de energia elétrica, "medidas coordenadas, visando à integração de sistemas de transmissão, de molde a permitir a abertura de novas perspectivas ao planejamento regional ",[48] por meio da Eletrobrás.

A estratégia do governo Goulart expressou-se no chamado Plano Trienal de Desenvolvimento Econômico e Social. Engendrado pelo ministro do Planejamento, o economista Celso Furtado, o Plano tinha como alvo principal manter em patamares elevados as taxas de crescimento da economia, diminuindo concomitantemente a inflação. O governo acreditava que tais medidas eram imprescindíveis para a aquisição de novos empréstimos, para a renegociação da dívida externa, para o aumento do nível de investimentos e, por fim, para a diminuição das tensões sociais. O Plano Trienal indicava também a efetivação de reformas de base (agrária, bancária, educacional, dentre outras.) que segundo o governo eram imperiosas ao desenvolvimento de um capitalismo nacional e progressista. No que tange às necessidades do

---

47 A taxa de crescimento da economia brasileira caiu de 10,6% em 1960 para 8% em 1961, passando depois em 1962 para 5% e finalmente em 1963 para 2%.

48 PRESIDÊNCIA DA REPÚBLICA. Ação governamental de João Goulart, p. 61.

setor elétrico, o Plano Trienal manifestava maior preocupação com a interligação dos sistemas e de linhas de transmissão.[49]

O Plano Trienal foi praticado numa etapa em que a burguesia e as classes trabalhadoras haviam sofrido mutações substanciais, etapa esta em que inflação galopante, como já indicado acima, distanciava--as cada vez mais, o que fazia o nacionalismo-reformista do governo Goulart tender ao malogro.

De qualquer forma, o governo Goulart buscou robustecer a participação de capitais nacionais e estatais em setores estratégicos da economia. Destarte, o setor elétrico se encontrava entre as suas principais inquietações. Conforme já dissemos, a lei que criou a Eletrobrás havia sido assinada por Jânio Quadros em 1961, mas será somente no governo Goulart, por determinação do Ministro das Minas e Energia Gabriel Passos que um grupo é montado[50] para dar início aos trabalhos de constituição da empresa.[51] Em seu discurso de posse, em 11 de setembro de 1961, Goulart manifestou sua tendência *nacionalista* e refratária à ação privada no setor elétrico, ao considerar que a exploração das riquezas minerais não poderia "ser entregue meramente aos interesses imediatistas de grupos econômicos, que só visem ao próprio lucro, sem atenção ao interesse geral, ao bem comum".[52]

Finalmente em 11 de junho de 1962, foi constituída a Eletrobrás. O discurso do presidente João Goulart é muito elucidativo acerca do significado da criação da estatal do setor elétrico, no âmbito de seu governo, ou seja, expressão do *nacionalismo*. O presidente se refere a Eletrobrás como "vitória que, incontestavelmente, o é das forças

---

49 PRESIDÊNCIA DA REPÚBLICA, Plano Trienal de Desenvolvimento Econômico e Social, p. 109

50 Em 2 de fevereiro de 1962.

51 BIBLIOTECA DO EXÉRCITO, *op. cit.*, p. 83.

52 Arquivo pessoal Gabriel Passos. CPDOC, GP 61.09.09.

criadoras e progressistas deste país".[53] E, sobretudo, o presidente da República faz em seu discurso uma alusão ao Presidente Vargas, idealizador da Eletrobrás:

> Inserindo-se na linha de uma política esclarecida de emancipação e de desenvolvimento, a Eletrobrás que, aqui, está recebendo neste instante a sua autorização de marcha na direção ao seu grande destino – é mais um sonho que se transforma em realidade do gênio extraordinário e criador do grande presidente Vargas, o inexcedível comandante, pioneiro de todas as grandes batalhas pela independência econômica da nossa Pátria.

E na mesma linha do presidente da República, o Ministro das Minas e Energia Gabriel Passos exalta a figura do Presidente Vargas em seu discurso, por ocasião de constituição da Eletrobrás ao afirmar que o:

> Grande presidente, que já implantara no Brasil a indústria siderúrgica, que organizara o projeto de lei da Petrobras, que firmara as bases da libertação do trabalhador brasileiro, continuou a lançar os fundamentos definitivos da emancipação econômica do país, mandando elaborar o anteprojeto de lei da Eletrobrás.[54]

Como podemos observar o presidente João Goulart e Gabriel Passos, creditam ao ex-presidente Vargas as bases para o estabelecimento da Eletrobrás. Neste sentido, o estabelecimento efetivo da Eletrobrás naquele momento significaria a continuidade do projeto varguista, que propugnava a intervenção estatal em setores estratégicos da economia, assumindo a tarefa nas quais a iniciativa privada (leia-se, concessionárias estrangeiras) não se manifestavam. De fato, a

---

53 *O Estado de S. Paulo*, 14/06/1962. Arquivo Nacional.

54 Cf. Arquivo pessoal Gabriel Passos. CPDOC. GP 60.11.19 ap.

intervenção estatal como resposta às dificuldades enfrentadas pelo setor elétrico já se observava desde o governo JK, embora este não tivesse realizado nenhum esforço em dar andamento ao projeto de instalação da Eletrobrás, devido aos fatores já aventamos no capítulo 3.

Como foi expresso por José Luiz Lima, a instalação efetiva da Eletrobrás no governo João Goulart tornava a empresa encarregada de comandar o setor elétrico nacional a partir daquele momento. As funções que até então estavam destinadas ao BNDE foram assumidas pela Eletrobrás. A empresa se tornou o organismo de programação setorial, e assim, a responsável pela fixação dos planos de expansão do setor elétrico brasileiro.

No entanto, a Eletrobrás instalada em 1962 era dotada de atribuições mais restritas do que se previa no projeto original datado de 1954: a participação federal na expansão do setor deveria ser menor, bem como a articulação com outros ramos da indústria e, por fim, a participação da indústria de material elétrico pesado foi excluída da alçada da nova estatal do setor elétrico.[55]

Assim que a posição do governo fica mais clara, os defensores das teses *privatistas* se articulam, agora com o auxílio da imprensa e alardeiam que a iniciativa privada no setor elétrico estava liquidada. No editorial da *Revista Análise e Perspectiva Econômica*, cujo trecho mais significativo registramos abaixo, percebemos o posicionamento *privatista* da imprensa especializada:

> A expansão dos serviços privados veio sendo, nos últimos anos, quase que exclusivamente sustentada por empréstimos externos e pela criação insuficiente de fundos internos das empresas. Não se realizou, nas últimas décadas, nenhuma expansão geográfica

---

55 LIMA, *op. cit.*, p. 111.

importante desses sistemas devido a impossibilidade de atrair novos capitais para esse setor de preços políticos xenófobos.[56]

Ou seja, retoma-se a tese segundo a qual, a xenofobia de autoridades brasileiras no poder, sobretudo nos anos 1930, criaram dificuldades para o investimento de capitais no setor elétrico.

O que tais *privatistas* não esclarecem é que os empréstimos externos eram praticamente em sua totalidade avalizados pelo Estado brasileiro, ou seja, as concessionárias estrangeiras de energia elétrica contavam com a garantia do poder público para fazer os investimentos que viriam a propiciar lucros aos seus acionistas. Também deixam passar a informação de que os fundos internos mencionados pela revista eram oriundos da arrecadação das tarifas cobradas nas contas de energia elétrica dos consumidores. Ou seja, as concessionárias estrangeiras de energia elétrica pouco contribuíram com os aludidos capitais externos desde o início de sua trajetória de operação no Brasil.

Assim, apesar do processo de constituição efetiva da Eletrobrás ao longo do governo João Goulart, os embates entre *privatistas* e *nacionalistas* em torno das questões relativas ao setor elétrico permaneceram intensos nos diversos espaços da sociedade brasileira, através de diversos veículos, retomando-se as antigas questões como a da participação ou não do Estado no setor elétrico e seus desdobramentos; assim como, novamente, o caso Amforp. Rapidamente os *privatistas* propõem que se "altere a atual legislação sobre a indústria de energia elétrica", ou seja, o Código de Águas. Como nas regiões de maior desenvolvimento econômico do país, a concessão dos serviços de energia elétrica se encontrava das mãos das concessionárias estrangeiras de energia elétrica (*Light and Power* e Amforp), inferimos que seriam as maiores beneficiárias das alterações do Código de Águas, há muito

---

56 Cf. *Revista Análise e Perspectiva Econômica*, ano I, n° 6, agosto de 1962, p. 6.

tempo preconizadas pelos defensores do *privatismo*, dentre elas, a maior remuneração sobre o capital investido e a flexibilidade na majoração das tarifas.

A continuidade da defesa das teses privatistas se realizou, tanto com organização do I Congresso Brasileiro para Definição das Reformas de Base, realizado na cidade de São Paulo em 1962, sob a promoção da *Folha de S. Paulo* e *Correio da Manhã*, quanto por artigos assinados por especialistas, engenheiros, economistas, técnicos.

Do aludido Congresso participou como membro e coordenador do Grupo de Trabalho sobre Energia, o tenente Artur Levy, que já havia participado da diretoria da Petrobras em 1954 e observara o quanto o problema do financiamento do setor, a defesa da liberação das tarifas, assim como os outros pontos que eram objeto de disputas, não haviam sido resolvidos pela lei que criara a Eletrobrás e que as fragilidades do desenvolvimento capitalista se mantinha inalterada.

Sobre a questão do financiamento do setor elétrico, indica-se agora que os recursos públicos (Fundo Federal de Eletrificação, constituído por verbas federais e taxas estaduais) deveriam atender às áreas de menor desenvolvimento econômico do país.

> É ponto pacífico que a indústria de energia elétrica do Brasil só poderá desenvolver-se satisfatoriamente de modo a acompanhar as necessidades da demanda se possuir bases econômico-financeiras sólidas. Para isso é necessário que se altere a atual legislação sobre a indústria de energia elétrica, a qual, se persistir, condenará essa indústria a um regime artificial de subsídios governamentais. Nas atuais circunstâncias, as empresas de eletricidade, governamentais ou privadas, não podem subsistir com recursos provenientes dos próprios usuários e do mercado de capitais. Mesmo com aumento substancial do Fundo Federal de Eletrificação, das taxas estaduais, e de verbas orçamentárias, esse setor vital da economia nacional

está condenado a viver de subsídios governamentais, seja de forma direta, seja indiretamente através de impostos ou taxas. O setor de energia elétrica deverá ter estrutura econômico--financeira sadia, de modo que os recursos do Fundo Federal de Eletrificação, de verbas federais e de taxas estaduais, sejam destinados a atender às áreas menos desenvolvidas do país, sem suporte econômico-financeiro que permita o funcionamento e a expansão normal das empresas de eletricidade.[57]

A defesa da flexibilização das tarifas para as empresas estrangeiras coube ao economista Eugênio Gudin.[58] Segundo ele, a política de controle das tarifas de energia elétrica perpetrada pelo Estado brasileiro afugentava os investimentos da iniciativa privada no setor elétrico. Afirma que as "empresas só deixaram de se expandir nos últimos quinze anos, depois que o governo as arruinou, recusando-lhes tarifas que acompanhassem, ainda que parcialmente, a alta geral dos preços".[59] Notório defensor do neoliberalismo, Gudin acreditava que todo setor, entre eles os serviços públicos de energia elétrica, era como qualquer outra atividade, tarefa da iniciativa privada. Sendo assim, bastava ao Estado o papel de fiscalização. As empresas deveriam contar com as liberdades do mercado para atuar, inclusive no estabelecimento de suas tarifas.

Esqueceu-se de dizer que as empresas concessionárias do setor elétrico nunca tiveram tarifas congeladas pelo poder público no período em questão. O economista ainda desfere um duro golpe sobre a própria ideia da estatização ao afirmar que a: "precariedade das administrações

---

57 Cf. Arquivo pessoal. CPDOC.

58 Sobre o pensamento deste importante ideólogo do Neoliberalismo brasileiro ver: BORGES, op. cit.

59 Cf. Eugênio GUDIN, Eletrobrás. In: *Digesto Econômico*, n° 167, set.-out. de 1962, ano XIX, p. 85.

das empresas do Estado está ai perante aos olhos de todos. É um produto genético de nossos baixos padrões de educação política".[60]

Como observamos, Gudin, para negar a capacidade do Estado brasileiro de intervir nas atividades econômicas chega a usar como argumento uma pretensa incapacidade do povo brasileiro de administrar a vida de seu país devido à fatores genéticos. Tal argumento lembra as doutrinas racistas elaboradas por outros intelectuais brasileiros do final do século XIX e das primeiras décadas do século XX.

No entanto, o principal problema debatido a partir deste ano, foi o da necessidade imediata de resolver a carência de fornecimento de energia elétrica que, àquelas alturas, já ameaça colapsar tanto a produção industrial, quanto as atividades da sociedade em geral.[61] Isso pode ser depreendido das justificativas apresentadas pelos defensores da *Light*, no sentido de isentá-la de responsabilidade pelos blecautes cada vez mais constantes e pela diminuição do ritmo de expansão dos serviços de energia elétrica do país. Nesta defesa, acusam de rigidez a legislação brasileira para o setor elétrico, particularmente quanto à tarifação[62] de seus serviços.

---

60 *Idem*, p. 86

61 Como já foi aventado ao longo do capítulo 1 desta tese, as concessionárias estrangeiras de energia elétrica, em regime de monopólio, desde os fins dos anos 1930 não se interessavam em realizar grandes obras de expansão de suas instalações, pois entendiam que a remuneração ao capital (10%) prevista para seus investimentos no setor elétrico pela legislação brasileira não eram condizentes com seus interesses. Desde então, a crise de abastecimento foi-se agudizando e a intervenção estatal no setor elétrico foi-se fazendo cada vez mais presente, o que é confirmado com a criação da Chesf durante o Estado Novo, a proposta da Eletrobrás – só aprovada em 1961 no Congresso Nacional –, a criação de Furnas, dentre outros exemplos de empresas estaduais criadas durante o período.

62 Pronunciamento de Antonio Gallotti, então diretor-vice presidente da Rio Light S/A no Simpósio sobre Energia Elétrica Cf. *O Observador econômico e financeiro*, out.-dez. de 1962, ano XXVII, n° 315, p. 53.

Outra questão, merecedora de destaque, foi a proposta governamental de adquirir a Amforp. Para fazer frente à imensa crise econômico-financeira vivida pelo Brasil naquele momento, o governo incorporou ao "*Plano Trienal de Desenvolvimento econômico--socia,1963-1965*", a compra Amforp. O Plano Trienal buscava combinar a batalha contra o avanço inflacionário com uma política de desenvolvimento que possibilitasse ao país voltar a obter os índices de crescimento do final dos anos 1950. Entretanto, a despeito de não conferir aos salários implicações inflacionárias, na prática, o Plano Trienal solicitava que os trabalhadores – outra vez – "apertassem os cintos", além dos clássicos convites de "colaboração" e de "patriotismo". Além disto, concomitantemente ao fato de retirar os subsídios para o trigo e petróleo e diminuir investimentos públicos, o governo proclamava que estava prestes a comprar, por 188 milhões de dólares, doze usinas da Amforp.

Conforme adequadamente aludido, em 1959, o então governador do Rio Grande do Sul, Leonel Brizola, encampara a empresa subsidiária da Amforp naquele estado. A querela entre o poder público e a empresa se arrastou até a administração João Goulart, quando foi criada a Comissão de Nacionalização das Empresas Concessionárias de Serviços Públicos (Conesp), integrada inclusive por representantes da Eletrobrás, que compartilhavam claramente com o propósito da compra das empresas do grupo estadunidense *American & Foreign Power Company* (Amforp). O governo brasileiro almejava, com a aquisição dos bens da Amforp, desvencilhar-se das pressões que vinha sofrendo do governo estadunidense e restabelecer a possibilidade de créditos para empréstimos internacionais.[63]

---

63 O depoimento de Clay Hardman de Araújo, deputado federal PTB-RS (1963-1964), ao CPDOC em 13/10/1977 é bastante esclarecedor acerca do tema aventado. Vejamos: "Com a pressão popular comandada por Brizola, Arrais e tantos outros, no sentido da nacionalização [das companhias estrangeiras], Jango estava com as seguintes opções:

A Conesp chegou a combinar o preço de US$ 188 milhões para a compra das empresas da Amforp, mas a reação de *nacionalistas* obstruiu a operação, que só foi retomada no governo de Castelo Branco, durante a Ditadura Militar.

A principal alegação dos *nacionalistas* era a mesma já aludida falta de recursos, conforme observamos na fala do jornalista Barbosa Lima Sobrinho, no artigo, cujo título fala por si: *Negócio contra o Brasil*

> Mas se saio dessas exposições pessimistas [do ministro da fazenda San Tiago Dantas] e escuto a defesa de compra ou de encampação das subsidiárias da *Eletric Bond and Share*, chego à impressão oposta, a de que estamos nadando em ouro, com disponibilidades imensas para uma despesa, ou para uma responsabilidade, que de nenhum modo poderia ser considerada inadiável ou indispensável.[64]

Entendiam os *nacionalistas* que o governo João Goulart estava cedendo à coação do governo dos EUA e comprando um autêntico "ferro-velho" e contra isto a Frente de Mobilização Popular, capitaneada por Brizola, denuncia:

---

encampar pura e simplesmente e assumir os riscos, ou negociar. Para negociar ele tinha que avaliar o acervo, e foi criada uma comissão especial para fazer essa avaliação e emitir um laudo em nível ministerial. E Jango conseguiu uma concessão muito boa: o governo brasileiro encamparia as empresas, que seriam indenizadas conforme o laudo final dessa comissão de alta responsabilidade, e em troca o presidente Kennedy convenceria os investidores americanos, portadores de títulos dessas empresas, a reinvestir a maior parte de seu capital no Brasil em outras atividades econômicas que não gerassem atrito com a opinião pública. Empresa de serviço público, por exemplo, é ponto de atrito por causa da tarifa: aumento do gás, da luz, do bonde, do trem... Ao mesmo tempo, o governo indicaria as áreas prioritárias onde esses capitais seriam investidos." http://www.cpdoc.fgv.br/comum/htm/ Acessado em 31/08/2007.

64 SOBRINHO, *op. cit.*, p. 57.

Em ritmo acelerado e dentro do maior sigilo, processava-se as *demarches* finais da operação, quando, em 28-5-63, em pronunciamento feito pela televisão e por uma cadeia de rádio comandada pela Mairink Veiga, o Deputado Leonel Brizola, que, já em outras oportunidades alertava o Povo para os aspectos lesivos da operação *Bond and Share*, denunciou as vergonhosas condições que se pretendiam impor ao Brasil, com a cumplicidade de alguns ministros de estado.[65]

Apesar de praticamente todos os detalhes da compra da empresa estarem acertados com o governo estadunidense, como já foi aventado, segundo o panfleto, tal denúncia havia repercutido positivamente, pois o governo recuou diante da denúncia de "crime de lesa-pátria".[66]

Em suma, os setores *privatistas*, por intermédio de seus diversos veículos de divulgação, ao longo do governo Goulart, continuavam a manifestar o seu descontentamento com a política de intervenção do Estado nas atividades do setor elétrico, agora com a consumada criação da Eletrobrás. Argumentaram, assim como ao longo dos anos 1950, que o investimento de capital privado nos serviços de energia elétrica eram obstaculizados pela a legislação brasileira para o setor elétrico e sua consequente rigidez tarifária e baixa remuneração do capital investido. Os *nacionalistas*, por seu turno, comemoravam a instalação da Eletrobrás, depois de uma longa trajetória de oito anos de espera. Alardeavam que sua criação significaria a continuidade do projeto varguista, que propugnava a intervenção estatal em setores estratégicos da economia, assumindo a tarefa que concessionárias estrangeiras não estavam interessadas em realizar, como o era o caso do setor elétrico.

---

65 Cf. Arquivo Pessoal João Goulart. CPDOC. JGpr 1963.09.13.

66 Para maiores detalhes acerca do caso da compra da Amforp ver BANDEIRA, *op. cit.*, capítulo 8.

No entanto, se depararam com a realidade de que a Eletrobrás instalada em 1962 era dotada de atribuições mais restritas do que se previa no projeto original datado de 1954.

Sobretudo manifestavam sua indignação diante do caso da tentativa de compra da Amforp, entendida por eles como uma capitulação do governo João Goulart aos interesses do governo dos EUA e constituindo um verdadeiro "crime lesa-pátria".

O governo Castelo Branco e a Eletrobrás

Em 31 de março de 1964, cai, vítima de um golpe de estado, o governo João Goulart. A partir de então, instalou-se no Brasil uma ditadura que durou 21 anos. Muitos autores já se dedicaram a examinar as razões do golpe de 1964,[67] mas nos aproximamos das afirmações de Antônio Rago Filho,

> O golpe de estado, em verdade, veio como contrapartida do que poderia vir a ser uma nova ordem societária que sob a forma de uma república democrática colocaria as massas na vida pública, incorporadas ao mercado interno por meio de um conjunto de reformas estruturais, a começar pela reforma agrária, assim como, o processo de nacionalização dos setores estratégicos de nossa economia e o controle da remessa de lucros que ameaçavam as empresas estrangeiras. Todavia, na visão da direita, o 'getulismo de massas', com Brizola à testa – considerado a principal figura dos movimentos sociais, a extrema-esquerda –, acabaria servindo como porta de entrada para a "escravidão comunista". Nessa direção, o general Adyr Fiúza de Castro, em sua memória acerca dos eventos históricos daquela época, foi

---

[67] Entre os trabalhos importantes sobre o tema podemos citar SCHILLING, Paulo. *Como se coloca a direita no poder*. São Paulo: Global, 1979; DREIFUSS, *op. cit.*; BANDEIRA, *op. cit.* e TOLEDO, *op. cit.*

enfático em afirmar que "na preparação para o golpe de 64, todos os grupos eram unânimes em saber o que não queriam: não queriam uma república popular instalada no Brasil ".[68]

No poder, os militares vitoriosos passaram a adotar medidas concretas para afastar os fantasmas da instalação de uma república popular no Brasil. O Comando Supremo da Revolução – como se autodefiniu – editou o Ato Institucional nº 1, suspendendo as garantias constitucionais e estabelecendo um prazo de sessenta dias durante os quais poderia cassar mandatos e interromper direitos políticos. Assim, a "purificação" alcançou as fundamentais lideranças do regime anterior como João Goulart, Celso Furtado, Darci Ribeiro, Leonel Brizola, dentre outros.

A Frente Parlamentar Nacionalista foi abolida, bem como todas as organizações que exigiam as reformas de base: Comando Geral dos Trabalhadores (CGT), o Pacto de Unidade e Ação (PUA) e as Ligas Camponesas. Além disso, os sindicatos e federações de trabalhadores passaram por intervenções do governo e suas lideranças foram presas ou exiladas. A União Nacional dos Estudantes foi abolida, ainda que tenha na prática, tido uma atuação importante até 1968.

Nessas circunstâncias, caracterizadas por ampla repressão,[69] o debate ardoroso travado na sociedade entre os chamados *privatistas* e *nacionalistas* acerca das questões que envolviam os problemas do setor elétrico brasileiro acabou. Não há mais registros desses debates nos arquivos que utilizamos para essa pesquisa. Os veículos que expressavam tais debates, no que se refere aos grupos nacionalistas, estavam cerceados ou fechados, a exemplo do Congresso Nacional e da Imprensa em geral.

---

68 RAGO, *op. cit.*
69 Sobre o tema ver FICO, *op. cit.*, especialmente o capítulo 1.

A parir de 31 de março de 1964, os *privatistas* estavam no poder. Apenas eles tinham possibilidade de se expressar sobre os destinos do setor elétrico. Manifestavam-se saudando o golpe de estado como um grande momento de salvação nacional. O editorial da *Revista Brasileira de Energia Elétrica* em abril de 1964, já sob o comando dos militares aponta que restaurado "o regime democrático graças à intervenção oportuna, senão já tardia, das Forças Armadas, passou o pais a ser imediatamente submetido ao processo de recuperação que lhe facultará retornar à normalidade /.../".[70]

O editorial, de março de 1965, da *Revista Engenharia* comemora um ano da intervenção militar que resultou na Ditadura. Aponta que "a 31 de março o calendário marca um ano da Revolução. O episódio vai ser saudado no país inteiro como uma nova época aberta na vida da nação".[71] Alguns destes personagens relembram, anos depois, em suas memórias, a vivência naquele período. Mauro Thibau, ministro das Minas e Energia do governo Castelo Branco, relembra inclusive sua participação, embora de forma periférica, no Golpe de Estado:

> A minha atividade até então era uma atividade totalmente voltada para o campo técnico, em que os contatos com o ambiente político eram feitos sob a intenção de resolver problemas administrativos. Eu ia a Brasília discutir com deputados e senadores sobre liberação de verbas para a Cemig. Eu ia discutir verbas! Não ia discutir política! /.../ E, com isso, eu me vi de alguma maneira envolvido no que poderíamos chamar na periferia do Movimento Militar de 1964, que tinha núcleos civis não articulados, mas núcleos civis atuantes, e que foi surpreendente até para mim que fosse tão fácil o êxito do movimento /.../.

---

70 *Revista Brasileira de Energia Elétrica*, n° 5, mar.-abr. de 1964, p. 2.
71 *Revista de Engenharia*, ano 23, n° 261, março de 1965, p. 5.

O movimento vencedor em março de 1964 legitimava-se como "restabelecedor" da economia. Em outros termos, capitanearia a renovação do parque tecnológico no país, medida necessária ao próprio desenvolvimento do capitalismo. Além disso, para as classes dominantes brasileiras, a autocracia,[72] instalada em março de 1964, era a grande arma em sua verdadeira cruzada contra o comunismo internacional e seus agentes infiltrados no Brasil. Os autocratas brasileiros, encastelados no poder desde o golpe, seriam responsáveis pela promoção da segurança da pátria, bem como pela manutenção da segurança do "mundo livre". Tal concepção encontrava-se nas ideias consubstanciadas na Doutrina de Segurança Nacional.[73]

A forma de garantir que o comunismo não ameaçaria as estruturas do capitalismo brasileiro era buscar ultrapassar a fase subdesenvolvida em que este se encontrava. Ou seja, para enfraquecer a ação dos comunistas no Brasil, seria necessário avançar aceleradamente para o capitalismo desenvolvido. Como o caminho a ser percorrido era longo, tornava-se imperioso que a Nação estivesse atenta ao seu inimigo e praticasse sistematicamente a repressão. Daí, o binômio esguiano[74] "Desenvolvimento e Segurança".

Como assinalou Antonio Rago Filho, sob os auspícios da ditadura, o slogan era: *"desenvolvimento acelerado com segurança máxima*, a repressão extrema para que a reprodução ampliada do capital, assentada numa dupla violência, conseguisse o que seria denominado de *milagre econômico brasileiro"*.[75]

---

72 Para a formulação desta categoria ver: FERNANDES, "O modelo autocrático burguês de transformação capitalista". In: *A revolução burguesa no Brasil*.

73 Para um o exame do tema ver: ASSUNÇÃO, Vânia Noeli Ferreira de. *O Satânico Doutor Go: a ideologia bonapartista de Golbery do Couto e Silva*. São Paulo, PUC, Dissertação de mestrado, 1999. Em especial, os itens 4, 6 e 7 do capítulo III.

74 Alusão às doutrinas defendidas pela Escola Superior de Guerra (ESG).

75 RAGO FILHO, *op. cit.*, p. 191.

O primeiro governo da Ditadura Militar (1964-1967), tendo à frente do Executivo, o general Castelo Branco, teve como responsáveis pela política econômica Roberto Campos, no ministério do Planejamento e Otávio Gouveia de Bulhões, no Ministério da Fazenda. Sob os auspícios desses dois ministérios foi engendrado o Plano de Ação Econômica do Governo (PAEG).[76] O Objetivo do governo, com a adoção deste plano era estabilizar a economia e estabelecer os alicerces para o restabelecimento do crescimento econômico.

Neste sentido, tomou algumas medidas: em primeiro lugar, estabeleceu uma política salarial fundamentada no arrocho. Em segundo lugar, buscou regularizar o crédito – inviabilizado, em longo prazo, por causa das altas taxas de inflação que, por sua vez, geravam prejuízos aos credores. Para isso, criou a correção monetária, por intermédio de um índice chamado Obrigação Reajustável do Tesouro Nacional (ORTN).

Por fim, buscou combater o *déficit* público. Neste sentido, procurou extinguir gastos exagerados de empresas estatais, tornando-as lucrativas. Tal objetivo seria alcançado por meio do decreto 54.936, de 4 de novembro de 1964, pelo qual se estabelecia "obrigatória a aplicação dos dispositivos de leis relativos à correção monetária do valor original dos bens do ativo imobilizado para empresas concessionárias de serviços de energia elétrica."[77] Isso acabou por motivar um aumento nos preços dos produtos e serviços ofertados por essas empresas, dentre elas as empresas do setor elétrico. Entre 1964-1967, "as tarifas cresceram numa média de 62,4% ao ano, enquanto a inflação atingiu 39,0%, em média, no mesmo período".[78] Estava agora consolidada a política conhecida como realismo tarifário.

---

76 Para um exame aprofundado do tema ver: MELO, *op. cit.*

77 CABRAL, *op. cit.*, p. 217.

78 *Idem*, p. 218.

Isso significa que o governo abandonara o projeto da Eletrobrás, criticado, ao longo de anos, pelos *privatistas*(agora no poder de forma discricionária), como sendo resultante de uma mentalidade estatizante? A consolidação da Eletrobrás ao longo do governo Castelo Branco demonstra que não. Durante a Ditadura Militar, a disposição ao centralismo estimulou à crescente afirmação da Eletrobrás como agência planejadora e financiadora, além de *holding* de empresas federais. A partir de 1964, as companhias do setor de energia elétrica atingiram sua capacidade de autofinanciamento, por meio do realismo tarifário adotado pelo governo Castelo Branco (1964-1967), como já foi aventado.

Fundamentada no Decreto nº 54.936, tal política fundamentou a aplicação de correção monetária sobre o ativo imobilizado das concessionárias de energia elétrica. Além disso, o governo decidiu uniformizar o tombamento de propriedades atreladas a qualquer tipo de serviço de eletricidade, com a finalidade de determinar o investimento remunerável de cada empresa. Posteriormente, apesar do cenário recessivo do governo Castelo Branco, a elevação das tarifas e o apoio de bancos estrangeiros propiciariam condições favoráveis ao setor, que assumiria a liderança na retomada dos investimentos estatais.

Durante governo de Castelo Branco, embora a estatização se afirmasse, são os defensores da privatização que assumem o poder de administrar a Eletrobrás. Assim, ao invés de obstaculizá-la como haviam feito ao longo de treze anos, desde que as primeiras ideias de estatização do setor elétrico foram sugeridas pela Assessoria Econômica do presidente Vargas, passam, após sua criação como empresa estatal, a integrar sua administração.

Após o golpe de 1964 a Eletrobrás será dirigida por personagens como Octavio Marcondes Ferraz[79] – primeiro presidente da empresa na Ditadura Militar – cujas posturas tinham sido de total oposição ao projeto de criação da empresa estatal. Os exemplos da posição privatista defendida por Octavio Marcondes Ferraz são muitos, dentre eles, a conferência proferida na Escola Superior de Guerra, intitulada "O *problema do suprimento de energia elétrica*". Naquela tradicional escola militar Ferraz declarou, ainda em 1955:

> Que o Estado, que tem tantas atribuições imperiosamente exclusivas, se lance – no regime vigente – em campo reservado normalmente à atividade privada, criando super-ônus para o depauperado contribuinte brasileiro.[80]

Na exposição feita ao Grupo de Trabalho do Ministério das Minas e Energia sobre a constituição da Eletrobrás, em novembro de 1961, divulgada pelo sindicato da indústria da energia elétrica no estado de São Paulo, Marcondes Ferraz declarou:

> A Eletrobrás será um "super-organismo" com empreguismo, política-partidária, burocracia, etc. a onerar ainda mais o infeliz contribuinte brasileiro. É ele que paga finalmente todos os erros que cometemos como administradores ou gerentes da cousa pública. Temos diante de nós os exemplos edificadores das ferrovias e da navegação marítima com os seus 60 bilhões de cruzeiros de "déficit" para nos dar serviços da pior qualidade. Costumo sempre lembrar que as empresas elétricas não se acomodam com serviços de má qualidade. Numa estrada de ferro o trem

---

79 Entre os anos de 1957-60 Octavio Marcondes Ferraz fez parte do Conselho de Administração da Light and Power em São Paulo. Cf. Relatórios Anuais da Diretoria. Arquivo Fundação Energia e Saneamento.

80 INSTITUTO DE ENGENHARIA, *op. cit.*, p. 23.

tarda, pode se atrasar de 24 horas, mas acaba chegando. Em um sistema elétrico a má administração pode trazer avarias que podem causar a paralisação total e prolongada de toda a zona servida pelo sistema, acarretando consequências catastróficas.[81]

Em suas memórias, publicadas pelo Centro de Memória da Eletricidade, já no final da vida, Marcondes Ferraz enfatiza:

> Sou e sempre fui muito privatista, porque a empresa particular tem sempre melhor funcionamento do que a empresa pública. O governo é mau administrador não só no Brasil, como em toda a parte do mundo, e isso vem sendo demonstrado na vida cotidiana.[82]

Porque, então, os críticos à proposta da estatização da Eletrobrás, dentre os quais Octavio Marcondes Ferraz é apenas um exemplo, acabam por assumir (praticamente nos mesmo moldes propostos por Vargas) a sua direção, no período ditatorial? Empresários, engenheiros, técnicos, setores da sociedade civil, antes ferrenhos opositores ao projeto, agora vão pactuar. Qual teria sido o fator ou os fatores que levaram a esta mudança de posição?

Afastados os *nacionalistas*, que poderiam ferir seus interesses, integrantes dos segmentos da burguesia nacional, defensores da maior intervenção da iniciativa privada vinculados ao capital internacional, sentiram-se à vontade para assumir o projeto nos moldes que lhes interessava. Estava claro que as concessionárias estrangeiras de energia elétrica – *Light* e Amforp, não investiriam em infraestrutura no país, porque discordavam dos preceitos da legislação reguladora do setor elétrico (Código de Águas) e porque os serviços prestados por

---

81 Arquivo pessoal Otávio Marcondes Ferraz. CPDOC. OMF pi Ferraz, O. 1961.11.20
82 DIAS, Renato Feliciano (coord.), *op. cit.*, p. 135.

tais concessionárias eram monopolizados. Para elas, resultava ser mais conveniente a elevação das tarifas e maior remuneração sobre os investimentos do que a expansão da capacidade instalada de produção energia elétrica. Destarte, ante a evidência de que a ausência de investimentos no setor já vinha prejudicando o desenvolvimento do capitalismo – e por tabela o empresariado nacional – e dada a falta de propostas alternativas, optam por aceitar o antigo projeto.

Aqui cabe uma questão: a estatização como solução para os problemas do setor elétrico – com a consequente ratificação da Eletrobrás no governo Castelo Branco – significava a ausência de um projeto próprio dos militares, ou mudaram as opiniões dos diversos críticos da estatização do setor elétrico ao projeto Varguista, que mantivera-se durante o período JK e Goulart?

Entendemos que os militares não tinham um projeto próprio e acabam por implantar o formulado no último período Vargas: estatização do setor para a geração e transmissão, reservando para o setor privado a distribuição. Em outras palavras, a ação direta do Estado no setor de energia elétrica transformou significativamente as características deste, como já afirmamos: até então, o capital privado exercia largo domínio, com os monopólios de capital estrangeiro. Assim, gradativamente, a ação do Estado no período castelista resultou, mesmo que com timidez, na continuação do acréscimo da capacidade instalada pelo setor público. Desfez-se o monopólio da produção e alargou-se o da distribuição, configurando-se, assim, a *continuidade renovadora* característica do conservadorismo de uma formação *hipertardia*.

Como já foi aventado, a burguesia local que se objetivou pela via colonial, era proprietária, no Brasil, de um capital incompleto, mais que isso, um capital incompletável, sempre subordinado ao capital internacional, necessitando apelar com frequência ao Estado para realizar as suas tarefas econômicas, como reconheceu em depoimento um dos mais importantes artífices da Ditadura Militar, o general Ernesto Geisel.[83]

A constituição da Eletrobrás configurou a estrutura organizacional do setor elétrico brasileiro. A Eletrobrás exerce, atualmente, as funções de coordenação, de gestão financeira e empresarial, de articulação do setor com a industria, de planejamento de expansão e da operação do sistema elétrico brasileiro.

Além disso, a Eletrobrás cobre todo o território nacional, por intermédio de quatro outras empresas de âmbito regional por ela controlada. São elas: A Eletronorte (fundada em 1972), Chesf (fundada em 1945), Furnas (fundada em 1957) e Eletrosul (fundada em 1968). A Eletrobrás tem ainda duas empresas controladas de âmbito estadual: a *Light,* cujo controle adquiriu em 1978, e a Escelsa (Espírito Santo Centrais Elétricas S/A).

---

83 Após o golpe de 1964, em 15 de abril de 1964, foi nomeado chefe da Casa Militar pelo presidente Castello Branco. Em 1966 foi promovido a general-de-exército em 1966 e ainda ministro do Superior Tribunal Militar em 1967. No governo de Emílio Médici tornou-se presidente da Petrobras. Tornou-se presidente da república em 1974. No depoimento concedido a Maria Celina D'Araujo e a Celso Castro o general afirma: "um país do tamanho do Brasil, com a população que tem, com a sua pobreza, a sua debilidade, tem que se desenvolver. /.../ E para isso, o principal instrumento, a grande força impulsora é o governo federal. A nação não se desenvolve espontaneamente. É preciso haver alguém que a oriente e a impulsione, e esse papel cabe ao governo. Esta é uma ideia antiga que possuo, sedimentada ao longo dos anos de vida e esposada nos cursos da Escola Superior de Guerra. Como o país não tinha capitais próprios, *como a iniciativa privada era tímida, às vezes egoísta, e não se empenhava muito no sentido do desenvolvimento,* era preciso usar a poderosa força que o governo tem." Maria Celina D'araujo e a Celso Castro (orgs.), Ernesto Geisel, p. 287. O grifo é nosso.

Considerações Finais

O ESTUDO DAS QUESTÕES E DOS INTERESSES que os diferentes segmentos da burguesia nacional expressavam em sua peleja com as frações internacionais aqui atuantes no setor elétrico, ante o dilema de estatizar ou não o setor de energia elétrica, evidencia determinadas peculiaridades, que devemos frisar, do desenvolvimento capitalista *hipertardio* brasileiro.

A concessão dos serviços de energia elétrica à iniciativa privada foi a saída que o Estado, no início do século XX, encontrou para resolver os problemas postos pela realidade da urbanização e da industrialização. Dessa forma, o Estado garantiria a prestação de serviços, enquanto as empresas privadas lucrariam com a prestação dos serviços. Entretanto, era necessário que as empresas concessionárias assumissem também o seu financiamento. Como a grande burguesia nacional ainda estava voltada para os investimentos na agricultura cafeicultora – não obstante algumas iniciativas que já se observavam nos grandes centros urbanos como São Paulo, cujo crescimento na época era explosivo –, tais concessões ficaram nas mãos do capital estrangeiro, nos moldes da ação imperialista monopolista. Monopólio a que os governos não davam muita atenção, dado que não havia competição nacional que o pudesse questionar, pelo contrário, era bem-vindo, já que supria uma necessidade interna e "modernizava" o país.

Dessa forma, a trajetória do setor de energia elétrica expressa uma das facetas da particularidade do desenvolvimento *hipertardio* brasileiro, no contexto do capitalismo internacional de caráter imperialista e monopolista. O conservadorismo político; a ação agressiva para a manutenção dos monopólios; a ineficaz ação do Estado para coibir tais iniciativas; a impossibilidade da denúncia; a impunidade dos agentes; o isolamento em que se viam os funcionários-chave envolvidos na questão: tudo isso denota a falta de controle do Estado sobre as ações dos poderes constituídos e a fragilidade das instituições governamentais, que acabam por ficar à mercê do imperialismo internacional.

Na visão dos representantes do pensamento *privatista*, a crise do setor de energia elétrica que se iniciou com a Segunda Guerra Mundial e que veio a se agravar no segundo governo Vargas estava relacionada a uma "hostilidade" para com as empresas estrangeiras, demonstrada na legislação reguladora, ou seja, no Código de Águas e seus princípios. Além disso, consideravam eles que, para entender as causas da crise, dever-se-ia somar, aos efeitos negativos do Código, a incapacidade e inexperiência técnica e administrativa dos órgãos responsáveis pela organização e fiscalização do setor elétrico.

De qualquer forma, o que devemos ressaltar desse debate é que a emergente burguesia nacional, premida pelas necessidades e possibilidades reais de expansão – dada a crise internacional decorrente da guerra, assim como o aumento do consumo interno – apoia os argumentos do capital internacional de manutenção do monopólio do setor de energia elétrica. Esse monopólio seria realizado nos moldes existentes no período anterior, mas com o Estado assumindo, agora, o ônus da expansão, ou transferindo-o para o consumidor. A emergente burguesia nacional cumpre, assim, o seu papel histórico de corroborar a subordinação e, mesmo em épocas de expansão, preconizá-la nos moldes conservadores, pelos quais minimiza a ação fiscalizadora e reguladora do Estado, embora tal burguesia seja dele dependente material, jurídica e ideologicamente.

O segundo governo Vargas pretendia ser a administração da renovação e expansão do parque industrial, promovendo assim o desenvolvimento do capitalismo no Brasil. Daí as medidas para potencializar a economia em outras direções que não as da agricultura. Tal intenção encontrava-se dentro de um projeto nacional que havia se iniciado na década de 30. Destarte, o segundo governo Vargas encontrou nos *pontos de estrangulamento* – dentre os quais se destacava, a escassez de energia – uma grande barreira em relação a seus projetos de modernização industrial.

Os diversos exemplos de ações diretas do Estado – no âmbito federal ou no estadual – demonstram seu papel fundamental no financiamento de empreitadas de geração e transmissão de energia elétrica, embora, conforme já mencionamos, sem alterar as concessões já garantidas às empresas estrangeiras. Até então, o capital privado exercia amplo domínio, com os monopólios de capital estrangeiro. A ação do Estado, verificada no período 1951-54 resultou, mesmo que timidamente, na elevação da capacidade instalada pelo setor público, lançando as bases para que tal setor alcançasse, em 1962, a proporção de 31,3% da capacidade instalada de produção de energia elétrica do país, em contraste aos 6,8% que detinha em 1952. Ao contrário, o setor privado viu diminuir sua participação de 82,4% em 1952 para 55,2% em 1962, embora as concessionárias estrangeiras continuassem, nos anos que se seguiram, obtendo lucros com a distribuição de energia.

Como podemos observar, a faceta do conservadorismo, aludida anteriormente, manifestava-se não apenas no discurso daqueles que se opunham à expansão da industrialização. Tal conservadorismo pode ser constatado também na postura contrária à intervenção do Estado no setor de energia elétrica. E as duas posições são mesmo, muitas vezes, coincidentes, como na visão do então ministro da Fazenda Osvaldo Aranha, para quem não estava ocorrendo uma crise no setor, e sim um injustificável apelo pela industrialização e, por consequência, por maior oferta de energia elétrica. Mas como a industrialização não seria, segundo ele, uma vocação do país, não havia, necessidade de o governo investir no setor.[1]

Todavia, o conservadorismo também se manifestava no discurso dos progressistas que, embora reconhecessem as demandas advindas da industrialização e propusessem a intervenção do Estado para a resolução da crise do setor, em nenhum momento cogitaram a origem dos recursos para tais investimentos senão no capital internacional. Decorre daí a manutenção das condições de exploração que as concessionárias estrangeiras já detinham, com o aumento da dívida externa e a ampliação da subordinação e dependência do país.

Podemos concluir de tudo isso que a ação do Estado favoreceu diretamente os setores nacionais que, por meio de empresas mistas (de caráter público-privado) tiveram acesso aos subsídios governamentais. Mas favoreceu também e principalmente as empresas estrangeiras que, consorciadas com as empresas nacionais beneficiadas pelos subsídios do Estado, puderam continuar, agora de forma expandida, a explorar a distribuição da energia. Rompeu-se o monopólio da produção e ampliou-se o da distribuição, configurando-se, assim, a continuidade renovadora que caracteriza o conservadorismo de uma formação *hipertardia*.

No governo Juscelino Kubitschek, a partir do momento que o Poder Executivo elaborou e enviou ao Congresso Nacional o Projeto de Lei nº 1.898/56, que propunha alterações na legislação reguladora do setor elétrico, ou seja, Código de Águas, as disputas em torno da

---

1 Esta visão mostra como importantes setores da burguesia de capital atrófico resistem à industrialização e à modernidade. Ver CHASIN, J., *op. cit.*

questão tornaram-se ainda mais acaloradas. Em resumo, o projeto defendia que as tarifas fossem reajustadas automaticamente, pela aplicação de índices relacionados à inflação. Defendia, também, a proposta de alteração da legislação do setor elétrico objetivando, com isto, a derrubada do princípio do custo histórico para a avaliação do investimento remunerável das concessionárias.

A tônica do governo já se manifestava na mensagem que acompanhou o Projeto. Esta afirmava que as concessionárias de energia elétrica eram, por um lado, desencorajadas a fazer novos investimentos por causa da legislação que regia o setor elétrico, e por outro, que as empresas públicas existentes até aquele momento não conseguiriam suportar a demandas do país. Assim, dando, conforme diz o ditado popular, "uma no cravo e outra na ferradura", o governo de JK enuncia sua postura.

Para os nacionalistas, ainda no período JK, as empresas estrangeiras não estavam desinteressadas em atuar no setor, o que ocorria é que, dentro das práticas que sempre utilizaram, não pretendiam fazer investimentos novos com seu próprio capital. Com efeito, ficam dependentes de novos sócios locais. Estes, ao não se constituírem ou constituírem-se com capital reduzido (realidade que se vinha configurando naqueles últimos anos), tornavam a capacidade de expansão das empresas menor e consequentemente levando à maior intervenção do Estado nesse campo da economia.

Tais peculiaridades do nacionalismo kubitschekiano podem ajudar a explicar a posição do governo em relação às concessionárias estrangeiras de energia elétrica? Entendemos que sim. No setor de energia elétrica, mais especificamente, observamos uma tendência à busca da conciliação com os interesses das concessionárias estrangeiras de energia, o chamado de "Pacto de Clivagem".

O governo JK era um adepto da presença do capital estrangeiro no país para colaborar com o desenvolvimento. O setor de energia elétrica não era visto como exceção. De fato os nacionalistas, que se encontravam, digamos, marginalizados no centro diretivo do governo JK, eram aqueles para os quais nacionalismo era sinônimo de combate ao capital estrangeiro; no que se refere ao setor elétrico, o combate materializava-se pela oposição à participação das concessionárias estrangeiras de energia elétrica no Brasil. Os chamados "defensores do nacionalismo positivo" ocupavam as posições chaves do governo – exemplos de Lucas Lopes e Roberto Campos como observamos acima.

As denúncias partidas de diversos colunistas da *Revista Brasiliense*, da imprensa nacionalista a exemplo do *Semanário* e do PCB, dentre outros referidas acima, de fato se concretizam, pois muitos empréstimos e recursos do FFE foram destinados às concessionárias estrangeiras de energia elétrica. O fato é que os que defendiam o aumento da responsabilidade do Estado, ou seja, os *nacionalistas*, estavam afastados dos altos escalões, sobretudo, no setor elétrico e pouco puderam fazer para evitar o sucesso das teses *privatistas* e a utilização dos recursos do FFE pelas concessionárias estrangeiras de energia elétrica.

Em resumo, alguns representantes dos altos escalões do governo Kubitschek manifestavam abertamente seu *desamor* em relação à proposta de organização da Eletrobrás, que recuperava a proposta feita durante o segundo governo Vargas. Porém diante da emergência de se produzir energia elétrica para suprir as necessidades de crescimento dentro do novo padrão de acumulação, não conseguiram apresentar alternativas concretas no âmbito da iniciativa privada.

Isto porque, de um lado, as concessionárias estrangeiras de energia elétrica não se interessavam em fazer novos investimentos remunerados nos parâmetros definidos pelo Código de Águas – lucratividade de 10% do capital sobre o capital investido. De outro, a iniciativa privada nacional – verdadeira expressão do que *capital atrófico* – não manifestava a menor disposição em fazer inversões no setor de energia elétrica, até porque, em sua fragilidade, não dispunha de capital financeiro para tanto.

Durante a administração janista, observamos que as críticas dos *nacionalistas* concentravam-se em três pontos: em primeiro lugar, na instalação de diversas empresas de capital estrangeiro no setor de material elétrico pesado, por intermédio de oligopólios, que sepultaria, dessa forma, a ideia contida originalmente no Plano Nacional de Eletrificação, de produção de material elétrico pesado via Eletrobrás. Em segundo lugar, na concessão de privilégios a companhias estrangeiras, mediante a concessão de empréstimos por parte do BNDE; e finalmente na desnacionalização da economia brasileira realizada das mais diversas formas, como foi aventado acima.

Por outro lado, notamos que no ano de criação da Eletrobrás os representantes do *pensamento privatista* examinados acima defendiam, em primeiro lugar, a manutenção das atividades das concessionárias estrangeiras de energia elétrica no país por meio, sobretudo, de benesses concedidas pelo Estado, como por exemplo, empréstimos facilitados oriundos de recursos do FFE, depositados no BNDE, ou mesmo de isenções de impostos, como o de renda. Além disso, os privatistas defendiam que tais atividades poderiam circunscrever-se à geração de energia elétrica nos centros econômicos mais desenvolvidos e, portanto, com maior possibilidade de lucros. Nas demais regiões do país, o atendimento das necessidades de energia deveria ser responsabilidade do Estado. Os *privatistas* defendiam ainda que as atividades das companhias privadas poderiam concentrar-se meramente na distribuição de energia elétrica, enquanto o Estado deveria responsabilizar-se pela geração e transmissão. Por fim, esse grupo queria garantir a manutenção dos níveis de remuneração do capital das empresas estrangeiras de energia elétrica, via a majoração das tarifas.

É imperioso enfatizar que, para além de uma questão de posturas, ou alternativas entre *privatistas* e *nacionalistas*, o país encontrava-se, naquele momento, diante de uma equação principal de difícil solução: a urgente necessidade de expansão da produção de energia elétrica e a carência de recursos próprios para fazer face a essa necessidade. Isto configura o problema da subordinação inerente à forma particular pela qual o capitalismo se objetivou no Brasil, ou seja, o *capitalismo hipertardio*.

Durante o governo João Goulart, os setores *privatistas*, por intermédio de seus diversos veículos de divulgação, continuaram a manifestar seu descontentamento com a política de intervenção do Estado nas atividades do setor elétrico, agora com a criação da Eletrobrás. Argumentaram, como acontecera ao longo dos anos 1950, que os investimentos de capital privado nos serviços de energia elétrica eram obstaculizados pela legislação brasileira para o setor, pela consequente rigidez tarifária e pela baixa remuneração do capital investido.

Os *nacionalistas*, por seu turno, comemoravam a instalação da Eletrobrás, depois de uma longa trajetória de oitos anos, iniciada em 1951, quando do envio ao Congresso do projeto original de criação da empresa. Alardeavam que sua instalação significaria a continuidade do projeto varguista de defesa da intervenção estatal em setores estratégicos da economia, assumindo a tarefa que concessionárias estrangeiras não estavam interessadas em realizar, como era o no caso do setor elétrico.

Depararam-se, no entanto, com a realidade de que a Eletrobrás instalada em 1962 era dotada de atribuições mais restritas do que se previa no projeto original datado de 1954. Indignaram-se diante da tentativa de compra da Amforp – entendida por eles como uma capitulação do governo João Goulart aos interesses do governo dos EUA, constituindo um "verdadeiro *crime de lesa-pátria*".

Entendemos que os militares não tinham um projeto próprio e acabam por implantar o formulado no último período Vargas: estatização do setor para a geração e transmissão, reservando para o setor privado a distribuição. Em outras palavras, a ação direta do Estado no setor de energia elétrica transformou significativamente as características deste (até então, o capital privado exercia largo domínio, com os monopólios de capital estrangeiro). Assim, gradativamente, a ação do Estado no período castelista resultou, mesmo que timidamente, na continuação do acréscimo da capacidade instalada pelo setor público. Desfez-se o monopólio da produção e alargou-se o da distribuição, configurando-se, assim, a *continuidade renovadora* que caracteriza o conservadorismo de uma formação capitalista *hipertardia*. Formação esta na qual tem lugar uma burguesia objetivada pela via colonial, proprietária de um capital incompleto, mais que isso, um capital "incompletável", sempre subordinado ao capital internacional, necessitando apelar com frequência ao Estado, para realizar as suas tarefas econômicas, como reconheceu em depoimento um dos mais importantes artífices da ditadura militar, o general Ernesto Geisel.

Referências Bibliográficas

ABREU, S. C. "Atrair capitais para a eletrificação". In: *Revista Engenharia*, vol. XIV, n° 160, 1956.

ALMEIDA, Lúcio Flávio de. *Uma Ilusão de Desenvolvimento – Nacionalismo e dominação burguesa nos anos JK*. Florianópolis: UFSC, 2006.

ALMEIDA JÚNIOR, A. M. *O Brasil Republicano. Do declínio do Estado Novo ao suicídio de Getúlio Vargas e dominação burguesa nos anos JK*. 6ª ed. Rio de. Janeiro: Bertrand Brasil, 1996, vol. III.

ALVEAL, Carmem. *A descentralização regulatória das indústrias de energia no Brasil: reformas estruturais do Estado e dilema federativo*. UFRJ, IE 1999

ASSOCIAÇÃO BRASILEIRA DE NORMAS TÉCNICAS – ABNT. *NBR6023. Informação e documentação:* referencias: elaboração. Rio de Janeiro, 2002

_____. ABNT. NBR *6028. Resumos.* Rio de Janeiro, 2003.

_____. ABNT. NBR 10520. *Informação e documentação – citações em documentos: apresentação*. Rio de Janeiro, 2002.

_____. ABNT. NBR 14724. *Informação e documentação – trabalhos acadêmicos: apresentação*. Rio de Janeiro, 2005.

ASSUNÇÃO, Vânia Noeli Ferreira de. *O Satânico Doutor Go: a ideologia bonapartista de Golbery do Couto e Silva*. São Paulo: PUC, Dissertação de mestrado, 1999.

BANDEIRA, Luiz Alberto Muniz. *Presença dos Estados Unidos no Brasil*. Rio de Janeiro: Civilização Brasileira, 1973.

_____. *O governo João Goulart*. São Paulo: Civilização Brasileira, 1977.

BASBAUM, Leôncio. *História sincera da República*. São Paulo: Alfa-Ômega, 1975/76, vol. IV.

BENEVIDES, Maria V. de M. *O governo Kubitschek – desenvolvimento econômico e estabilidade política*. Rio de Janeiro: Paz e Terra, 1979.

BIELSCHOWSKY, Ricardo. *Pensamento econômico brasileiro 1930-1964: o ciclo do desenvolvimentismo*. Rio de Janeiro: Contraponto, 1996.

BORGES, Maria Angélica. *Eugênio Gudim: capitalismo e neoliberalismo*. São Paulo: Educ, 1996.

BRANCO, Catullo. *Energia elétrica e capital estrangeiro no Brasil*. São Paulo: Alfa-Ômega, 1975.

BRANCO, Zillah Murgel. *Catullo Branco: um pioneiro*. In: *Memória Energia*, São Paulo, n° 27.

BRESSER-PEREIRA, L. C. *Desenvolvimento e Crise no Brasil (1930-83)*. São Paulo: Ed. 34, 2003.

BIBLIOTECA DO EXÉRCITO, *Energia Elétrica no Brasil: da primeira lâmpada à Eletrobrás*. Rio de Janeiro: Biblioteca do Exército, 1977.

CABRAL, Ligia M. M. et al. *Panorama do setor de energia elétrica no Brasil*. Rio de Janeiro: Centro da Memória da Eletricidade no Brasil/Eletrobrás,1988.

CAMPANHOLE, Adriano; CAMPANHOLE, Hilton Lobo. *Constituições do Brasil*. São Paulo: Atlas, 1971

CAMPOS, Roberto. *A lanterna na popa*. Rio de Janeiro: Ed. Topbook, 1994.

CARDOSO, Fernando Henrique. *Empresário industrial e desenvolvimento econômico no Brasil*. São Paulo: Difusão Europeia do Livro, 1964

CARDOSO, Miriam Limoeiro. *Ideologia do desenvolvimento*. Rio de Janeiro: Paz e Terra, 1977.

CARONE, Edgard. *A República liberal (1945-1964)*. São Paulo: Difel, 1985.

_____. *O PCB – 1943 a 1964*. São Paulo: Difel, 1982.

_____. "Em São Paulo, lutas contra o monopólio: a mobilização social no conflito Guinle x Light". In: *Memória* (abr./jun.), 1990.

_____. *A República Velha: evolução política*. São Paulo: Difel, 1974.

_____. *A segunda República (1930-1937)*. São Paulo: Difel, 1973

_____. *A terceira República (1937-1945)*. São Paulo: Difel, 1982.

_____. DÉR, Rosa Maria M. T. J. "Light x Guinle". In: *Memória*. São Paulo: DPH Eletropaulo, vol. 2, n° 3, p. 14-9, 1989

_____. PERAZZO, Priscila F. "Em São Paulo, lutas contra o monopólio: a mobilização social no conflito Guinle x Light". In: *Memória* (abr./jun. 1990), p. 38-45. São Paulo: DPH Eletropaulo

CASTRO, Nivalde. *O setor de energia elétrica no Brasil: a transição da propriedade privada estrangeira para a propriedade pública (1945-1961)*. Instituto de Economia Industrial, UFRJ, Rio de Janeiro, 1985.

CAVALCANTI, Themistocles Brandão. "A regulamentação legal dos Serviços Públicos". *Revista Carta Mensal*, RJ, julho de 1960, ano VI, n° 64.

CENTRO DA MEMÓRIA DA ELETRICIDADE NO BRASIL, *Lucas Lopes: memórias do desenvolvimento*. Rio de Janeiro: Centro da Memória da Eletricidade/Eletrobrás, 1991.

CHASIN, J. *A miséria brasileira 1964-1994: do golpe militar à crise social*. Santo André: Edições Ad Hominem, 2000.

_____. "Marx – estatuto ontológico e resolução metodológica". In: TEIXEIRA, Francisco J. S. *Pensando com Marx: uma leitura crítico--comentada de O Capital*. São Paulo: Ensaio, 1995.

CHASIN, Milney. *O complexo categorial da objetividade nos escritos marxianos de 1843 a 1848*. Dissertação de mestrado, Belo Horizonte, Fafich-UFMG, 1999. *Mimeo*.

CONJUNTURA ECONÔMICA, Rio de Janeiro. Ano IX, n° 1, 1955, p. 119.

CONJUNTURA ECONÔMICA, Rio de Janeiro. Ano XIV, n° 2, 1960, p. 157.

CONJUNTURA ECONÔMICA, Rio de Janeiro. Ano XV, n° 2, 1961, p. 149

CONSELHO NACIONAL DE ECONOMIA, "Política de energia elétrica". In: *O Observador econômico e financeiro*, setembro de 1956, ano XXI, nº 247.

COSTA, Helio B. "Um depoimento histórico de Catullo Branco". In: BRANCO, Adriano Murgel. (org.) *Política energética e crise de desenvolvimento*. Rio de Janeiro: Paz e Terra, 2002.

COTRIM, John. O problema da energia elétrica no Brasil. In: *Revista do conselho nacional de economia*, ano IX, mai.-jun. 1960, nº 3.

COTRIM, Lívia. *O ideário de Getúlio Vargas no Estado Novo*. Dissertação de mestrado, Unicamp, 1999

D'ARAÚJO, Maria Celina. *O segundo governo Vargas: 1951-1954. Democracia, partidos e crise política*. Rio de Janeiro: Zahar Editores, 1982.

_____. CASTRO, Celso (orgs.). *Ernesto Geisel*. Rio de Janeiro: Ed. FGV, 1998

DESENVOLVIMENTO E CONJUNTURA. A economia brasileira no próximo quinquênio – III – Programa de Desenvolvimento (Conclusão)", In: Desenvolvimento e Conjuntura, ano IV, nº 7, julho de 1960

DIAS, Renato Feliciano (coord.). *Otávio Marcondes Ferraz*: um pioneiro da engenharia nacional. Rio de Janeiro: Centro da Memória da Eletricidade no Brasil/Eletrobrás, 1993.

_____ (coord.). A *Eletrobrás e a história do setor de energia elétrica no Brasil*: ciclo de palestras. Rio de Janeiro: Centro da Memória da Eletricidade no Brasil, 1995.

_____ (coord.). *Notas sobre racionamento de energia elétrica no Brasil (1940-80)*. Rio de Janeiro: Centro da Memória da Eletricidade no Brasil/Eletrobrás, 1995.

DRAIBE, Sônia. *Rumos e metamorfoses: Estado e industrialização no Brasil – 1930-1960*. Rio de Janeiro: Paz e Terra, 1985.

DREIFFUS, R. A. *1964, A conquista do Estado (ação política, poder e golpe de classe)*. Petrópolis: Vozes, 1981

ENTREVISTA DE ALMINO AFONSO. http://www.fundaj.gov.br/, Acesso: em 17/02/2009, 16:15.

FERNANDES, Florestan. *A revolução burguesa no Brasil*. São Paulo: Globo, 2006.

FERREIRA, Jorge. "O nome e a coisa: o populismo na política brasileira". In: _____. *O Populismo e sua história – debate e crítica*. Rio de Janeiro: Civilização Brasileira.

_____. *O imaginário trabalhista*. Rio de Janeiro: Civilização Brasileira, 2005

_____. *O governo Goulart e o golpe civil-militar de 1964*. In: Jorge Ferreira e Lucilia de Almeida Neves Delgado (orgs.) *O Brasil republicano*, vol. 3 Rio de Janeiro: Civilização Brasileira, 2003.

FIALHO, A. Veiga (org.). *Compra da Light: o que todo brasileiro deve saber*. São Paulo: Civilização Brasileira, 1979

FICO, Carlos. *Como eles agiam*. Rio de Janeiro: Record, 2001.

FONSECA, Pedro Cesar. *Vargas: o capitalismo em construção*. São Paulo: Brasiliense, 1989

GORENDER, J. A Burguesia Brasileira. São Paulo: Brasiliense, 1982.

GUIMARÃES, Deocleciano Torrieri. Dicionário técnico jurídico, 3ª ed. São Paulo: Rideel, 2001.

GOMES, Angela C.(org.). O Brasil de JK. Rio de Janeiro: FGV-CPDOC, 1991.

_____ e FERREIRA, Jorge. Jango: múltiplas faces. Rio de Janeiro: Ed FGV, 2007.

HONORATO, Cezar Teixeira. "Conflito entre Capitalistas: A implantação da energia elétrica no Rio de Janeiro (Brasil) na virada do século XIX para o XX ". In: VI Congreso de la Asociación de Historia Económica, 1997, Girona. Actas. Girona: AHES, 1997, vol. 7.

IANNI, Octavio. Estado e planejamento econômico no Brasil – 1930-1970. Rio de Janeiro: Civilização Brasileira, 1971.

INSTITUTO DE ENGENHARIA, Trabalhos publicados na Semana de Debates de energia Elétrica. Instituto de Engenharia, São Paulo, 1956.

JUNIOR, Caio Prado. A Revolução Brasileira. São Paulo: Brasiliense, 1996.

LEAL, Vitor Nunes. Coronelismo, enxada e voto. São Paulo: Alfa Omega, 1975

LEÃO, Mario Lopes. "O suprimento de energia elétrica à Região Centro-Sul e o problema da interligação dos grandes sistemas elétricos existentes". Revista Digesto Econômico, n° 145, jan.-fev. 1959, ano XV.

LÊNIN, Vladimir Ilie. O Imperialismo, fase superior do capitalismo. Brasília: Nova Palavra, 2007

LEITE, Antonio D. *A energia do Brasil*. São Paulo: Nova Fronteira, 1997

LESSA, Carlos; FIORI, José L. *Relendo a política econômica: as falácias do nacionalismo popular do segundo governo Vargas*. Instituto de Economia Industrial/UFRJ. Rio de Janeiro: 1983

LIMA, J. L. *Estado e Energia no Brasil*. São Paulo: IPE-USP, 1984.

LIMA, Medeiros (org.). *Petróleo, energia elétrica e siderurgia: a luta pela emancipação – um depoimento de Jesus Soares Pereira sobre a política de Getúlio Vargas*. Rio de Janeiro: Paz e Terra, 1975.

LIMA SOBRINHO, Barbosa. *Estudos Nacionalistas*. Rio de Janeiro: Civilização Brasileira, 1981.

LIMA, Valentina da Rocha. *Getúlio: uma história oral*. Rio de Janeiro: Record, 1986.

MAGALHÃES, Gildo. *Força e Luz: eletricidade e modernização na República Velha*. São Paulo: Editora Unesp; Fapesp, 2000.

MARANHÃO, Ricardo. *O Governo Juscelino Kubitschek*. São Paulo: Brasiliense, 1994.

_____. "O poder da canadense". In: *Memória*. São Paulo: DPH Eletropaulo, vol. 2, n° 2, 1989.

_____. "Projeto Eletrobrás: a luta pela nacionalização do setor elétrico". In: *Memória*. São Paulo: DPH Eletropaulo, vol. 2, n° 3, p. 20-2, 1989.

_____. *O Estado e a política "populista" no Brasil (1954-1964)*. In: FAUSTO, Boris (org.) *História geral da civilização brasileira*. São Paulo, 1981, t. 3, vol. 3.

_____. *Capital estrangeiro e o estado na eletrificação brasileira: a Light 1947-1957.* Tese de doutorado. São Paulo: USP, s/d. Mimeo.

_____. *McCrimmon o jeitinho brasileiro na direção da Light.* Memória. São Paulo: Eletropaulo, 2 (5): 35-8, out./nov./dez. 1989

MARINI, Ruy Mauro. *Dialética da dependência.* Petrópolis/Buenos Aires: Vozes/Clacso, 2002.

MARTINS, L. *Industrialização, burguesia nacional e desenvolvimento.* Rio de Janeiro: Saga, 1968.

MARTINS, C. E. *Capitalismo de estado e modelo político no Brasil.* São Paulo: Graal, 1977.

MELO, Wanderson Fábio de. *"No governo de entressafra": a práxis de Roberto de Oliveira Campos durante o governo de Castelo Branco (1964-1967).* Dissertação de mestrado, São Paulo, PUC-SP, 2002. Mimeo.

MENDONÇA, Sonia Regina de. *Estado e Economia: opções de desenvolvimento.* Rio de Janeiro: Graal, 1985.

MÉSZARÓS, István. *O poder da ideologia.* São Paulo: Ensaio, 1996.

MOTOYAMA, S. (org.). *Tecnologia e Industrialização no Brasil – Uma perspectiva histórica.* São Paulo: Editora Unesp, 1994.

MUNTEAL, Oswaldo; VENTAPANE, Jacqueline; FREIXO, Adriano de (orgs.). *O Brasil de João Goulart: um projeto de nação.* Rio de Janeiro: Contraponto, 2006.

NETO, Elias Chaves. Editorial. *Revista Brasiliense*, n° 3, jan.-fev. 1956

NETO, Elias Chaves. A encampação da Companhia de Energia Elétrica Rio-Grandense. *Revista Brasiliense*, 1959, n° 23, mai.-jun.

OHLWEILER, Otto Alcides. "Por uma política nacionalista no setor da eletricidade". *Revista Brasiliense*, 1959, n° 21, jan.-fev.

OLIVEIRA, A. B. "Tarifas de Serviços Públicos e Empresas Privadas". *O Observador econômico e financeiro*, agosto de 1957, ano XXII, n° 258.

OLIVEIRA. "O Código de Águas – Sua importância e atualidade como instrumento de política econômica". In: *Revista Engenharia*, outubro de 1957, p. 177

OLIVEIRA, Francisco de. *A economia da dependência imperfeita*. Rio de Janeiro: Graal, 1980.

PEREIRA, Jesus Soares. "A Eletrobrás e o CNE". In: *Revista Econômica Brasileira*, vol. 2, 1956, n° 3.

PIERANTI, O. P.; CARDOSO, F.; SILVA, L. H. R. "Reflexões acerca da política de segurança nacional: alternativas em face das mudanças no Estado". In: *Revista de Administração Pública (RAP)*. Rio de Janeiro, 2007.

PRESIDÊNCIA DA REPÚBLICA. *Ação governamental de João Goulart*. Rio de Janeiro: Instituto Brasileiro de Geografia e Estatística, 1964.

PRESIDÊNCIA DA REPÚBLICA. *Plano Trienal de Desenvolvimento Econômico e Social*. Brasilia: Presidencia da República, 1962

QUEIROZ, Edson Teixeira. *Antologia de Barbosa Lima Sobrinho*. Rio de Janeiro: Paz e Terra, 1997.

RAGO, Maria Aparecida de Paula. *Jose Ermírio de Moraes: A trajetória de um empresário nacional*. Rio de Janeiro: Paz e Terra, 2008.

RAGO FILHO, Antonio. *A ideologia 64 os gestores do capital atrófico*. Tese de doutorado. São Paulo: PUC-SP, 1998. Mimeo.

_____. *O ardil do Politicismo: do bonapartismo à auto-reforma da autocracia burguesa*. Projeto História (PUC-SP), São Paulo, vol. 2, t. 1, p. 139-67, 2004.

REVISTA ANÁLISE E PERSPECTIVA ECONÔMICA, ano I, n° 6, agosto de 1962,

REVISTA BRASILIENSE, mar./abr. de 1961, n° 34

REVISTA DE ENGENHARIA, vol. XIII, n° 143, p. 76, outubro de 1954.

REVISTA DE ENGENHARIA, março de 1965, ano 23, n° 261,

REVISTA DE ENGENHARIA, vol. XIV, n° 163, p. 455, 1956

REVISTA DO CLUBE DE ENGENHARIA, n° 227, 1955, p. 21.

REVISTA DO CLUBE DE ENGENHARIA, n° 224, 1955, p. 44

REALE, Miquel. *Coexistência da iniciativa privada com a atividade estatal nos serviços de energia elétrica*. São Paulo: Saraiva, 1961. p. 8-9. Arquivo Fundação Saneamento e Energia.1961.

SANDRONI, Paulo. *Novíssimo dicionário de economia*. São Paulo: Best Seller, 1994.

SAES, Flavio. *Café, indústria e eletricidade em São Paulo*. Caderno História & Energia: a chegada da Light. São Paulo: Eletropaulo, n° 1, 1986

SCHILLING, Paulo. *Como se coloca a direita no poder*. São Paulo: Global, 1979

SILVA, Marcelo Squinca da. *A estatização do setor de energia elétrica: um embate entre entreguistas e tupiniquins no segundo governo Getúlio Vargas (1951-54)*. Dissertação de mestrado, São Paulo, PUC-SP, 2003. Mimeo.

SIMONSEN, R. *Evolução industrial do Brasil e outros estudos*. São Paulo: Companhia Editora Nacional, 1973.

SINGER, Paul. "Interpretação do Brasil: uma experiência histórica de desenvolvimento". In: FAUSTO, Boris (org.) *História geral da civilização brasileira*. São Paulo, 1981, t. 3, vol. 4.

SKIDMORE, Thomas. *Brasil: de Getúlio Vargas a Castelo Branco*. Rio de Janeiro: Paz e Terra, 1975.

SOBRINHO, Barbosa L. *Estudos Nacionalistas*, Rio de Janeiro: Civilização Brasileira, 1981.

SODRÉ, Nelson W. *História da burguesia brasileira*. Rio de Janeiro: Civilização Brasileira, 1967.

SOUZA, Nilson Araújo. *A longa agonia da dependência*. São Paulo: Ed. Alfa-Omega, 2004.

SINDICATO DA INDÚSTRIA DA ENERGIA HIDROELÉTRICA. *Súmula de princípios fundamentais com as conclusões e recomendações da Semana de Debates sobre energia elétrica*, Fórum Roberto Simonsen, São Paulo, abril de 1961.

TACITO, Caio. *Estabilidade econômico-financeira das empresas de eletricidade*. Rio de Janeiro: Forum Roberto Simonsen, 1961

TEIXEIRA, J. H. Meireles. *Os serviços públicos de eletricidade e a autonomia local*. São Paulo: Departamento jurídico da Prefeitura do Município de São Paulo, 1950.

TELLES, Francisco Emygdio da Fonseca. "O Problema da Energia Elétrica em São Paulo". In: *Revista Anhembi*, 1956, ano VI, vol. XXII, n° 64, p. 292

TOLEDO, Caio Navarro de. ISEB: *fábrica de ideologias*. São Paulo: Ática, 1982.

_____. *O governo João Goulart e o Golpe de 64*. São Paulo: Brasiliense, 1991

VARGAS, Getulio. *A Nova política do Brasil*. Rio de Janeiro: José Olympio, 5v. 1938

_____. *O governo trabalhista do Brasil (1951-1953,1953-54)*. Rio de Janeiro: José Olympio, 1969, 4 vols

VIANNA, Sérgio B. *A política econômica do segundo Governo Vargas (1951-1954)*. Rio de Janeiro: BNDES, 1987.

VIEIRA, Vera Lucia. *O trabalhador brasileiro: um caso de política até 1950*. Tese de doutorado. História. PUC-SP, 1996.

WILLIAM, Wagner. *O soldado absoluto*. Rio de Janeiro: Record, 2005.

Lista de Siglas

AMFORP – American and Foreign Power Empresa Cliente
BIRD – Banco Internacional de Reconstrução e Desenvolvimento
BNDE(S) – Banco Nacional de Desenvolvimento Econômico (e Social)
CAEEB – Companhia Auxiliar de Empresas Elétricas Brasileiras
CBEE– Companhia Brasileira de Energia Elétrica
CEB – Cia. Brasileira de Engenharia
CEEE– Comissão Estadual de Energia Elétrica
CEERG – Companhia de Energia Elétrica Rio Grandense
CEMEL – Centro da Memória da Eletricidade (Eletrobrás)
CEMIG – Centrais Elétricas de Minas Gerais
CEPAL – Comissão Econômica para a América Latina e o Caribe
CFCE – Conselho Federal de Comércio Exterior
CFLMG – Cia. de Força e Luz de Minas Gerais
CGT– Comando Geral dos Trabalhadores
CHESF – Cia. Hidroelétrica do São Francisco
CIME – Comissão da Indústria de Material Eletrico

CMBEU – Comissão Mista Brasil-Estados Unidos para Desenvolvimento Econômico
CME – Coordenação de Mobilização Econômica
CNAE(E) – Conselho Nacional de Águas e Energia (Elétrica)
CNE – Conselho Nacional de Economia
CNI – Confederação Nacional da Indústria
CNP – Conselho Nacional do Petróleo
CNPIC – Conselho Nacional de Política Industrial e Comercial
CONESP – Comissão de Nacionalização das Empresas Concessionárias de Serviços Públicos
CPDOC/FGV – Centro de Pesquisa e Documentação da Fundação Getúlio Vargas
CPE – Comissão do Planejamento Econômico
CPFL – Cia. Paulista de Força e Luz
CPI – Comissão Parlamentar de Inquérito
CSN – Cia. Siderúrgica Nacional
CTEF – Conselho Técnico de Engenharia e Finanças
CVRD – Companhia Vale do Rio Doce
DASP – Departamento Administrativo do Serviço Público
DOPS – Departamento de Ordem Política e Social
EEB – Empresas Elétricas Brasileiras
EFEE – Empresa Fluminense de Energia Elétrica
Eletrobrás – Centrais Elétricas Brasileiras S/A
ENE – Empresa de Energia Elétrica
EXCELSA – Espírito Santo, Centrais Elétricas
EXIMBANK – Banco de Exportação e Importação
FFE – Fundo Federal de Eletrificação
FIESP – Federação das Indústrias do Estado de São Paulo
FNM – Fábrica Nacional de Motores
FPN – Frente Parlamentar Nacionalista
GTENE – Grupo de Trabalho de Energia Elétrica

IBGE – Instituto Brasileiro de Geografia e Estatística
ISEB– Instituto Superior de Estudos Brasileiros
IUEE – Imposto Único sobre Energia Elétrica
JK – Juscelino Kubitschek
PAEG – Plano de Ação Econômica do Governo
PCB – Partido Comunista Brasileiro
PDC – Partido Democrata Cristão
Petrobras – Petróleo Brasileiro S/A
PHO – Programa de História Oral da CPDOC/FGV-RJ
PIB – Produto Interno Bruto
PNE – Plano Nacional de Eletrificação
PSD – Partido Social Democrático
PTB – Partido Trabalhista Brasileiro
PUA – Pacto de Unidade e Ação
PUC-SP – Pontifícia Universidade Católica de São Paulo
SUMOC – Superintendência da Moeda e do Crédito
UDN – União Democrática Nacional
UEE – União Estadual dos Estudantes

Agradecimentos

À Capes e ao CNPq pela viabilização financeira desta pesquisa.

Aos professores do Programa de Estudos Pós-Graduados em História da PUC-SP que, durante esta pesquisa, contribuíram com as aulas ministradas.

Aos dedicados funcionários da PUC, em particular aos da biblioteca e também aos dos seguintes espaços onde esta pesquisa se desenvolveu: Fundação Energia e Saneamento, CPDOC/FGV, Centro da Memória da Eletricidade da Eletrobrás, Biblioteca do Instituto de Estudos Brasileiros/USP, Biblioteca Central da Escola Politécnica/USP, Biblioteca do Clube Militar, Arquivo Nacional, Biblioteca Nacional.

Ao engenheiro Henrique Couto Ferreira Mello, da Eletrobrás.

Ao professor Luiz Pinguelli Rosa, da COPPE/UFRJ.

À Hildete de Araújo e a Lisardo R. Hermes de Araújo.

Ao professor Lúcio Flávio de Almeida, da PUC-SP.

Ao amigo Sinval Neves Santos, pelo apoio e pelas dicas técnicas de geografia.

Aos meus "tios" cariocas Profª Lurdinha e Cel. Carlos Barreto, pelo carinho e apoio crucial num dos momentos mais importantes desta pesquisa.

À Ivonete Pacheco da Silva, figura humana especial, pelo carinho ao me abrigar no momento germinal desta pesquisa.

Aos amigos da PUC, Carlos A. Gasparini, Miguel Tavares, Joaquim Racy e Wanderson Fabio de Melo, pela amizade e pelo apoio intelectual. Os três, em muitos diálogos formais e informais durante o período em que se desenvolveu esta pesquisa, colaboraram com ideias e advertências para possíveis equívocos e foram, portanto, importantes para que este trabalho se tornasse melhor.

À querida Zilma Sales dos Santos Coutinho e ao meu sempre professor João Raimundo Coutinho pelo carinho e apoio em momentos muito difíceis.

À Andressa, tradutora, pela presteza eficiência do seu trabalho.

A Marcos Assunção e Sofia Falconi, pela excelência no trabalho de revisão dos originais.

Ao Renato Luis de Paula pela amizade, companheirismo e apoio em assuntos jurídicos.

Ao mais que amigo, verdadeiro irmão, João Carlos dos Santos Coutinho, pelo apoio fundamental nos momentos de angústia.

À minha família: meu primo Luís César de Queiroz, minha querida avó Iracema Resende de Queiroz, minha irmã, Vanessa, minha tia Edna e fundamentalmente minha irmã, Cristina, mais que irmã, amiga sempre. A eles pelo carinho e pelos conselhos sempre muito importantes nos momentos mais difíceis devo demais.

Quero manifestar também meu profundo reconhecimento ao sempre querido mestre e amigo, Prof. Wilson Nascimento Barbosa, inspirador original deste trabalho.

Ao querido professor Antonio Rago Filho, pela disposição à cooperação intelectual e pela leitura atenta para a banca de defesa.

Aos professores Gildo Magalhães, Maria Aparecida de Paula Rago e Pedro Paulo Z. Bastos pelas importantíssimas contribuições realizadas no exame de qualificação.

Poucas linhas não são suficientes para manifestar minha profunda gratidão à minha querida orientadora e amiga Profª Vera Lucia Vieira, que foi essencial para a realização deste trabalho e se tornou merecedora de enorme admiração, pela sua generosidade e grandeza intelectual. Ressalta-se também, nestes ásperos tempos, seu exemplo de solidariedade e dignidade.

Esta obra foi impressa em Santa Catarina na primavera de 2011 pela Nova Letra Gráfica & Editora. No texto foi utilizada a fonte Electra LH, em corpo 10,5 e entrelinha de 14,5 pontos.